TERESA J. RHYNE

Eles sempre estarão ao seu lado

São Paulo
2015

UNIVERSO DOS LIVROS

Diretor editorial: **Luis Matos**
Editora-chefe: **Marcia Batista**
Assistentes editoriais: **Aline Graça, Rodolfo Santana**
Tradução: **Jonathan Busato**
Preparação: **Guilherme Summa**
Revisão: **Cássio Yamamura, Giovana Sanches**
Arte: **Francine C. Silva, Valdinei Gomes**

Dados Internacionais de Catalogação na Publicação (CIP)
Angélica Ilacqua CRB-8/7057

R362e

Rhyne, Teresa J.

Eles sempre estarão ao seu lado / Teresa J. Rhyne; tradução de Jonathan Busato. – São Paulo : Universo dos Livros, 2015.

288 p.

ISBN: 978-85-7930-815-4

Título original: *The dogs were rescued (so was I)*

1. Câncer – pacientes – biografia 2. Donos de animais de estimação 3. Relação homem-animal 4. Pesquisas em animais I. Título II. Busato, Jonathan

14-0894 CDD 926.36755

Universo dos Livros Editora Ltda.
Rua do Bosque, 1589 – Bloco 2 – Conj. 603/606
CEP 01136-001 – Barra Funda – São Paulo/SP
Telefone/Fax: (11) 3392-3336
www.universodoslivros.com.br
e-mail: editor@universodoslivros.com.br
Siga-nos no Twitter: @univdoslivros

Nota da Autora

Este é um livro de memórias. Como tal, é a história de minhas experiências e lembranças, e somente minhas. A maioria dos nomes foi alterada, alguns personagens são combinações de pessoas, e, de vez em quando, para o bem da história, a cronologia ou datas de eventos foram modificadas ou eventos foram misturados – porque a vida nem sempre faz sentido, mas um livro deveria.

Este é um livro de memórias. Como tal, não é um manual de instruções, nem um livro de receitas, tampouco um *thriller* psicológico (você já esperava por isso, certo?). Esta é a história de como eu adotei um estilo de vida mais compassivo, inspirada por alguns beagles adoráveis, e as batalhas que todos tivemos ao longo do caminho. É também uma história de amor. Mas em nenhum dos dois casos eu pretendo dar conselhos. (Talvez alertas, mas não conselhos.)

Este é um livro de memórias. Como tal, espero que você goste de lê-lo. E se isso o fizer pensar sobre os animais um pouco mais do que costumava fazer, bem, será minha vez de ficar feliz.

Para os animais.
E, como sempre, para Chris, meu animal favorito.

“Penso que, quanto mais indefesa uma criatura, mais ela merece proteção do ser humano contra a crueldade do ser humano.”

Mahatma Gandhi

Sumário

Capítulo 1

Enxergando vermelho

Meu cachorro Seamus e eu estávamos sentados no quintal da casa de um amigo – a mesma casa em que eu havia comemorado o fim dos meus tratamentos contra o câncer com uma festa temática *Survivor* – quando eu vi vermelho. Era um e claro e radiante dia de outono em 2011. Quando Seamus pulou no meu colo, o sol iluminou uma poça de sangue bem no fundo de seu olho.

Imediatamente neguei o que estava vendo, incapaz de acreditar que poderia ser um outro problema de saúde. *Não agora*. Tinha sido uma sombra, um reflexo da minha camisola magenta, uma ilusão. Qualquer coisa, menos o que eu sabia que era. Se não tivesse ficado tão chocada, teria visto a ironia em descobrir o vermelho em seu olho naquele momento.

Estávamos posando para a foto de autora para o meu livro de memórias sobre como ele – meu beagle, meu amor, meu hilariante e espirituoso guia para a vida – sobreviveu a seu próprio câncer e me deu força e coragem para sobreviver ao meu. Assim que a sessão terminou, numa rotina que me era familiar, agendei uma consulta com o veterinário, que rapidamente nos enviou a um especialista.

Estava de volta a um quarto branco e esterilizado, com meu cachorro – confiante e destemido – em pé sobre uma mesa de metal. A avaliação inicial foi feita por um estagiário. Ele foi educado, tranquilo, e pareceu compenetrado no exame, mas me falou muito pouco. Seamus ficou calmo sobre a mesa, como sempre fazia, olhando para mim de vez em quando. Quando o exame terminou, Seamus uivou.

– Ele quer um biscoito – eu disse. – Está bem treinado para saber que recebe um petisco quando o exame acaba. De preferência um ossinho verde, se você tiver um.

O estagiário sorriu.

– Coitado. Vou buscar um petisco, mas não sei se é verde. Trago quando o médico chegar.

Alguns minutos depois, o estagiário, o médico e um técnico entraram na sala – toda uma equipe (e com ela um mau presságio). O estagiário entregou a Seamus um biscoito. Não era verde, mas Seamus alegremente o abocanhou e uivou por mais. O estagiário riu e afagou a cabeça de Seamus. O médico prometeu que lhe daria mais depois. Fora isso, porém, o médico foi muito profissional. Talvez isso também fosse uma pista.

Seamus foi diagnosticado com câncer pela primeira vez um ano depois que eu o adotei. Tinha apenas dois, talvez três anos de idade na época. Passou um ano em tratamento – duas cirurgias, muitos meses de quimioterapia –, e depois mais um ano e meio de consultas e exames de sangue antes que fosse considerado livre do câncer e liberado do tratamento. Seis meses depois, fui diagnosticada com câncer de mama triplo negativo e passei eu mesma quase um ano em tratamento. Ainda fazia exames oncológicos de *check-up* semestrais. Então, não era como se eu fosse principiante em médicos e diagnósticos devastadores. Você até pensaria que eu estava acostumada.

– Não gosto disso – disse ele, olhando com o oftalmoscópio, seu ponto de luz brilhando no olho esquerdo de Seamus. – Está vendo esse...? – Nesse momento, ele soltou um jargão médico que alguns profissionais da saúde usam tão facilmente, sem nem pensar que o paciente – ou, nesse caso, o guardião do paciente – não pode entendê-lo e, portanto, só vai se assustar com isso.

– Eu vi – respondeu o estagiário, me olhando e desviando rapidamente o olhar.

Claro que há algo para ver. É por isso que eu o trouxe. Tentei manter a calma, mas a abordagem do médico não estava ajudando.

– É, isso não é nada bom. Não gosto do que estou vendo – disse ele, para ninguém em particular, já que ainda estava olhando o olho de Seamus.

Eu queria bater nele. *Estou bem aqui. Segure seu diagnóstico até que esteja pronto para falar comigo.* Mas tenho um histórico de querer avançar pra cima dos médicos. Sentia-me assim em relação à primeira oncologista de Seamus (referia-me não muito carinhosamente a ela como doutora Puta da Fraternidade) e à oncologista com quem fiz quimioterapia (a doutora P... bem, nem precisa explicar – eu posso ser bem criativa com as palavras quando estou furiosa).

O estagiário reacendeu as luzes da sala de exame.

Finalmente, o médico virou-se para mim.

– Isso não é bom. O que eu vejo é provavelmente – tenho quase certeza – um melanoma.

Há muito tempo eu já tinha percebido, em minha vasta experiência com o câncer, que muito poucas pessoas, inclusive os profissionais da saúde, pronunciam, de fato, a palavra com "C".

– Câncer? – perguntei.

– Temo que sim.

Droga! Estou cheia do câncer. Será que é grave? Isso não pode estar acontecendo. Será que é grave? Não. Pode. Estar acontecendo. De novo, não. Será que é grave?

Fiquei quieta, afagando a cabeça de Seamus enquanto me acalmava.

– Pode lhe dar outro biscoito agora? – *E talvez um para mim?*

O médico tirou um biscoito de cachorro do bolso do jaleco e o deu a Seamus, que de bom grado o comeu com apenas algumas mordidas rápidas e depois uivou, abanando o rabo.

– Ele é uma graça de cachorro – disse o médico.

– É sim. E já sobreviveu a um câncer uma vez, um tumor de mastócitos. Passou por duas cirurgias e meses de quimioterapia – enquanto uma das minhas mãos afagava Seamus, a outra estava fechada em punho na lateral do meu corpo. – Isso está relacionado ao câncer? Recorrência agora... sete anos depois?

As sobrancelhas do médico se levantaram, mas ele foi rápido em se recuperar.

– Não, não está relacionado. É um câncer completamente diferente. Ele só não tem muita sorte.

Sorte? Era apenas a sorte, ou, mais precisamente, o azar, o que determinava quem teria câncer?

– Acho que não tenho muita sorte também. Também sou uma sobrevivente do câncer.

A surpresa agora tomava o rosto do médico.

– Uau, nossa. Caramba, é muito câncer numa só casa. Você mora perto de um reator nuclear ou algo assim?

Eu não era amadora em ouvir um diagnóstico de câncer – houve melhores e piores do que esse. Não sabia dizer se ele achava que estava fazendo uma piada, mas, piada ou não, foi um comentário totalmente inapropriado. Tínhamos passado de "sorte" para uma possível causa do câncer. Hora de trazer o foco do médico de volta para onde ele deveria estar – *e agora?*

– Então, o que fazemos agora? Qual é o tratamento? Tem certeza de que é câncer?

Ele deu uma longa explicação, com a quantidade usual de termos médicos confusos e assustadores. Chegou à cirurgia. O médico estava 99% certo de que havia um melanoma no olho de Seamus. Fosse o que fosse, tinha de ser removido. Quimio e radioterapia não eram opções para esse tipo de câncer. Eles poderiam remover o olho e provavelmente estaria acabado. Ou poderiam tentar retirar o tumor e salvar o olho, mas, se voltasse a crescer, teriam que retirar o olho de qualquer forma. As chances eram de que iria voltar a crescer; era uma questão de quanto tempo levaria. Quanto mais tempo levasse, naturalmente, mais tempo ele manteria o olho – poderiam ser semanas, meses, anos.

Seamus tinha nove, talvez dez anos. Como o adotei de um abrigo, não sabia ao certo sua idade. Mas, ainda assim, com nove ou dez anos, ele poderia viver quatro, cinco anos, talvez mais. Tentar salvar o olho parecia a coisa certa a fazer. Se ele fosse mais velho, eu me preocuparia mais com a possibilidade de duas cirurgias e as complicações que isso poderia trazer. Mas ele tinha sido um soldado durante tudo o que passou, e eu tinha muita fé em sua capacidade de recuperação. Além disso, estava acostumada a vencer as probabilidades de câncer; talvez até, inexplicavelmente, um tanto arrogante em relação a isso.

– Eu quero tentar salvar o olho dele.

– Isso é o que eu faria também – o médico se dirigiu para a porta. – Nós vamos lhe dar um orçamento e agendar a cirurgia.

Marcamos a cirurgia para dezembro. Considerei esperar até janeiro, porque dezembro é quando tudo de ruim parece acontecer na minha vida. Toda a minha família tem um histórico ruim com o período entre a Ação de Graças e o Natal – acidentes, mortes, diagnósticos de câncer (note o plural em todos esses eventos). Temo todas as temporadas de férias, mas especialmente as de dezembro. Agora, mais uma razão para desprezá-las. Mas eu não queria simplesmente deixar um câncer dependurado no olho do pobre cachorro tanto como não queria deixá-lo dependurado em meu seio direito quando fui diagnosticada em dezembro de 2008.

Seamus, em seu estilo habitual, e conforme eu já esperava, recuperou-se dessa cirurgia rapidamente. Mas ele ainda precisava de cuidados – troca de curativo, medicação para a dor, colírios –, então retomei nossa velha rotina. Eu era sua enfermeira, trabalhando de casa, e ele era ele mesmo, usando sua fofura diabólica e agora seu novo tapa-olho de pirata para tentar me cavar mais guloseimas. E naqueles dias, em casa com Seamus, as palavras do médico fermentavam em meu cérebro.

"Você mora perto de um reator nuclear ou algo assim?"

Não, é claro. Quem hoje em dia vive? Eu morava em um condomínio, no alto de um planalto em Riverside, um subúrbio no sul da Califórnia (geralmente descrito como a meio caminho entre Los Angeles e Palm Springs). Vivia lá com Seamus e Chris, os amores canino e humano da minha vida. Não havia nenhum reator nuclear. Mas três tipos de câncer em uma casa ao longo de sete anos era muito câncer. Câncer demais. Eu estava fazendo algo errado? E, claro, eu havia associado tanto minha própria recuperação com a de Seamus que era difícil não pensar que eu poderia ter uma recorrência também. "O cão viveu, e eu também vou" tinha sido o meu mantra quando passei por uma cirurgia de mama, três meses de quimioterapia e trinta e seis sessões de radiação. "O Cão Viveu" [*The Dog Lived*] era o nome do meu blog, e, eventualmente, *The Dog Lived (and So Will I)*[1] foi o nome que dei para o livro de memórias que tinha escrito. E, agora, o cão estava com câncer novamente. Era impossível não pensar "e eu também vou ficar". Talvez eu tivesse feito tudo errado.

Com o primeiro câncer de Seamus e depois com o meu, nunca passei muito tempo me questionando por que o câncer havia surgido. Não fiquei me culpando ou perguntando "por que eu?". Mas agora era difícil evitar o pensamento de que talvez *houvesse* uma razão para isso estar acontecendo conosco.

O que eu estava fazendo de errado? Por que isso foi acontecer?

Quando terminei meus tratamentos, rapidamente retomei meu antigo estilo de vida. Não tive a grande epifania que se ouve falar em muitos pacientes com câncer: fiquei esperando a vontade de correr maratonas, resgatar órfãos ou largar meu trabalho e viajar pelo mundo, mas o fiz enquanto lia revistas, bebericava um Martini e comia lula

---

1 No Brasil, *Os cães nunca deixam de amar*, também publicado pela Universo dos Livros. (N.T.)

frita. Meu câncer foi triplo negativo – o que significa que não responde aos hormônios – e por isso os médicos não me passaram nenhuma restrição alimentar. Naturalmente, usei isso como desculpa para muitas refeições comemorativas de valor nutricional duvidoso. Agora, porém, com Seamus no sofá ao meu lado, enrolado e dormindo profundamente, seu tapa-olho claramente visível, os frascos de analgésicos e antibióticos alinhados no balcão da cozinha e a apenas alguns meses da minha própria visita ao oncologista, eu soube que precisava fazer alguma coisa. Precisava mudar. Jurei – para Seamus, para mim, para nossa família – que encontraria uma maneira de fazer melhor do que isso.

Encontraria uma maneira de lutar por todos nós.

Capítulo 2

É pessoal

Como passei alguns dias em casa com Seamus enquanto ele se recuperava e preciso de leitura como preciso de café (eu não poderia viver sem qualquer um deles), comecei a ler tudo o que eu pude encontrar sobre combate ao câncer. Li como se minha vida – e a do meu cão – dependesse disso.

Embora quisesse evitar essa resposta, muito rapidamente se tornou óbvio que a dieta e o exercício eram fundamentais na investida contra o câncer que eu estava prestes a fazer. Nunca fui boa em qualquer uma dessas coisas. Se eu não tivesse Seamus, nunca teria me exercitado antes. Tinha comemorado os check-ups oncológicos na Cheese Store de Beverly Hills. Considerava batatas fritas e Chardonnay uma refeição, aliás ótima. Comida fácil era macarrão com queijo, fettuccine Alfredo, ou, é claro, fast-food – cheesebúrgueres e batatas fritas, burritos, nachos, tudo isso. Nunca fui uma daquelas garotas que comem alimentos delicados em pequenas e bonitas porções. Por mim, quanto mais carboidratos, creme e gordura, melhor. E como tenho quase um e oitenta de altura, sempre considerei que não havia problema algum em comer como um cara. Um lutador, talvez, mas que seja. Amava alimentos pesados, processados, gordurosos.

Eu não era assim quando pequena, no entanto. Quando criança, minha comida favorita eram maçãs. Até delas eu desisti para a quaresma, no auge dos meus anos católicos, e ninguém me acusou de autonegligência. Eu não era de comer carne, não gostava de doces, sobremesas, cereais matinais infantis, ou do jantar de Ação de Graças (exceto o purê de batatas e a geleia de cranberry). Amava frutas, saladas e nozes. Em algum momento, isso mudou. Não me lembrava de quando, muito menos por quê.

Na escola, vivia à base de fast-food. Cheesebúrgueres de bacon, burritos de carne e queijo boiando em creme de leite, cachorros-quentes de chili com queijo e batatas fritas eram constantes em minha vida. Isso não mudou no colegial, embora pizza e batatas fritas tivessem se juntado ao grupo. A faculdade de Direito não melhorou minha dieta, a menos que atum derretendo na gordura na lanchonete no final da rua seja considerado uma melhoria. (Não era, e havia as batatas fritas acompanhando.) Até chegar aos quarenta, meu metabolismo manteve-se com tudo isso muito bem, então eu nunca tinha feito dieta alguma. Eu simplesmente nunca prestava atenção no que comia.

E então veio o Chris.

Chris passou por todos os passos do meu câncer e do de Seamus. Ele é um cozinheiro maravilhoso que ama comida – todos os tipos de comida. Então, quando foi morar comigo e começou a cozinhar, meus gostos mudaram novamente para o que ele gostava e preparava. Ele é um homem que ama bife, hambúrguer, sanduíche de pastrami, omeletes saudáveis, e qualquer coisa com bacon. E então comecei a comer carne vermelha – bife coberto com gorgonzola era um prato emblemático de que Chris e eu gostávamos. Ele também fazia uma *paella* fenomenal que se tornou uma refeição tradicional em dezembro para nós. Eu tinha meus limites, porém – não comer carne de vitela, de veado, pato, cordeiro, ou, como Chris dizia ser minha norma, "quaisquer animais fofos".

Certo. Dieta era um fator óbvio e importante nesta batalha que ninguém pediu. Minha dieta certamente poderia melhorar, apesar de meus anos de inconsequência. Então era hora de prestar atenção nisso. Certo. E prestar atenção na dieta de Seamus também. Embora a cirurgia tenha sido bem-sucedida e Seamus tenha se recuperado rapidamente, tinha sido dito que as chances de o tumor voltar eram altas. Era apenas uma questão de tempo. Enquanto isso, pingava colírio em seu olho duas vezes ao dia.

Naturalmente, comecei nosso laboratório nutricional com alterações na dieta de Seamus. Parecia mais fácil e mais imediato. Estava correta quanto ao imediatismo, mas não quanto à simplicidade.

Havia, ao que parece, uma dieta contra o câncer para cães. Muitos artigos, livros e sites classificavam certos alimentos como anticâncer e mais saudáveis para os cães em geral. Meu problema era que eles eram repugnantes. Um monte de órgãos de animais, ossos e carnes cruas envolvidos. Era difícil imaginar fazer isso. Comia carne, é claro, mas preferia não pensar nisso como algo que um dia estava vivo. "Órgãos" não eram algo em que eu queria tocar. Se ajudasse Seamus, eu faria isso, mas esperava encontrar uma resposta melhor.

Encontrei várias marcas de alimentos para cães que pareciam promissoras. Mas agora o problema era que eram alimentos crus embalados e enviados congelados, então eram muito caros, como se pode imaginar que seria o despacho de órgãos. E eu não tinha um freezer muito grande. Não como um daqueles em que você armazenaria, digamos, um ano da caça que você mesmo matou. Por fim, encontrei um alimento que parecia perfeito: alimentos integrais caseiros, livres de grãos. Os ingredientes eram os mesmos que a dieta abominável que preferia não preparar eu mesma, e, como a comida estava desidratada, eu podia pagar o envio. Agora, onde encontrá-la? Chequei a lista de fornecedores, mas nenhum tinha sites próprios. Mandei um e-mail para duas empresas e à noite tive resposta de um homem chamado River. (Não, não era um cara velho.)

River foi poeticamente efusivo sobre métodos holísticos para combater o câncer e orgulhosamente afirmou que a homeopatia curava câncer desde 1600. Proclamou que todos os itens de sua loja eram livres de toxinas, seguros para o ambiente e meu animal. Também mencionou que passava seu tempo cuidando de sua fazenda, salvando animais e buscando a luz, então ele não tinha atualizado seu site, mas estava certo de que poderia me conseguir o que precisava.

Eu era nova nesse conceito de vida mais saudável e preocupação com o meio ambiente, de modo que a cínica em mim só pensava, *Ah, esqueça a comida de cachorro. Por favor, diga-me onde encontrar a luz.* Ou, uma vez que seu nome era River [Rio], talvez Luz fosse sua filha ou sua esposa, e nesse caso esperava que ele já a tivesse encontrado, e a Harmonia, que sem dúvida vivia naquela santa casa também. Era tentador fugir em uma das muitas tangentes que um e-mail como aquele oferecia a uma mente como a minha, mas optei por ficar com o lado da comida de cachorro. Retornei com um e-mail com a comida particular que eu queria. Tive esta resposta:

Você está colocando Seamus em uma dieta BARF?

Paz,
River

Uma dieta *o quê*? Não, definitivamente não. Seja lá o que fosse, Seamus não comeria. Não era por esse rio que eu ia navegar, River.

Depois de dez e-mails enrolados, imprecisos e vagos, mas entusiasmados, eu finalmente soube que dieta "BARF" significava "Biologically Appropriate Raw Food" [Comida Crua Biologicamente Apropriada]. Encomendei duas caixas de dois quilos de comida desidratada da Honest Kitchen, e River matraqueou sobre coisas como alternar proteínas e adicionar colostro e probióticos, porque, como ele disse, ele era "um curador e mensageiro, e minha missão é acabar com todo o sofrimento desnecessário que há. Ter o conhecimento que tenho e não compartilhá-lo parece egoísta, especialmente quando é tão importante e pode curar o câncer etc.".

Gostei particularmente da parte sobre "curar o câncer etc.". Sabe todas essas coisas como *curar* o câncer? Ele sabia também. Mas eu admirava seu entusiasmo. Isso até poderia ser útil. Melhor só começar com a comida desidratada, porém, já que entusiasmo engarrafado não estava anunciado em seu site. Pensando bem, talvez aquele fosse um site totalmente diferente.

Quando as caixas chegaram, enviadas de seu santuário verde na Costa Leste, cruzando o país até mim, na Califórnia, não pude deixar de rir. Minha pesquisa não foi completa e sua declaração de "amigável para a Terra" não foi muito precisa. O produto tinha sido fabricado em San Diego, na Califórnia – cerca de cem quilômetros a sudoeste de onde eu estava. A Honest Kitchen tinha enviado quatro quilos de alimentos desidratados para a Costa Leste, para que ele pudesse reenviá-lo de volta para a Costa Oeste. Não sabia muito sobre pegada de carbono, mas com certeza eu tinha alguns pontos de carma de carbono para compensar. E com certeza também, infelizmente, não fazia sentido econômico ou carbônico fazer mais negócios com o meu novo amigo River quando poderia simplesmente pedir diretamente da empresa a cem quilômetros de distância. Para começar, nem era a minha cara ter me dado conta disso.

Seamus adorou a comida. Bem, Seamus adorava todas as comidas, então não foi surpresa, mas ele pareceu bem animado com a nova. A parte mais difícil para ele – como deveria ser para qualquer beagle que se preze – era esperar os cinco minutos que levava para a comida se reidratar após a água quente ser adicionada. Ele uivou e me xingou a cada segundo dos cinco minutos. (Chris e eu tínhamos há muito tempo atribuído a Seamus uma voz humana, parte sotaque irlandês, parte o personagem Carl Spackler de Bill Murray no filme *Clube dos Pilantras*; então, frequentemente ele uivava "foooooooooooook" [comida].)

Motivada mais uma vez pela batalha de um beagle contra o câncer, comecei meu próprio estilo de vida saudável também. Cortei toda a comida fast-food e estava determinada a limitar taças de vinho durante a semana. (Observe minha especificidade! Devo observar aqui que Chris é dono de uma loja de vinhos virtual com uma sala física de degustação em Riverside que o mantinha trabalhando longas horas, comendo [fast-food] sem mim, e ele regularmente trazia para casa suas mercadorias para que ambos provássemos – *ei, era uma exigência de trabalho!*) E eu passeava mais com Seamus. A caminhada seria boa para Seamus e para mim, disse a mim mesma. Mas também dizia a mim mesma *Só mais cinco minutinhos* a cada vez que o despertador tocava, depois de repetidas apertadas no botão de soneca. Sim, conseguia levantar e andar com ele. Algumas vezes. Em uma dessas caminhadas, impressionada com meus três dias consecutivos de progresso, decidi que havia algo mais que poderia fazer. Tentaria um outro tipo de exercício. O ar fresco tem um efeito estranho em mim.

Odeio participar de esportes e academias me deixam louca – todo aquele suor e vestiários remetendo ao colegial não são minha praia. Bem, a quem estou enganando? Exercício não é minha praia. Mas ioga, imaginava, não me faria suar e não seria uma competição. Seria, eu esperava, relaxante. Precisava de exercício, e aliviar o estresse não seria mal. Ioga parecia uma escolha sábia, considerando como pareceram chocados todos a quem eu mencionei isso.

No fim das contas, eu mesma me choquei. *Gostava* de ioga. E as aulas *não* estavam cheias de hippies com dreadlocks (na verdade eles não existem em Riverside); ou de mulheres loiras todas "zen" e flexíveis levantando seus corpos de quarenta quilos no ar, equilibradas apenas nos pulsos com as pernas ao redor de suas orelhas (só os professores eram assim); ou de homens com cabelos mais longos que os meus (e mais sedosos... *malditos*). Não, eram pessoas comuns que, como eu, estavam cansadas de serem flácidas, inchadas, e, bem, assoladas pela doença. Mas eu suei. Cara, como suei. E, se por um lado eu gostei de ioga, o sentimento não parece ter sido mútuo.

Certa manhã de sábado, quando a professora demonstrou uma pose que parecia particularmente impossível e artificial, comecei a rir. Bom, pelo menos eu estava conseguindo a parte de aliviar o estresse. A professora me olhou, assim como o resto da classe.

Hummm. Uma gafe iogue.

– Sinto muito. É que eu tenho certeza de que meu corpo não pode fazer isso. Só acho que jamais fui flexível assim em toda a minha vida.

– Não – ela concordou. – Você precisa trabalhar sua flexibilidade. Talvez queira dar uma olhada em uma de nossas aulas de alongamento.

Ou em um estúdio de ioga diferente.

Persisti, dolorida e rígida de muitas formas diferentes. Depois ouvi uma mulher que devia ser pelo menos vinte anos mais velha do que eu dizendo à professora que ela realmente queria trabalhar sua flexibilidade. Queria saber sobre as aulas de alongamento também.

– Quero dizer – ela disse –, sou pior do que ela! – e apontou para mim, o novo padrão de inflexibilidade.

Meu momento iogue começou a parecer ter vida curta.

Além da minha performance constrangedora, eu era terrível em aderir a um cronograma e sempre perdia aulas. Ioga uma vez por semana era ótimo, mas dificilmente iria prevenir o câncer. Para aumentar minhas chances de sessões mais regulares, contratei uma das professoras – a alta, magra, incrivelmente elástica, mas muito amável Lauren – para dar aulas particulares em meu escritório, e arrastei algumas amigas para o barco. Se a ioga viesse diretamente até mim, não iria conseguir me esconder. E minhas amigas provavelmente não eram mais flexíveis do que eu. Em relação à ioga, quero dizer.

As noites de quarta e manhãs de sábado encontravam a recepção do meu escritório de advocacia coberta de tapetes de ioga com mulheres de meia-idade tentando passar da Postura do Guerreiro à Postura do Cadáver – a única em que éramos boas. A incapacidade de uma amiga para alcançar a Postura do Bebê Feliz (deitada de costas, agarrando as solas dos pés com as mãos, joelhos em direção ao rosto) nos levou a apelidar a postura de "Bebê Irritado". E a insistência de Lauren em que ficássemos na Postura do Guerreiro muito mais do que qualquer um de nós sentia necessário ou possível nos levou a apelidá-la de "Megera Iogue". Ela foi zen o bastante para aceitar e usar o título com orgulho.

Nas manhãs de sábado, caminhava com Seamus e depois o levava comigo ao escritório. Ele ia de pessoa em pessoa, verificando nossas posturas e imaginando se por acaso alguém teria trazido alguma comida. No final da sessão, podia ser encontrado sentado no colo da Megera Iogue, desfrutando de uma massagem na barriga e alheio à minha dor. Acho que Lauren sorrateiramente lhe dava petiscos, então pelo menos ele não pensava nela como Megera Iogue. Para ele, ela era a Megera do Petisco.

E assim meu cachorro e eu marchávamos em nossa guerra contra o câncer. Chris observava, sempre encorajando e definitivamente bem-humorado, mas sem participar da luta ele próprio. Ele é doze anos mais novo que eu e, talvez, por isso, não esteja pronto para questionar sua própria imortalidade.

Mas a primavera nos viu lançando novos contra-ataques. E eu me surpreendi tanto quanto Chris.

Capítulo 3

Mel e anchovas

Minha pesquisa contínua me levou a um estudo holístico complementar para o câncer patrocinado pela Fundação Nacional do Câncer Canino. Imediatamente inscrevi Seamus, e ele foi aceito no grupo de cães "atualmente lutando contra o câncer". Tomava suplementos duas vezes por dia, e restringimos seus petiscos a um ou dois por dia. Em vez das guloseimas que ele amava, demos-lhe fatias de maçã ou aipo ou brócolis, que estavam se tornando meus lanches também. Como resultado, restos mastigados de verduras cuspidas regularmente pontilhavam o chão da nossa cozinha (alguns inclusive deixados por Seamus). Eu tinha até perdido alguns quilos, e estava a poucos centímetros de tocar meus dedos na aula de ioga.

Continuei minha busca por novas maneiras de guerrear contra o câncer em mim também.

Embora em minha vida pré-câncer teria evitado tanto uma "conferência de mulheres" como uma "conferência de saúde", agora de bom grado eu participava de uma conferência de saúde da mulher em um hospital local não muito longe de onde eu fizera meus tratamentos de quimioterapia. Minha busca por armas iria ser completa, embora um pouco imprecisa.

No final da manhã descobri que eu tinha duas opções para minha sessão inaugural. Uma encabeçada por ninguém menos do que a mulher encarregada (embora apenas no papel) da minha quimioterapia – a própria doutora P, falando sobre sabe-se lá o quê, mas eu tinha certeza de que não queria ouvi-la nem vê-la. Segui automaticamente para a outra sessão.

Entrei na sala de conferências e vi que seria apresentada por Julieanna Hever, autora do *The Complete Idiot's Guide to Plant-Based Nutrition* [Guia do completo idiota para nutrição à base de vegetais]. Eu parecia me encaixar no público-alvo, já que nunca nem tinha ouvido falar no termo "dieta à base de vegetais". Forcei-me a manter a mente aberta. Disse a mim mesma que eu exploraria todas as opções para que Seamus e eu lutássemos contra o câncer, e uma dieta à base de vegetais era certamente uma opção. Só não uma que eu pensava que fosse capaz de adotar.

Estava adiantada, então me aproximei da mesa no fundo da sala onde os livros estavam empilhados. Peguei o *Guia do completo idiota* e comecei a virar as páginas.

– Oi. Obrigada por estar aqui.

Olhei para cima e vi o que só pode ser descrito como uma mulher resplandecente. Sua pele radiava, seu cabelo radiava – totalmente espesso e escuro, caindo pouco abaixo dos ombros –, seus olhos radiavam e seus dentes radiavam do... é claro... seu sorriso radiante. Creio que jamais tenha visto alguém irradiar *saúde* como aquela mulher. É claro, estava gastando muito tempo nos ambulatórios de oncologia, então minha experiência não era precisamente ampla.

– Oi – coloquei o livro de lado e estendi minha mão. – Você deve ser a oradora?

Ela apertou minha mão.

– Sim. Sou Julieanna Hever. Estou feliz por você estar aqui.

– Admito que não sei nada sobre isso. Eu sou a completa idiota. Mas também sou uma sobrevivente do câncer, então sinto que preciso fazer alguma coisa... a mais.

Conversamos por dez minutos; ela era toda alto-astral e positiva, e eu toda desconfiada e irritadiça (desistir de *queijo*?). Mas, *cara*, eu queria ser como aquela mulher. Isso não acontece muito comigo. Então, fui em frente. Contei a ela sobre Seamus, nosso livro que estava saindo, e minha busca para impedir que o câncer tomasse nossas vidas. Ela exaltou as virtudes das plantas e mencionou os vários estudos que haviam sido feitos, me recomendando o documentário *Forks Over Knives*[2]. Jurou que o estilo de vida à base de plantas era fácil.

Eu estava me sentindo... o que era aquele sentimento? Uma estranha... formigação... meio que... ins... inspi... *inspirada*. Eu estava me sentindo inspirada! Era isso! Mas espere...

– E quanto ao vinho e o café? Ou, como eu os considero, a "água e o ar"?

Ela riu.

– Ambos são à base de plantas. Não tem problema. Tudo com moderação, mas isso vale para qualquer dieta.

---

2 *Troque a faca pelo garfo*, no Brasil (N.T.).

Defina moderação. Não, esqueça. Deixa pra lá.

Comprei seu livro e me sentei na segunda fila. Estava a dois dias do meu check-up oncológico; o que tinha a perder?

Quando Chris chegou em casa naquela noite, lancei a bomba:

–Vou tentar uma dieta à base de vegetais!

– Uma o quê?

– Dieta à base de vegetais. Apenas comida que vem de plantas. Sem animais.

–Vegana então?

Fiz uma pausa. *Hã?*

– Eu não penso assim, não. Ninguém disse nada sobre veganismo.

– Mas isso não é veganismo? Nenhum produto de origem animal?

Talvez. Peguei o livro e o entreguei a ele.

– Não, não diz isso. Veganismo soa intimidante demais.

– Feijão. Vegetais. Lentilhas. Tofu. Qual parte disso não soa como veganismo para você? – disse ele, virando as páginas.

– Hum, a capa do livro? A apresentação que escutei hoje?

Ele me devolveu o livro.

–Você sabe que isso significa sem queijo, certo?

Eu já tivera que eliminar o queijo do meu macarrão vegetariano no almoço, então sim, eu sabia disso.

– Eu disse que ia tentar estilos de vida saudáveis para descobrir o que funciona. Acho que se eu fizer isso – me jogar de cabeça – e odiar por completo, posso adicionar gradualmente as coisas de volta e descobrir o melhor equilíbrio. Talvez voltar a comer queijo, ou peixe, ou ovos. Quem sabe? Mas faz mais sentido para mim cortar tudo e ver como é. Como meu corpo responde.

– Porque é mais difícil, então é claro que faz mais sentido para você.

– É mais lógico.

Nós dois rimos. Minha maior força era a lógica, mas exagerada, me disseram que tornava-se uma fraqueza. Sou geralmente mais lógica que emocional, e isso às vezes é um problema (hum, *para outros*). Pensei que a minha lógica, no caso, era boa. Se tentasse virar vegetariana ou, como estava fazendo, apenas "comer de forma mais saudável", continuaria a achar um jeito de derreter o queijo em tudo e depois cobrir com creme, como vinha fazendo há meses. Comeria brócolis, mas mergulhado em molho branco, assim como a minha salada estaria nadando em gorgonzola. Agora eu pelo menos tinha um guia, uma nutricionista com quem eu poderia falar (Julieanna, no fim das contas, era infinitamente acessível pelas mídias sociais) e alguma evidência sólida de que essa era uma dieta adequada para combater o câncer.

– Estou chocado. E preocupado. Ioga e agora isso. Você ainda vai depilar as pernas, certo? – disse Chris.

– Sim. Mas com uma alcachofra.

– O quê?

– Brincadeira. Mas aqui está a boa notícia: eu não perdi completamente o juízo: vinho é à base de plantas!

– Oh, graças a Deus – ele andou em direção à geladeira de vinho –Vou derramar algumas plantas agora.

Um dia e meio mais tarde, depois de não ter comido nada senão algumas plantas surpreendentemente deliciosas – o "Feijão fácil com quinoa" da Julieanna, com cebola, alho, milho e coentro; salada de couve e brócolis; um café da manhã com manteiga de amêndoa na torrada de trigo integral; e minha velha amiga maçã – e bebido muita água, senti os efeitos. Eu não só tinha mais energia, como também perdi um quilo. E não estava com fome! Foi um grande começo. Fora precisar ir ao banheiro quatro vezes durante a noite (alguém aí se habilita a fazer a limpeza?), dormi profundamente. Isso normalmente não acontecia nas noites anteriores aos meus exames oncológicos.

Três anos haviam se passado desde o meu diagnóstico de câncer. Eu quase tinha parado de pensar em mim mesma como paciente de câncer, exceto nas 24 horas que antecediam a visita a um médico: é difícil não se considerar um paciente com câncer vendo "consulta de oncologia" no calendário. A cada seis meses, vinha fazendo esses check-ups, e sempre marquei a data como SED ("sem evidência de doença"). Minha ansiedade diminuía a cada vez.

Então, fui atingida pelo novo diagnóstico de Seamus.

Tinham se passado só quatro meses desde sua cirurgia e a gradual mudança em nossa dieta e exercícios. Isso provavelmente não foi suficiente para desencorajar as células cancerígenas em meu corpo pensando em fazer um retorno triunfal. Ou talvez eu estivesse me enganando e elas há muito tempo já tivessem começado a se reunir, provavelmente desde o diagnóstico de Seamus. Este seria um grande momento para a minha lógica tomar conta, mas isso não estava acontecendo. Em minha mente, nossos destinos estavam interligados. A sensação de que o que aconteceu com Seamus iria acontecer comigo não era lógica, mas, quando se tratava de cães, e Seamus em particular, bem, é quando minha lógica falhava.

E, para o câncer, não existe lógica alguma mesmo.

Para tornar as coisas ainda mais difíceis, Chris não iria me acompanhar na consulta. Quando eu estava em tratamento, ele tinha ido comigo a todas as consultas, mesmo os meus exames de sangue, e me animava e cuidava de mim sempre. Depois que ele tinha aberto a loja de vinhos on-line, Chris Kern's Forgotten Grapes, junto com os anos que tinham passado após meu diagnóstico, comecei a ir sozinha. Preferia bem mais sua companhia, é claro, mas ele tinha um negócio para cuidar, e eu queria que fosse bem-sucedido. Ele merecia. Além disso, não haveria visita comemorativa à loja de queijos desta vez.

Folheei páginas de revistas na sala de espera e tentei não olhar para os outros pacientes. Quando a enfermeira me pesou, a balança mostrou uma perda de dois quilos. Queria me vangloriar da minha dieta à base de vegetais de setenta e duas horas, mas, além de soar como uma louca, pensei que poderia ter como resposta "Perda de peso é um sinal de câncer", o que na verdade é ainda mais louco. Mas temos o direito de ter pensamentos assim durante um exame de oncologia. Já tivera pensamentos piores.

Uma verificação de pressão arterial, um exame físico e um de sangue mais tarde, a assistente do médico me disse:

– Prontinho. Você está bem.

Endireitei-me no meu vestido de papel-toalha.

– Acabou?

– Acabou. Você pode se vestir agora – ela disse, fechando meu arquivo. – Exceto por uma coisa.

Eu sabia. Eu tinha apenas seis meses de vida. Talvez menos. Ou só uma declaração genérica de que "havia câncer em todos os lugares". *Porque dá pra saber só com um exame de sangue.*

– Que coisa?

– Vamos fazer os check-ups anualmente a partir de agora. Você ainda terá a sua mamografia em outubro e, depois, seu exame aqui em abril, então, tecnicamente, você ainda terá consultas semestrais. Só não terá que nos ver a cada seis meses.

Ah. Ok, bem, isso era bom, não? Menos consultas de oncologia não podia ser uma coisa ruim. E eu tinha encontrado o caroço em mim na primeira vez, então certamente iria saber se o encontrasse novamente. Além disso, agora eu tinha superpoderes à base de plantas!

Em casa, celebrei com Seamus, fazendo uma salada de manga, abacate e feijão-preto com suco de limão, azeite de oliva e molho de coentro; e entrando na internet para me juntar ao Farm Fresh to You [A Fazenda Vai até Você], um grupo de agricultura apoiado pela comunidade que iria entregar produtos agrícolas locais frescos em minha porta a cada duas semanas. Eu estava me sentindo bem e me tornando uma convertida. Talvez até mesmo uma evangelista. Meu câncer não havia voltado! Estávamos ganhando a guerra! *Salve a couve!*

Entusiasmada, continuei a nos armar para a batalha. Então, o tiro saiu pela culatra. Era inevitável, acho. Para Seamus, uma parte importante das minhas tropas, comprei on-line um livro holístico de combate ao câncer canino de trinta dólares, cem páginas, que parecia ser tudo o que eu estava procurando, escrito por um doutor. Quando o livro chegou, porém, logo percebi que em nenhum lugar ele dizia que tipo de doutor era o autor. Tecnicamente, como eu tenho um diploma de *Juris Doctor*, eu sou "doutora" também. Mas, por favor, nunca deixe que eu lhe dê conselhos médicos. Sangue me faz desmaiar, assim como a palavra "pontos". (Espere enquanto me recupero...) Não tive treinamento médico algum, a não ser como paciente.

Enquanto lia o livro, comecei a questionar, como o autor pretendia, não só a alimentação adequada para um cão domesticado, mas muito do evangelho tradicional de cuidado com os animais de estimação. Poderia a castração de cães realmente aumentar o risco de câncer? Seamus já tinha sido castrado quando chegou, por isso não foi minha escolha. Adicionar vinagre de maçã na água potável realmente vai evitar pulgas *e* câncer (*dois coelhos!*)? Mas, então, o autor começou a me perder. Ele era inflexível contra tratamentos de quimioterapia para cães ou para qualquer um. Isso parecia não convencional demais para mim, especialmente porque a quimioterapia tinha sido o único tratamento disponível para Seamus e eu após nossas cirurgias de câncer.

Quando eu li sobre seu "teste muscular" para determinar as áreas de saúde problemáticas, ele me perdeu de vez. Parecia uma versão do tabuleiro Ouija, só que, em vez de passar as mãos sobre um alfabeto numa tábua para receber mensagens de um espírito, passava-se as mãos sobre um cão e fazia-se algumas perguntas de verdadeiro ou falso. "Meu nome é Tippy St. Clair" era uma questão preparatória para se certificar de que eu tinha entendido a técnica. (Em caso afirmativo, o círculo que faria com meu dedo indicador e o polegar seria facilmente quebrado pelo outro dedo indicador no ponto onde os dedos se tocavam, uma vez que era uma afirmação falsa... ou o meu dedo médio subiria, algo assim.)

Eu tinha jogado trinta dólares no lixo. Trinta dólares que nunca voltariam, e, francamente, eu não os merecia. Não tinha feito minha lição de casa, mais uma vez.

O verão chegou. Nossa batalha contra o câncer parecia menos uma guerra e mais uma trégua. Apesar do meu tiro no escuro, Seamus estava bem. Parecia magro e musculoso, e estava claramente desfrutando de sua nova alimentação, suplementos e exercícios. Chris ainda era o principal responsável por levar Seamus às caminhadas "de verdade", mas ainda gostava de pensar que ele preferia os passeios mais casuais comigo, cheirando tudo e qualquer coisa que quisesse. E eu estava claramente melhorando com minha dieta à base de vegetais. Em pouco mais de três meses, tinha perdido quinze quilos. E nem tinha sido difícil. Claro, de vez em quando eu olhava com saudade para o que Chris estava comendo, e de vez em quando eu o acusava de comer meus velhos favoritos (bife e gorgonzola!) só para me provocar, mas os efeitos da minha dieta eram tão instantâneos e gratificantes que me mantive firme nela com relativa facilidade.

Gostava dos alimentos que estava comendo. Gostava de preparar minhas refeições. No passado, tinha sido uma cozinheira decente, desde que houvesse uma receita. Mas não era algo pelo qual eu tinha paixão, e nunca fui uma dessas pessoas que poderia olhar no armário ou geladeira e dizer: "Ah sim, eu tenho pimenta vermelha, picles e carne; por isso, vou fazer o meu delicioso bife com pimenta à caçarola gourmet!" (Viu? Eu não consigo cozinhar direito nem com palavras! Sério, quem iria comer isso?) Não tinha nenhuma compreensão de como sabores combinavam ou de como, quando ou por que as carnes deviam ser preparadas, e não gostava de olhar para carne crua, muito menos lidar com ela. Simplesmente, a cozinha não era o meu forte. Deixava isso pro Chris.

Agora, porém, eu estava gostando da cozinha. Comprei uma tábua de corte exclusiva (sem carne!) para os meus legumes e aprendi sobre quinoa, lentilhas, cânhamo e o milagre da couve. Comecei a seguir veganos no Twitter e no Facebook, que regularmente compartilhavam receitas que soavam deliciosas. Imprimia constantemente novas receitas (aham, com desculpas ao meio ambiente – e ao Pinterest, ao qual eu claramente precisava me juntar).

Preparei quinoa ao limão com pinhões e espinafre; quinoa ao gengibre com tâmaras e agrião; sanduíches sírios de figo e gorgonzola; uma salada arco-íris de couve, repolho, laranja, cebola roxa, pimentão e sementes de girassol ao molho de mostarda Dijon e suco de laranja; um wrap de quinoa ao curry com abacate cítrico; e, todas as manhãs, um delicioso e energizante smoothie de couve (ou outra folha verde). Misturava abacaxi, manga, água de coco, couve e sementes de chia, e era como se estivesse em férias tropicais. Bananas congeladas, manteiga de amêndoa, leite de amêndoa e canela misturados resultavam muito mais em um milk-shake do que a bebida saudável que era. E cerejas congeladas, repolho e canela misturados com água de coco? A 7-Eleven poderia vender isso como um Slurpee.

Convenci um grupo de amigos curiosos a se reunir aos domingos e preparar vários pratos que poderíamos dividir e levar conosco para almoços de trabalho ao longo dos próximos dias, além de desfrutar de um fabuloso, saudável e energizante jantar juntos.

E, o que era importante, Chris se juntava a mim em muitas das refeições. Às vezes, ele insistia ainda em um peito de frango ao lado da minha criação com quinoa, ou jogava um bife em cima da minha escultura de couve, mas ele estava comendo muito melhor do que acho que percebeu. *Eu*, no entanto, percebi exatamente o que acontecia com meu corpo.

Minha energia estava bem mais alta, eu estava dormindo à noite e, como disse a quem tivesse ouvidos para ouvir (querendo ou não), tudo o que a quimioterapia tinha feito com meu corpo a dieta à base de vegetais revertera (exceto a parte sobre matar as células cancerígenas... essa parte continuava). Poderia estrelar em qualquer um dos documentários sobre alimentos e saúde que eu estava assistindo – os mesmos documentários que agora me faziam pensar sobre os animais em nosso sistema alimentar de uma forma que eu nunca fizera antes.

Eu ainda cometia erros – como esquecer que o mel era um produto de origem animal. Precisei pesquisar sobre isso. Havia realmente um problema de saúde relacionado à ingestão de mel? As opiniões variavam. Nem todo mundo pensa que um inseto é um animal, por exemplo. Mas há a teoria de que o mel é uma proteína animal que contém algo ruim (de propósito, imagino), conhecido como "fermento animal", e, portanto, não é bom para a saúde humana. Aprendi também que as abelhas fazem o mel comendo-o continuamente e regurgitando-o. Encantador! E aí havia a visão vegana – a produção e colheita de mel envolviam escravizar e explorar as abelhas, que eram removidas de seu ambiente natural e podiam ser prejudicadas no processo de extração; portanto, se alguém é vegano, não come mel. Comer mel é, aparentemente, a porta de entrada para o efeito dominó que te distancia de uma verdadeira ética vegana (a dor de uma abelha não tem problema, por isso, talvez a de um peixe também não, e então, talvez, nem a de uma codorna, um coelho, um porco...).

A diferença entre a dieta à base de vegetais que eu estava seguindo e um estilo de vida vegano começou a se tornar concreta. Uma dieta à base de vegetais tinha a ver comigo. Um estilo de vida vegano tinha a ver com os animais. Guardei esse pensamento e fiquei ligada nisso. E guardei também o mel na parte de trás da despensa.

Então, eu fui a um jantar com degustação de vinho na loja de vinhos de Chris. A enóloga de uma de nossas vinícolas de Paso Robles favoritas, Dubost Winery, estava lá para compartilhar e discutir sobre seu vinho enquanto seu marido grelhava e servia a caça selvagem que ele próprio havia matado e preparado. Nós amávamos Kate e Curt e seus vinhos, então não havia como faltar a esse evento, mesmo com o pensamento de javali grelhado para me desencorajar. Chris resolveu meu dilema quando pediu a Curt para grelhar alguns vegetais adicionais para mim.

A salada estava deliciosa, e enquanto os outros apreciavam ostras grelhadas e o Sauvignon Blanc de Kate, eu embebia o pão em um delicioso molho de alho e azeite. E então comi mais pão. E mais. E bebi, talvez, um pouco de vinho.

Chris passou na minha mesa para ver como eu estava.

– Não posso acreditar que você não está comendo ostras. Você adora ostras.

– Elas são animais. Vou continuar comendo isso aqui.

– Eu nem acho que elas sintam dor. Elas têm um sistema nervoso central?

– Bem, a questão não é essa. Talvez elas tenham, sei lá. De qualquer forma, estou bem. Este pão com azeite é delicioso.

– Então, você vai comer anchovas, mas não ostras?

Derrubei meu delicioso pão embebido.

– Anchovas? O quê? – lembrei vagamente de Kate mencionando algo de anchovas quando ela discutiu o menu. Não me ocorreu que anchova significava animal. Nem que aquele gosto salgado e delicioso em meu molho era de anchova.

Chris apontou para o prato quase vazio na minha frente.

– Você pode muito bem comer as ostras a esta altura.

Estava desolada. Estava indo tão bem! Primeiro mel, agora anchovas. *Quem diria?* Bem, claro, qualquer um que pensa sobre o que está comendo antes de colocar na boca saberia. Afastei o prato de pão, embora parte de mim se perguntasse o quanto de empatia eu realmente poderia ter para com anchovas.

Era um aprendizado, e eu tinha uma vida de hábitos alimentares para superar. Mas estava determinada a fazê-lo. Era vaidosa o suficiente para ficar inspirada pela perda de peso, mas inteligente o bastante para saber que meu bem-estar físico tinha melhorado muito, então continuaria com a dieta à base de vegetais, embora eu pudesse tropeçar. Só ia ter que pensar sobre as coisas um pouco mais.

Passei a levar o dobro do tempo para fazer compras. Comecei a ir ao Trader Joe's e ao Sprouts, que ficavam mais distantes, e esperava ansiosamente que um Whole Foods ou Gelson's aparecesse magicamente na minha cidade. Visitava o armazém de uma fazenda local com o máximo de frequência que podia e dirigia para o centro nas manhãs de sábado para o mercado dos agricultores. Tinha que ler as listas de ingredientes dos produtos de forma diligente (eles enfiavam leite, ovos e queijo em quase tudo, e por que é que há mel em pão de trigo?), o que significava colocar e tirar constantemente os meus óculos de leitura, o que eu via como um símbolo ridículo da minha meia-idade. Também estava aprendendo sobre ingredientes de que eu nunca tinha ouvido falar antes. Onde se encontra levedura nutricional? Fica na seção do fermento de pão? (Não, é com as vitaminas e proteínas em pó).

Existe iogurte sem leite? Sim, sim; é feito a partir de leite de nozes. Tempeh? Seitan? Sim, perto do tofu, que, ironicamente, era perto da seção de laticínios refrigerados. Sementes de chia? Linhaça? Cânhamo? Sacos disso, novamente perto das vitaminas e suplementos. Agora, meus corredores favoritos eram os corredores de comida a granel: castanhas de caju cruas, nozes, grãos, muita quinoa, tudo para meu coração ficar contente. E manteiga de amêndoa orgânica! E espere... manteiga de macadâmia? Ó, Céu! Também descobri as alegrias e os muitos usos do óleo de coco, com o qual agora eu cozinhava e também usava como hidratante e removedor de maquiagem. Por outro lado, havia setores e corredores inteiros no supermercado que já não eram para mim. Podia passar reto por todos os alimentos processados e os setores de produtos lácteos e carne (em outras palavras, três quartos do supermercado).

A parte das compras eu estava conseguindo; faltava a parte de comer. Mas ia pegar o jeito, mais cedo ou mais tarde. Assisti a *Forks Over Knives*, o documentário que Julieanna tinha recomendado, e estava mais determinada do que nunca, tanto pela minha saúde quanto pelos animais.

Estimulada pelo meu novo estilo de vida, inspirada por minha capacidade de mudar e com Seamus indo bem, tive outra ideia capaz de mudar minha vida no meio do verão. Compartilhei-a com Chris na hidromassagem uma noite, talvez surpreendendo-me tanto quanto a ele.

– Estou pensando em ir para a Índia.

– Ahn?

Reação nada mais que justa. Chris e eu adorávamos viajar, e nós dois tínhamos viajado bastante. Havia uma lista longa e cada vez maior de locais que queríamos visitar, mas a Índia ainda não constava nela. Levando em consideração que algumas das minhas menos gratificantes experiências de viagem foram na Ásia, era compreensível que "Índia" o pegasse desprevenido.

– Eu posso explicar.

– Por favor.

– Um dos blogs de câncer de mama que sigo é escrito por uma jovem que, depois do câncer, fez uma espécie de viagem ao redor do mundo com trabalho voluntário. Ela foi para algo como quatro países em três continentes, voluntariando-se em orfanatos e coisas assim, como forma de reorientar sua vida pós-tratamento.

– Isso não explica em nada a Índia. Na verdade, a menção a "orfanatos" só me faz pensar que você está com uma febre alta e nada disso pode ou deve ser explicado. Apesar de eu amar sua clareza de pensamento sobre a estranha que conheceu na internet que talvez tenha feito, você sabe, coisas – disse Chris.

Saco, odeio quando ele é coerente! Talvez não tivesse sido minha declaração mais apaixonada. Eu era nova nisso. Não era o tipo de pessoa que viaja o mundo fazendo trabalho voluntário e vivendo em albergues da juventude, e com certeza nem minimamente perto de um orfanato. *Quero* ser essa pessoa; mas também quero meu secador de cabelos, muita tranquilidade, relaxamento, serviço de quarto, e alguns luxos. E sem crianças por perto. Mas fui em frente.

– Então, esta jovem mulher, Terri, ela criou uma organização sem fins lucrativos chamada A Fresh Chapter [Um Novo Capítulo]. E ela está montando um grupo de doze sobreviventes de câncer de todo o mundo para um programa de voluntariado por duas semanas na Índia. As manhãs são para o voluntariado e as tardes para aprender a cultura e visitar os arredores, incluindo um centro de câncer em Déli. Isso parece incrível.

– *Quem* é você?

– Eu sei. Eu sei. Mas – e esta é a chave –, a viagem vai ser na época do meu aniversário de cinquenta anos. Então, é meio que perfeito. Este é o meu primeiro "grande" aniversário desde o câncer, e lembre-se que eu disse que queria fazer algo espetacular, mas que não fosse totalmente sobre mim. Não é uma festa ou um fim de semana fora. Comemorar com outros sobreviventes do câncer, fazendo trabalho voluntário, e vendo uma das Maravilhas do Mundo em um país que considero ao mesmo tempo assustador e fascinante... parece encaixar no plano.

– Encaixa – ele ficou quieto por um breve momento. – Estou meio surpreso. Mas pode ser uma ótima ideia. Certamente uma experiência. Quanto custaria?

– Bem, isso está sendo considerado. É uma organização sem fins lucrativos e recebe alguns subsídios que cobrem parte da viagem, mas também precisamos levantar fundos. Tipo *crowdsourcing*. Estava pensando que, se for selecionada, vou dizer aos amigos e familiares que, se querem saber o que me dar em meu aniversário, eles podem contribuir com isso.

– Não é uma má ideia. Definitivamente uma oportunidade única de viagem. Acho que você deve fazê-la.

Uma das muitas coisas que amo em Chris é que ele pode responder na lata. Apenas um solidário "Você deve fazer isso", sem dias de angústia e agonia ou remoendo a ideia, encontrando um milhão de razões para considerar que era algo insano. Não, isso seria o meu trabalho, e ele sabia disso. Seu trabalho era a parte do apoio compreensivo.

– Preciso me inscrever. Posso nem mesmo ser selecionada. Imagino que ela vá ter um monte de sobreviventes de câncer de mama se inscrevendo, apenas por causa de seu blog. E ela está tentando obter uma boa mistura de pessoas – homens, mulheres, pessoas de diferentes países, sobreviventes de diferentes tipos de câncer. Então, quem sabe?

– Certo. Você não vai saber a menos que se inscreva.

– Vou considerar seriamente.

– Você, Índia, união com um grupo de estranhos, discussões tocantes sobre câncer, trabalho voluntário com crianças... O que pode dar errado?

Uma das outras coisas que amo no Chris é seu sarcasmo. Que bom que eu amo isso.

Nós aproveitamos os dias de verão de todas as formas. Meu livro de memórias seria publicado em outubro, e animadamente fazíamos planos para isso. Tinha até conseguido não me dissuadir a me inscrever para a viagem à Índia. Estava orgulhosa de mim mesma por reconhecer um grande verão quando ele aconteceu, que, ao mesmo tempo, não esperava um outono ou inverno desastroso.

Eu nunca deveria ter baixado tanto a guarda.

Capítulo 4

Palavras, vinho e sacudidas

No início de setembro, um fotógrafo de uma revista nacional veio a nossa casa para fotografar a mim e a Seamus para um artigo sobre nossa história. Tirou várias fotos dentro da casa e, em seguida, quis ir para o pátio dos fundos, que tem uma ampla vista da cidade.

– Você pode pegá-lo? – perguntou ele.

– Bem, eu posso tentar, mas ele odeia ser pego. Você terá que fotografar rápido antes que ele comece a querer escapar.

Peguei Seamus e ele resistiu como esperado. Briguei com ele até ficar na pose, e olhamos para a câmera.

– Vire ligeiramente para a direita.

Virei, e o segurei com força. Olhando para ele, no entanto, notei que estava piscando.

– Preciso tirá-lo da frente do sol.

– Só mais algumas.

Com mais alguns cliques do obturador, tinha acabado. Olhei para Seamus, ainda segurando-o nos meus braços, e vi.

O que há entre fotógrafos, luz solar e poças de sangue vermelho nos olhos deste cão? Parecia ridículo demais para ser verdade. Mas, no final do dia, o olho estava inchado e visivelmente incomodando. Ele não estava mais piscando tanto, mantinha mais o olho fechado.

Nós o levamos para o especialista no dia seguinte e ele aumentou as gotas de colírio para quatro por dia. Então, numa manhã algum tempo depois, acordei e desci as escadas com Seamus atrás de mim como de costume. Quando acendi a luz da cozinha e olhei para ele, fiquei horrorizada. Seu olho tinha inchado quase para o tamanho de uma bola de golfe.

Esperava ter mais tempo. Tinha até começado a pensar que o tumor podia não voltar, que podíamos contê-lo com tudo o que estávamos fazendo. Mas agora eu sabia: Seamus iria perder o olho.

O veterinário fez arranjos para a cirurgia dois dias depois. E, de repente, eu estava de volta ao consultório de um veterinário, aguardando os resultados de uma cirurgia de câncer e me perguntando o que tinha feito de errado. Talvez a dieta, suplementos e exercício fossem os motivos de ele ter tido nove meses em vez de nove dias. Ou talvez não tenham influenciado em nada. Ou talvez tenham irritado o olho e encurtado o cronograma. Quem saberia? Quem é que algum dia soube com o câncer?

Tentei distrair a preocupação e a raiva folheando revistas na sala de espera. Vim cedo para que pudesse levar Seamus para casa no momento em que ele se recuperasse o suficiente para ir embora. Não queria ficar presa no trânsito enquanto ele esperava que eu viesse buscá-lo.

– Sra. Rhyne?

Levantei-me e caminhei para a recepcionista.

– Sim, sou eu.

– Ótimo. Siga-me.

Ela me levou para a sala de exames, a mesma onde Seamus tinha sido diagnosticado.

– Eles já vêm.

Sentei-me de novo. Agora, já estava familiarizada com o material de leitura nessa sala, e como não era público-alvo de lanchas e não podia suportar ver o álbum de fotos das fases da cirurgia ocular e da recuperação, nem me preocupei em pegar nada. Em vez disso, mandei uma mensagem para Chris para atualizá-lo, embora tivesse muito pouca informação nova. Só: *Estou aqui. Devem trazer Seamus logo.*

Tentei me preparar para o novo visual de Seamus. Enfaixado, é claro. E tonto. Mas ele sempre foi um grande soldado. Raramente algo o derrubava ou o amolecia. Mas perder um olho era grave. Ele nunca soube que tinha câncer, mas certamente saberia que tinha perdido um olho. Como seria a fase de reajuste? Será que ele teria problemas de equilíbrio? Será que se confundiria, agora que não podia ver do seu lado esquerdo? Odiava não poder lhe explicar o que tinha acontecido e por quê.

A técnica veterinária entrou na sala.

– Seamus está indo muito bem. Ainda está um pouco grogue. Vamos trazê-lo em poucos minutos. Em primeiro lugar, queria falar dos medicamentos e cuidados pós-operatórios com você.

– Ok. Ele está bem?

– Sim, está bem. A cirurgia foi um sucesso.

Ela explicou sobre os medicamentos – analgésicos, antibióticos, o de sempre – e me entregou um saquinho branco com as prescrições.

– Agora, por causa da anestesia, ele pode não querer comer hoje à noite ou mesmo amanhã de manhã. Se ele beber um pouco de água, não tem problema – é totalmente normal.

Seamus não querer comer? Eu provavelmente teria que ficar conferindo se era realmente o meu cão. Seamus comia o tempo todo. Ele nunca estava sem fome. Nem mesmo depois de cirurgias no passado, nem depois de quimioterapia, nunca. Esse cachorro sempre quer comida. Sempre. Eu a ouvia, mas estava pensando: *Se ele não comer até a noite, vou ficar apavorada.*

– Eu não consigo imaginar isso – eu disse.

– É perfeitamente normal. Ele foi anestesiado e estará tomando analgésicos. Às vezes, isso perturba o estômago também. Então, lembre-se de que não é algo com que se preocupar.

Ah, eu vou me preocupar.

– Ok.

– Se quiser pagar na recepção, eu vou pegar Seamus e trazê-lo para lá.

Na recepção, entreguei meu cartão de crédito, somando mais milhas às que Seamus e eu tínhamos acumulado com tanta regularidade nos últimos anos. Enquanto assinava a conta, ouvi o tinir de sua coleira e o tamborilar das quatro patas vindo pelo corredor. Um pouco mais lento do que o habitual, e sem uivar, mas era o meu menino. Acelerou o passo quando me viu e veio direto para mim. O curativo não era tão assustador como pensei que seria, e eu tinha me acostumado com o curativo de cores vivas feito na perna da frente, onde tinham inserido o soro. Abaixei-me para afagá-lo e em troca ele levantou a cara, me cheirou, abanou o rabo, e então se virou, foi direto para a recepção, colocou as duas patas dianteiras em cima da mesa, e soltou um belo *AAARRROOOOOO* pela jarra de petiscos.

Eu ri.

– Sem problemas com o apetite.

– Pelo jeito! – disse a técnica veterinária.

A recepcionista abriu o frasco e entregou-lhe um petisco. Ele comeu rapidamente e olhou pedindo outro, abanando o rabo em sinal de aprovação. Então, uivou novamente. Ela deu-lhe mais um biscoito.

– Ok, isso é o suficiente por enquanto – a técnica voltou-se para mim – Então, no caso de Seamus, já que ele parece *ter* apetite, apenas certifique-se de que ele coma pequenas porções. Você não quer irritar seu estômago.

– É quase impossível. Ele tem um estômago de aço, mas não vou correr nenhum risco.

A recuperação de Seamus foi rápida. Precisou de apenas um ou dois dias de descanso antes de voltar a fazer suas habituais palhaçadas. Quando finalmente teve o curativo retirado – embora é claro que lhe faltasse um olho –, fiquei impressionada com a habilidade do cirurgião. Seamus parecia simplesmente estar piscando. Não havia nenhum buraco fundo, cicatriz irregular, nada brutal ou com aparência terrível. Ele ainda era um cão diabolicamente fofo. Agora só tinha um olho permanentemente fechado. O veterinário me disse que era provável que Seamus gradualmente tivesse perdido a visão no olho nos meses anteriores, de modo que o ajuste já devia estar completo. Enquanto observávamos seu retorno rápido ao normal, era fácil acreditar que isso era verdade. Ele estava arrombando armários, roubando nossa comida, uivando suas demandas, assim como sempre fizera. E nós, é claro, não tínhamos ficado diferentes em nossas poucas reprimendas. Perdemos essa batalha há muito tempo, e agora, com seu visual de um olho só, ficamos completamente desarmados.

Duas semanas após a cirurgia, ele recuperou-se bem o suficiente para estar na festa de lançamento quando nosso livro de memórias saiu, e até uivou quando li em voz alta a cena em que eu o conheci e o adotei.

– "E mais uma vez o uivo. Ele soava como se tivesse sugado uísque das tetas da mãe e como se tivesse fumado desde o nascimento" – eu li.

– *AAAARRRRROOOOOO* – disse Seamus.

Ele ia ficar bem. Tinha conseguido novamente – meu pequeno soldado. Eu estava tão orgulhosa.

E podia começar a planejar minha viagem para a Índia. Com tudo que estava acontecendo, e apesar do fato de eu ter dirigido até Los Angeles para uma entrevista como parte da minha inscrição, quase tinha me esquecido disso. Mas então veio a notícia: eu tinha sido selecionada como uma dos *Delhi Dozen*. Partiria no Dia dos Namorados, em fevereiro.

Meu livro de memórias foi publicado, e de outubro a dezembro Seamus me acompanhou em eventos do livro e, como sempre, encantou o público com suas palhaçadas e energia. Ele não tinha abrandado nem um pouco. Em janeiro, tivemos um último evento antes de partir para a Índia.

E mesmo naquela sala cheia de beagles e outros cães, Seamus era o mais barulhento. Ele estendeu-se sobre as patas traseiras, as patas dianteiras em cima da mesa, e uivou sua indignação pelos pratos de aperitivos terem sido empurrados para fora do alcance de uma língua beagle. Uma pequena e bem-vestida mulher pegou um dos petiscos multicoloridos, cozidos e decorados para parecer doughnuts e cupcakes, e entregou a ele, do jeito que ele sabia que iria acontecer. Ele engoliu e se esticou para mais. A mulher riu.

Puxei Seamus para longe da mesa, mas sem muito esforço. Afinal, era sua festa também. Seamus, Chris e eu estávamos em uma turnê que chamamos de "Palavras, Vinho e Sacudidas". Tínhamos estado em mais de uma dezena de eventos, ajudando a arrecadar fundos para vários resgates de animais, combinando minhas sessões de autógrafos com "célebres" aparições e "patógrafos" de Seamus (devido ao apelo popular, tínhamos feito um carimbo com a cópia da pata de Seamus), e uma degustação de vinho da Chris Kern's Forgotten Grapes. Eu entrava com as palavras, Chris com o vinho, e Seamus sacudia o rabo. Era a maneira como nossa pequena família trabalhava. E estávamos tendo sucesso – para meu contínuo espanto.

Anos atrás, quando eu estava passando por um divórcio, disse que queria um alfabeto para a vida composto unicamente de B para "Bebidas", C para "Café" e "Cachorros", e L para "Livros". Chris tinha ampliado isso um pouco, adicionando "A" para "Amor", e eu tinha tomado um caminho muito tortuoso, mas parecia que agora tinha terminado bem onde eu queria estar. Essa turnê tivera tudo isso junto, e o evento naquele dia foi particularmente especial, pois foi realizado no Ruff House, a creche para cães e resort da qual Seamus teve a honra de ser o primeiro cliente e, devido à sua severa ansiedade de separação, um visitante regular. Além disso, o evento foi em favor de uma organização chamada Projeto Liberdade para os Beagles [Beagle Freedom Project].

Eu tinha ouvido falar sobre o Projeto Liberdade para os Beagles de outros amigos amantes da raça beagle. Então, quando Chris e eu planejamos nossa turnê, estendi a mão para eles. Sabia que trabalhavam para resgatar beagles usados em experimentos em laboratórios de pesquisa. E sabia que queria ajudar. Eu não pensava muito sobre "experimentos com animais" ou o que isso queria dizer quando contatei a organização. Mas, no evento, havia duas dessas vítimas bem na minha frente. Tinha o Bogart – resgatado em maio de 2012 de um laboratório em San Diego, Califórnia, e agora na casa amorosa de Kelle e seu marido, Manos –, que calmamente cumprimentou a todos. Bogart era o perfeito yin de calma para o yang de caos de Seamus. E tinha também o Comet, um pequeno e jovem beagle com olhos escuros e amendoados, orelhas longas e macias, e o mais fofo jeitinho de tocar a pata em você. Comet estava lá com sua mãe adotiva, Vanessa, que estava cuidando dele desde que ele e outros dez beagles foram resgatados de um laboratório no norte da Califórnia, em 11 de dezembro de 2012. Pouco mais de um mês livre e aqui estava ele, de pé, correndo e brincando em uma multidão de pessoas com vários outros cães, e um monte de comida, ruído e comoção. Ele não parecia assustado, apenas reservado.

Vi Chris segurar Comet mais do que algumas vezes naquela tarde, o que me fez sorrir. Beagles sempre me fazem sorrir, mas Chris pegando e segurando um beagle, bem... isso me faz brilhar de felicidade.

Quando conheci o Chris, ele não era muito de cachorros. Mas, depois de tudo que nós três já havíamos passado – anos lutando primeiro contra o câncer de Seamus, e depois contra o meu –, bem, Chris começou a amar Seamus exatamente como eu. Ele se tornou um amante de cachorros. E, mais especificamente, Chris se tornou um homem de beagles.

Shannon Keith, fundadora e presidente do Projeto Liberdade para os Beagles, deu um passo à frente. Com uma voz suave, mas firme, ela agradeceu aos convidados por comparecerem e então começou a explicar o trabalho de sua organização.

– Trabalhamos nos bastidores, legalmente, para resgatar os animais que sobrevivem à vivissecção – esse é o termo usado para testes com animais vivos.

Shannon é uma advogada. Posso reconhecer sua formação. Usar a palavra "vivissecção" chama a atenção dos ouvintes. Chamou a minha. "Testes em animais" é vago e permite pensar que os beagles são convidados a identificar cartões de memória ou contar até três com sua pata. "Vivissecção" é, bem, vívido.

– Testes feitos em beagles em universidades e outros centros de pesquisa incluem itens médicos, farmacêuticos, produtos para o lar e cosméticos. Quando os beagles não são mais necessários para fins de pesquisa, alguns laboratórios os matam.

Notei Kelle puxando Bogart para mais perto.

– Outros laboratórios tentam encontrar lares para beagles saudáveis. Trabalhando diretamente com esses laboratórios, o Projeto Liberdade para os Beagles é capaz de retirar e transportar beagles para colocá-los em lares amorosos. Todos os resgates são feitos legalmente, com a cooperação da instalação.

Shannon era uma mulher loura e atraente em seus trinta e tantos anos que irradiava competência, compaixão e tenacidade. Gostei dela imediatamente. Amava o que estava fazendo, embora odiasse o que ela tinha que fazer. E, sem surpresa, amei esses beagles. Consternada com o que estava ouvindo, escutei atentamente sobre a situação desses pobres cães. Shannon levantou Comet do colo de Vanessa e pegou uma de suas orelhas de abano. Mostrou-nos o interior, onde um número muito longo tinha sido tatuado.

– Este é o número de identificação federal que foi dado a Comet. É o mais próximo a um nome que ele teve até que o resgatamos, em dezembro. Bogart tem uma tatuagem similar. E perceberam como Comet é silencioso?

Eu tinha notado. Nem Comet nem Bogart faziam ruídos – em contraste com o constante *AAARRRRROOOOOOOOO* vindo de um certo beagle na mesa de canapés.

– Eles não uivam porque os laboratórios emudecem os beagles – uma prática cruel de cortar as cordas vocais – disse Shannon.

Eu me encolhi. O uivo de um beagle é intrínseco a ele. Eu não poderia imaginar Seamus sem o seu uivo tão característico. Tinha sido uma das primeiras coisas que observei nele. Bem antes de sequer o ter visto em seu canil no abrigo, eu o tinha ouvido. Meus vizinhos poderiam ficar sem seu uivo, mas isso era irrelevante. Beagles uivam. É assim que eles são.

Olhei para Bogart, aninhado no colo de Kelle, contente e calmo, e Comet, que agora tinha voltado para o colo de Vanessa, inclinando-se para ela e descansando a cabeça em seu peito.

– A razão de beagles serem usados em pesquisa não é apenas por causa de seu tamanho, pelo curto e boa índole, mas, precisamente, porque são tão bonzinhos e confiantes. Os laboratórios usam essas mesmas características contra eles para submetê-los a uma vida mais curta de testes cruéis. Há setenta mil beagles em laboratórios em toda a América testados a cada ano.

Setenta. Mil. Beagles.

Eu estava chocada.

Sabia que queria ajudar – precisava ajudar. Pensei imediatamente em adotar um desses cães, e olhei para aquele doce Comet, que ainda precisava de um lar. Mas não era o momento. Seamus era um tipo solitário de cão. Não mostrava interesse algum em compartilhar seu tempo e domínio total da nossa casa com qualquer outro cachorro. Talvez um dia, depois que Seamus tivesse morrido, eu adotasse um cão do Projeto Liberdade para os Beagles. Mas não era um dia em que eu queria pensar naquele momento. Arquivei bem fundo o pensamento. Era a minha vez de falar ao público.

Entreguei a coleira de Seamus ao nosso amigo Todd, ou "o encantador de beagles". Ele e sua esposa, Tiffany, têm seis beagles, e Todd podia magicamente fazer todos se comportarem. (E Seamus era, em muitos aspectos, o equivalente a seis beagles.) Andei até o palco.

– Bem, talvez vocês tenham notado que Seamus parece um pouco diferente do que na capa do livro – eu disse. Vi várias pessoas concordando, embora ninguém tivesse mencionado durante a degustação de vinhos.

– Seamus teve outro surto de câncer no ano passado. Desta vez, um melanoma ocular. Fez uma cirurgia em dezembro – um mês que odeio, como muitos de vocês sabem –, mas, infelizmente, o tumor voltou a crescer e, em setembro, tivemos que remover o olho.

Podia ouvir o estremecimento da multidão e os "Ooh", e podia ver os rostos solidários. Tinha me acostumado a isso em nossos anos de câncer. Conhecia Seamus, porém, e sabia que ele não era um cão que esperasse ou precisasse de solidariedade. Ele se adaptava às circunstâncias imediatamente e parecia entender automaticamente que era algo que podia usar para a sua vantagem. *Mais petiscos!*

– Mas, como podem ver, isso não o abrandou. E, definitivamente, não afetou seu apetite.

Com isso, o público riu. Seamus tinha um apetite lendário – um fato inescapável que todos os presentes tinham notado em primeira mão no início do evento, quando ele derrubou mais de um prato e rapidamente devorou seu conteúdo.

– Ele está livre do câncer neste momento. Felizmente, melanomas oculares muito raramente se espalham para outras partes do corpo. Então, Seamus, à sua maneira peculiar, acaba de acrescentar essa piscada permanente a seu repertório de fofura.

Seamus uivou em sua deixa, como estava acostumado a fazer nesses eventos. E, nessa mesma deixa, um outro convidado entregou-lhe um biscoito polvilhado de verde.

– Ele é o meu pequeno sobrevivente, e é isso que nós estamos aqui celebrando hoje. Seamus, Comet, Bogart... Eles são todos sobreviventes. Assim como eu.

Naquele momento, eu realmente acreditava nisso.

Capítulo 5

Respirando fundo

Pelo menos desta vez, quando eu estava separando pílulas e indo a consultas médicas, não foi por causa do câncer. Dessa vez era para a viagem. Duas vacinas contra hepatite, uma vacina contra tétano, remédios contra a malária, e duas prateleiras de ai-meu-deus-você-vai-levar-tudo-isso de remédios mais tarde, eu estava pronta para a Índia. Comecei a fazer as malas três noites antes de partir, em parte porque estava nervosa e em parte porque sabia que ia ter dificuldade de enfiar tudo em apenas uma mala. Esse não parecia o tipo de viagem para onde se vai com todo seu armário a reboque, e eu não pensava que muita roupa seria necessária. Iríamos às compras logo que chegássemos, para que pudéssemos adquirir roupa tradicional apropriada para o nosso período como voluntários. Ainda assim, eu tinha que levar algo para vestir, e foi difícil descobrir o que fazia sentido botar na mala. Essa viagem era diferente de qualquer outra que eu fizera antes.

Eu estava diligentemente eliminando qualquer couro. (Seria rude, não? Em um país que reverencia vacas?). Comprei o meu primeiro par de tênis TOMS Shoes, e até consegui resistir de comprar os de prata brilhante para adquirir um par azul-claro simples. Desencavei uma bolsa de tecido que tinha no armário e pus na mala jeans, calças cáqui, camisetas. E tirei dela um vestido de verão, sandálias, uma blusa de seda e dois tops.

Depois de algumas horas de decisões, dobrando, desdobrando, fazendo a mala, desfazendo a mala, decidi dar uma pausa. Tinha mais duas noites para saber o que fazer. Coloquei um pijama e me juntei a Chris.

– Você percebeu a respiração de Seamus esta noite?

Olhei para Seamus, deitado enrolado em sua cama.

– Na verdade, não. Por quê?

– Eu não sei. Parece estranha para mim. Rasa, talvez.

Fui até a cama de Seamus e escutei. Chris estava certo. Seamus estava respirando mais curto.

– Você percebeu isso apenas essa noite?

– Não, eu notei ontem à noite também, e quando ele estava na loja comigo hoje.

– Isso não é bom. Eu acho que eu estava muito ocupada com todo esse negócio de Índia. – Eu queria afagar Seamus agora, mas resisti. Não queria acordá-lo. Normalmente captava cada mudança no comportamento ou no corpo de Seamus. Fiquei chocada de não haver percebido esta.

– Acho que deveríamos levá-lo ao doutor Davis. Os cães pegam resfriado? – disse Chris.

– Acho que não.

Tinha há muito tempo aprendido a não entrar em pânico com cada verruga, inchaço ou mudança em Seamus. Tentava não empurrá-lo ao veterinário constantemente, embora com seu histórico isso muitas vezes fosse difícil. Quatro meses tinham se passado desde sua cirurgia do olho, e fora exames relacionados a isso, ele tinha ficado livre de veterinário e estava indo bem. Até aquele momento, ele parecia saudável e feliz.

– Vou ligar para o escritório do doutor Davis de manhã.

Quando o doutor Davis examinou Seamus e radiografou seu tórax, sua resposta foi rápida e decisiva. Era necessário mandar Seamus a um especialista imediatamente – e não era o oftalmologista. Ele estava nos enviando de volta para o centro de câncer.

Meu mundo parou por um momento, mas depois entrei em ação. Liguei para o Grupo Veterinário de Câncer, onde tínhamos consultado Seamus pela primeira vez, e quando soube que não havia horários disponíveis para os próximos dez dias, liguei para sua outra filial. Eles tinham um horário disponível no dia seguinte – o dia em que eu deveria voar para a Índia.

Entrei no nosso quarto e sentei na cama, minha bagagem pronta a apenas alguns metros de distância. Disse a Chris que tinha marcado a consulta.

– Então é isso. Eu não vou para a Índia.

– Você tem que ir. Está tudo acertado. Eu posso levar Seamus – disse Chris.

– Não, é sério. Eu não posso ir se tiver alguma coisa seriamente errada com ele. Nós não estamos sendo mandados para o centro de câncer porque ele tem alergias – abaixei a cabeça entre as mãos.

– Eu sei. Mas posso lidar com isso, e sua viagem é apenas por duas semanas.

Eu olhei para cima.

– Mas e se ele...

– Ele não vai.

– Mas...

– *Ele não vai* – Chris estendeu o braço e segurou minha mão.

Eu tinha menos de vinte e quatro horas para decidir se ia entrar no avião, e ainda não me sentia como tendo tomado uma decisão final quando Chris me levou para o aeroporto, com Seamus no banco traseiro. Passei muito mais tempo beijando e dizendo adeus a Seamus do que com Chris, mas sabia que ele compreenderia. Depois de deixar-me, Chris levou Seamus à consulta, não muito longe do Aeroporto Internacional de Los Angeles.

Por duas horas esperei no terminal, aguardando meu voo para Amsterdã e depois para Déli, perguntando-me se eu realmente ia embarcar no avião. Não sabia ao certo se queria ou não que o telefonema viesse. *Ligar tão cedo significaria notícias boas ou ruins?*

Não importa o que decidi. Enquanto meu avião embarcava, o telefone tocou. Saí da fila para atendê-lo.

– Oi.

– Oi – disse Chris. Não notei nada em sua voz, embora estivesse tentando lê-la ao máximo.

– A boa notícia é que Seamus vai estar aqui quando você voltar. Mas há a má notícia.

Não vou entrar no avião. Fui para um lugar vazio no terminal e me sentei, coração e corpo pesarosos.

Esse câncer deveria ter ido embora. Não deveria ter metástase. Isso só acontece em cinco por cento dos casos. *Ridículos cinco por cento.* Vencêramos chances muito piores do que essa.

– Seamus vai estar aqui quando você voltar. Mas é câncer. Espalhou-se para seus pulmões. – Eu podia ouvir Chris inspirando – Eles disseram que é estágio quatro. Infelizmente, é terminal.

– Eu não posso acreditar nisso. Simplesmente não posso acreditar.

– Eu sei. Eu me sinto da mesma forma. Disseram que ele tem de dois a quatro meses. Podemos tentar a quimioterapia, e isso pode dar--lhe seis meses, se funcionar. Não funciona em todos os cães.

Quando vem a notícia devastadora, há um momento em que o cérebro a rejeita, protege o coração recusando-se a acreditar, apegando-se à esperança, negando. Mas esse momento termina, e o coração fica indefeso.

Afundei na cadeira.

– Só *dois* meses?

– Dois a quatro. Mas talvez seis meses. E este é Seamus – ele já venceu as probabilidades antes.

– Ele era mais jovem. E as probabilidades não eram tão ruins assim.

– Eu sei, querida. Sinto muito.

– Devia estar entrando no avião agora. Todos estão embarcando. Eu não posso ir. Eu não posso fazer isso.

– Você pode ir. Você deve ir. Eu vou estar aqui com ele. Eles podem começar a quimioterapia hoje, reduzir o tumor e deixá-lo mais confortável. Ele vai estar aqui quando você voltar. São apenas duas semanas.

– Como posso ir embora? Eu não posso deixá-lo.

– Você está aí. O grupo está à sua espera. Prometo que vou cuidar bem do Moose – Chris tinha muitos apelidos para Seamus, mas "Moose" era um dos favoritos. Normalmente, teria me feito sorrir. Mas dessa vez eu estava chocada demais. E a aeromoça estava chamando meu setor para embarcar.

Esse não era apenas um período de férias, ou teria sido fácil ir embora e não embarcar no avião. Amigos e familiares haviam contribuído para o custeio da viagem – o presente de aniversário que pedi. Havia pessoas contando comigo, pessoas que me apoiaram, e havia pessoas que tinham se inscrito para ir e não tinham sido selecionadas. Não cumprir com minha obrigação também não parecia certo.

– Não sei como posso aproveitar a viagem. Não sei o que fazer – fechei os olhos e deixei minha cabeça cair.

– É o seu aniversário. Sua viagem especial. Está paga. E são apenas duas semanas. Seamus vai estar aqui quando você voltar, prometo. Ele tem meses. E eu vou estar aqui também. Vou mantê-la atualizada todos os dias. Você deve ir. Entre no avião. Cuido de tudo.

– Oh, Deus. Eu odeio isso. – olhei para o avião. Faltavam apenas algumas pessoas para embarcar.

– Vá em frente, querida. Você só precisa me dizer se quer que ele comece a quimio hoje. Pelo menos sabemos que ele pode lidar com quimio, certo?

– Ele não deveria ter que passar por isso novamente.

– Eu sei.

Ficamos quietos até que, finalmente, sem mais ninguém na fila para embarcar no avião, eu disse:

– Comece a quimioterapia. Vou entrar no avião, mas volto para casa em um instante se alguma coisa der errado. Então, por favor, me avise.

– Acho que é a coisa certa a fazer.

– Espero que sim. Eu te amo. E amo Seamus. Por favor, tome conta dele.

– Também te amo. Vou tomar.

Embarquei no avião em estado de choque. Meu assento era no meio de uma fileira de cinco, prensado entre um rapaz à minha esquerda e um indiano mais velho à minha direita. Essa não era a hora ou o lugar para se debulhar em lágrimas, então, em vez disso, fiquei imóvel. Olhei para a frente, piscando para conter as lágrimas, minha mão cobrindo a boca.

Assim que o avião decolou e não havia como voltar atrás, tentei escrever e, em seguida, tentei dormir. Não consegui nenhum dos dois. Fechar os olhos só me fazia pensar em Seamus e que tinha sido um erro entrar no avião. Escrever no meu diário teve o mesmo efeito; queria escrever meus pensamentos sobre o início daquela aventura para a Índia, mas tudo em que conseguia pensar ou escrever era sobre o que estava acontecendo com Seamus e quão furiosa e desanimada eu me sentia. Normalmente não me incomodo com viagens longas, apesar da minha altura e dos locais apertados. Fico feliz em saber que estou viajando e com um período longo e ininterrupto de tempo para escrever ou ler. Mas, dessa vez, o voo foi longo e desconfortável, e minha energia foi totalmente absorvida pela minha luta para não irromper em violentos soluços.

O voo com conexão de Amsterdã para Déli foi adiado. Enquanto eu prontamente ligava para Sahil, nosso contato com as Férias Culturais Voluntárias, para avisá-lo de que nosso avião ia atrasar, comecei a perceber que chegaria em Déli sozinha, cansada e distraída, às três horas da manhã. Apesar de semanas de organização, de repente me senti muito mal preparada para lidar com os eventos que viriam.

Meu voo de Amsterdã para Déli estava lotado e meu lugar era mal localizado, mas a exaustão pesou e eu dormi por uma hora ou duas. O ponto alto do voo tinha sido a refeição hindu que foi servida – ardendo de pimenta, temperada, deliciosa, e trazida primeiro a mim por ter sido considerado um pedido dietético especial na KLM Airlines.

Quando o capitão anunciou o pouso iminente, lembrei de aplicar repelente de insetos com os lenços de papel em minha bolsa. Então, assisti em silêncio horrorizado ao avião ser fumigado na pista. O que eles estavam pulverizando sobre nós por aquelas aberturas? O que os preocupava que havia sido trazido de Amsterdã para Déli?

No que eu tinha me metido?

Capítulo 6

Sozinha na multidão

Aproximei-me do balcão da alfândega de Déli na esperança de que meu visto não estivesse correto e eu fosse mandada de volta para casa. Iria para onde queria estar, e não seria escolha minha. Não iria ser por causa de uma decisão que tomei. O funcionário da alfândega não viu as coisas desse jeito, e em vez disso calorosamente me deu as boas-vindas e me deixou ir.

Enquanto esperava minha bagagem, revi as instruções para o encontro com o guia do grupo. Precisava estar vestindo a camiseta que tinham enviado para que eu pudesse ser reconhecida. Imaginei que, como uma loira com um e oitenta de altura, eu seria suficientemente fácil de ser reconhecida no aeroporto de Déli, e não estava com vontade de ser um outdoor para qualquer um, então não vesti a camiseta. Portanto, cabia a mim encontrar o guia com a placa "Férias Culturais Voluntárias". Meu bilhete de boas-vindas dizia que todos estariam esperando por mim depois que pegasse minha bagagem e percorresse o longo corredor. Só precisava caminhar até o final e eles estariam lá.

Centenas de pessoas pululavam ali, muitas carregando placas, mas nenhuma com o "FCV" que eu precisava. Fiquei rapidamente irritada. Em seguida, um pensamento me ocorreu: não seria fácil para qualquer um simplesmente ficar no aeroporto com uma placa com FCV e pegar mulheres ocidentais desavisadas chegando sozinhas para o trabalho voluntário, dispostas a deixar o aeroporto com um homem estranho, desde que ele estivesse usando a placa certa? O abominável estupro coletivo e assassinato de uma jovem em um ônibus em Nova Déli havia ocorrido apenas um mês antes. Histórias de ataques contra mulheres na Índia estavam chovendo na mídia, e expressões como "cultura do estupro" eram usadas. Odiava generalizar ou estereotipar, mas era madrugada e eu estava sozinha, cansada e distraída.

Andei até encontrar um lugar para sentar e ligar para Sahil.

Dois homens, ambos pequenos, vieram correndo em minha direção. Um deles usava um turbante sique; o outro, uma placa "Férias Culturais Voluntárias" sobre o peito. Sem pensar, levantei-me e disse:

– Eu sou Teresa.

Percebi tarde demais que teria sido mais inteligente deixar que eles me identificassem. Se sabiam quem eu era, se estavam lá para me buscar, seria provavelmente porque de fato tinham sido enviados pelo FCV. Esses dois poderiam ter feito a placa no banheiro e se sentado à espera de que alguma idiota se voluntariasse para ser sequestrada. *Como eu acabara de fazer.*

O cavalheiro sique se apresentou, mas não entendi seu nome. Nem o nome do outro homem. Eles pegaram as malas e começaram rapidamente a caminhar para fora do aeroporto. Segui-os, minha vaga sensação de perigo aumentando. Agora eu não só estava seguindo homens estranhos (mas com a placa certa!), estava indo para um estacionamento, sem hesitar em entregar-lhes minha bagagem.

Naturalmente, eles estavam dirigindo uma van branca (*a melhor para raptos, querida!*). Um colocou minha bagagem na parte traseira, enquanto outro segurou a porta lateral aberta para mim. Eu entrei. (*É o que minhas instruções diziam para fazer!*) Andamos por cerca de meia hora, mas eu não tinha ideia de onde estávamos. Estava chuviscando e muito escuro, mesmo em algumas das estradas maiores. A minha primeira impressão da Índia foi simplesmente cinza. Esperava explosões de cor e vibração, mas todos os lugares que olhei eram cinza, beges e molhados, como se meu humor tivesse impregnado tudo.

Os dois homens falaram as habituais amenidades sobre o meu voo, se esta era minha primeira vez na Índia e alguns comentários sobre os outros que buscaram antes de mim. *Ahá! Então há outros.* Esperava que isso significasse outros membros do grupo, e não outras vítimas de tráfico humano. Quem quer que fossem, alguns já tinham estado lá por um dia, um tinha chegado algumas horas antes de mim, e outros dois viriam mais tarde naquela manhã. O restante iria chegar, como pessoas civilizadas, na parte da tarde. Se esses homens eram sequestradores ou estupradores, eram também muito organizados e tagarelas.

Entramos em um grande complexo de apartamentos por uma guarita de segurança (notei o guarda acenando como se os conhecesse... *mas ele podia fazer parte do bando!*), e viramos várias ruas estreitas com prédios amarelos idênticos antes de parar na frente de um deles.

– Este é o seu apartamento. Fica logo ali – o homem sique apontou para uma passagem escura. – Vou te mostrar.

Sem nada a perder, saí da van e o segui.

Meu apartamento, meu lar pelas próximas duas semanas (ou uma vida, dependendo de onde aquilo chegasse), tinha uma grande porta de metal com várias trancas. Eram quatro da manhã – tudo me soaria ameaçador, mas se houvesse uma cama ali, ficaria aliviada. Ele abriu a porta e colocou minha bagagem para dentro. Passei pela porta e, percebendo a pilha de sapatos ao lado, tirei o meu. Como tinha estado com as mesmas roupas e sapatos por mais de vinte e quatro horas, isso também era um alívio. *A menos que eu precisasse correr.*

Mas então Terri entrou na sala de estar. Esta viagem era sua visão, seu sonho. Ela é quem tinha planejado tudo, entrevistado os candidatos, selecionado o grupo, e agora estava aqui, diante de mim, sorridente e acolhedora, apesar de serem quatro da manhã para ela também, é claro. Senti-me confortável que isso não era uma coincidência.

Terri e eu nos saudamos e meu motorista partiu.

– Três dos nossos membros estão naquele quarto – Terri disse, apontando para a porta da direita – e você está naquele – apontou para a porta do meio do curto corredor. O apartamento tinha uma grande sala de estar, sala de jantar, uma pequena cozinha, três quartos, uma pia no corredor e um banheiro. Se eu estivesse mais acordada, poderia ter pensado nos decididamente poucos banheiros para o número de mulheres no apartamento. No meu atual estado, só queria uma cama. Terri continuou: – Suas companheiras de quarto não fazem parte do A Fresh Chapter e estarão fora no fim de semana. Então, o quarto é só seu por enquanto.

– Por mim, tudo bem – eu disse, embora meu cérebro estivesse lutando com o plural. Mais do que uma colega de quarto? Mesmo na faculdade, eu só estivera num quarto com uma pessoa. Mas, aqui, eram três camas de solteiro (e acho que dizer "de solteiro" era generoso), com talvez cinquenta centímetros de distância uma da outra, com armarinhos ao lado de cada uma. Havia luzes de leitura presas à parede em cima de cada cama, um piso de linóleo, um cabideiro, e... bem, mais *nada*. Era isso. Não havia nenhuma decoração, salvo as colchas azul-claras, e nenhuma cômoda ou prateleira, embora parecesse haver armários na parede mais distante – dois armários estreitos.

Baixei minhas malas e examinei o quarto. Minhas companheiras tinham sabiamente escolhido camas perto da parede, deixando-me com a cama do meio. Fui até o armário e o abri. As portas bateram na cama ao lado e precisei esgueirar meu corpo para o outro lado da porta para ver se havia algum espaço para mim. Cada armário era realmente mais como um guarda-roupa, com uma barra na parte superior para pendurar pelo menos alguns itens, e depois duas prateleiras abaixo. Os outros armários estavam trancados. Um lado daquele estava cheio e o outro meio cheio – a roupa empurrada para um lado. Encarei isso como um sinal de que o lado vazio era o meu espaço. Mas estava cansada demais para tirar da mala mais do que o pijama, escova de dentes, e lavar o rosto e deixar a bagagem no chão. Deitei na cama. Não sabia quais eram os planos para o dia seguinte, e não me importava. Meus pensamentos exaustos eram exclusivamente sobre Seamus. Finalmente, podia liberar a dor. Enquanto chorava, fiquei novamente agradecida por não ter companheiras de quarto naquela primeira noite.

Acordei tarde naquela manhã, com *jet lag*, olhos inchados, desorientada e profundamente triste. Tínhamos travado nossa guerra contra o câncer, Seamus e eu, no ano passado. Tínhamos feito mudanças significativas; pensei que eu tinha nos armado bem. Mas sabia agora que Seamus ia perder sua batalha. *Nós* íamos perder nossa batalha. E eu estava do outro lado do mundo, incapaz de lutar ao seu lado. Eu não era uma boa perdedora.

Fui para a cozinha para ver o que poderia ser capaz de preparar para o café da manhã. Alguns alimentos e líquidos reconfortantes cairiam bem. Imaginei que uma dieta à base de vegetais na Índia seria fácil, dada a variedade de refeições vegetais que tinha visto quando folheei meus guias. Sabia que provavelmente não poderia preparar os smoothies de couve que normalmente tomava no café da manhã, mas assumi que haveria algum tipo de vegetal ou fruta, talvez alguns grãos. Era minha nova comida de consolo, e eu precisava dela.

O apartamento estava em silêncio. Na cozinha, encontrei biscoitos, pão e algumas bananas. Não era perfeito, mas eu poderia me virar. Pelo menos uma torradeira e um pote de manteiga de amendoim estavam disponíveis. Procurei por uma máquina de café.

Terri enfiou a cabeça na cozinha:

– Eles servem café da manhã na área do escritório. Você provavelmente ainda tem quinze minutos para chegar lá. Todo mundo já comeu. Posso te mostrar.

Rapidamente me enfiei numa roupa e segui Terri. A prateleira sobre a mesa de café da manhã consistia de ovos, *naan* (uma torrada) com *ghee* (manteiga clarificada), alguns cereais com leite, *chai* (feito com creme de leite e açúcar) e frutas. Não exatamente um paraíso à base de plantas. Será que tinham ajustado o menu para os norte-americanos e canadenses que comeriam? Peguei uma banana e me servi de um pouco de suco de manga. Só queria voltar para o meu apartamento e preparar meu café Starbucks instantâneo enquanto verificava e-mails de Chris. Queria rastejar de volta para o pequeno cubículo que era minha cama. Mas não havia tempo para isso. Terri estava explicando o cronograma para o grupo e, descobri, eu tinha cerca de 20 minutos, meia hora se tivesse sorte, para tomar banho e ficar pronta para a excursão do dia. Mal tinha tempo para comer a banana. Corri de volta para o meu apartamento.

Durante a excursão diurna nos templos, conheci os outros membros dos Delhi Dozen. A maioria era bem mais jovem do que eu – em seus vinte ou trinta anos –, o que é trágico quando se considera que este era um grupo de sobreviventes de câncer. E embora, naturalmente, nosso primeiro vínculo fosse como sobreviventes de câncer, logo descobri que não podia ouvir a palavra "câncer". Eu não podia tolerar uma discussão sobre "fases", tratamento, ou, pior de tudo, o medo de recorrência. Mal conseguia me manter em pé e ainda sentia muito fortemente que deveria estar em casa com Seamus, mas também sabia, é claro, que eu estava de luto por um cão, e nem todos – talvez nenhum paciente humano de câncer – entenderiam ou respeitariam isso.

Eu nunca fui muito de andar em grupo. Odeio multidões, barulho, e qualquer coisa que me limite a uma situação com "regras da maioria". Prefiro muito mais as situações e conversas pessoais. Pensei que esta viagem seria diferente simplesmente por causa da experiência traumática compartilhada. Já podia sentir como estava errada. Não seria capaz de falar sobre câncer agora. *Eu não devia ter vindo.*

No jantar, minhas preocupações aumentaram quando soube que precisava estar de pé, vestida e esperando no escritório às sete da manhã seguinte para ir à Casa Madre Teresa para as Indigentes e Moribundas.

Imediatamente, comecei a me preocupar que não ficasse pronta a tempo e que, mesmo que conseguisse, eu não fosse capaz de lidar com minha tarefa. Não sou de acordar muito cedo e, pelo que sei, não sou muito uma cuidadora também. Tinha feito bastante trabalho voluntário, mas era mais angariação de fundos, conselho de administração, coisas do tipo mais geral. Além disso, era totalmente covarde quando se tratava de questões médicas. Bem, questões médicas humanas.

Esperava que o sono e uma adaptação à mudança de fuso horário e ao *jet lag* ajustassem meu estado mental. Até lá, tentaria aguentar; continuaria respirando fundo e me segurando enquanto podia. Mas não achava que isso iria durar muito tempo. Não precisei do alarme do telefone celular para acordar de manhã.

Capítulo 7

Namastê

Acordei às quatro da manhã e não consegui voltar a dormir. Em vez disso, levantei e saí na ponta dos pés para fora da sala, levando meu iPad comigo. Tomei meu café sozinha na sala de estar. Um e-mail de Chris me dizendo que Seamus estava indo bem e parecia estar melhorando ajudou meu humor. Chris não iria inventar isso para me enganar, então relaxei um pouco. Depois fui para o banheiro e cortei minhas unhas até o talo.

Tinham-nos dito que piolhos eram um problema no Madre Teresa, e, para evitar que piolhos ficassem grudados em nossas unhas, devíamos cortá-las o mais curto possível. Minhas unhas após a quimio tinham mais ranhuras, eram mais fracas, e frequentemente quebravam ou se partiam. Depois de mudar minha dieta, isso estava finalmente melhorando, mas eu ainda de bom grado as cortava. Nunca tinha tido motivação maior para não ser vaidosa.

Tomei banho rapidamente, como haviam pedido que fizesse, e me lembrei de guardar água no balde grande mantido no box, caso o fornecimento acabasse. Também tive o cuidado de manter a minha boca fechada no chuveiro e não engolir nenhuma água, pelo mesmo motivo que nos disseram para comer apenas alimentos cozidos e frutas descascadas por nós mesmos. A barriga de Déli é o primo indiano mais agressivo da vingança de Montezuma[3].

Eu não podia secar meu cabelo – o barulho despertaria a casa (ninguém iniciaria seu dia voluntário até as nove ou dez horas), e, de qualquer forma, não consegui encontrar uma tomada perto de um espelho. Não estava preparada para o tempo úmido – meu cabelo não iria secar ao ar úmido. Por fim, optei por usar o secador rapidamente, no canto mais distante da sala de estar. Conectei-o à tomada, liguei o interruptor e apontei para a parte de trás do meu pescoço. O ar quente varreu meu ombro em um vento reconfortante, e então *Pop!* Faíscas

---

3 Duas modalidades de doenças que costumam acometer turistas em lugares muito diferentes de sua terra – também conhecidas de forma geral como "diarreia do viajante" (N.T.).

voaram, cheiro de cabelo queimado subiu, e o secador parou. A nuvem de fumaça confirmou que eu tinha explodido o fusível. *Apropriado.* Puxei meu cabelo em um rabo de cavalo úmido.

Vesti o traje tradicional indiano que tinha comprado no dia anterior: calça *salwar* azul, uma longa túnica *kameez* púrpura e um lenço azul, roxo e laranja cobrindo minha cabeça. Quando já havia luz do dia suficiente na sala, olhei-me no espelho. Estava quase irreconhecível, até mesmo para mim. Parecia que eu é que estava morrendo. (Poderia ser confundida com uma residente do Madre Teresa.) A cor alegre da roupa ressaltava meu rosto pálido, e embora as bolsas sob meus olhos vermelhos não deveriam ser surpresa, elas eram. Mechas de cabelo úmido tinham escapado do rabo de cavalo e ficaram presas em minha bochecha. Apliquei hidratante com cor, blush, um pouco de delineador e rímel e, por fim, algum brilho labial. Nada ajudou. Fui ao escritório a tempo de contar a Sahil sobre o fusível queimado e engolir uma xícara de *chai* feito especialmente sem o leite. As outras três voluntárias para o Madre Teresa – Mary, Lisa e Helene – também estavam lá, e todas pareciam mais descansadas e animadas do que eu parecia ou me sentia. E estavam com os cabelos secos.

A viagem levou pouco mais de meia hora. Muito tempo para ver as ruas de Déli enquanto elas voltavam à vida no início da manhã. Como eu esperava, as vacas estavam por toda parte. Assim como cães, macacos, porcos, galinhas e cabras. E multidões maciças de pessoas e carros. Cada um deles se movendo rápido, em amontoados. Era um caos, mas ainda assim com um ritmo vagamente discernível. Nosso motorista, Ashwani, colocou um CD de cânticos a Shiva, proporcionando a música de fundo perfeita para nossa viagem. Mary falava, sem parar, animada e nervosa. Fiquei contente de saber que eu não era a única com um pouco de receio, embora o meu se expressasse de forma diferente.

Mantinha-me quieta, cansada e atenta, imaginando o que faríamos quando chegássemos, como os pacientes seriam, enquanto ao mesmo tempo me perguntava: *O que eu estava fazendo lá? Seria capaz de fazer isso?* E, claro, mais uma vez a resposta à minha retórica não importava. Vi a grande placa nos pesados portões de ferro de um complexo particular. Tínhamos chegado. Iria passar a manhã com as Irmãs da Misericórdia e as indigentes e moribundas.

Os portões se abriram, e percorremos o longo caminho.

Mesmo com o céu nublado e chuviscando, o lugar era surpreendentemente bonito. As flores silvestres eram abundantes, e o muro à direita do carro estava coberto de trepadeiras floridas. Eu podia ver animais – galinhas, uma cabra, e, o mais surpreendente de tudo, pavões. Minha impressão imediata era de paz, não angústia. Vínhamos das loucas e tumultuadas ruas para uma serena calmaria, e a mudança foi imediata.

Ashwani estacionou o carro e saímos, acrescentando nossas roupas de cores vivas ao cenário florido em meio à neblina.

– Vocês vão conhecer a madre superiora primeiro. Ali – ele apontou para o menor dos dois edifícios.

Houve uma recepção formal, onde aprendemos que cada uma das irmãs incluía "Teresa" em seu nome, o que não seria nem um pouco confuso. *Aham*. Fomos rapidamente levadas para o segundo edifício – uma estrutura muito maior em torno de um pátio central com portões fechados. Era o edifício dos moradores. O Lar para Indigentes e Moribundas.

Exclamações animadas de "*Didi!*" – a palavra hindi para "irmã mais velha" e um sinal de respeito – nos seguiam enquanto andávamos. Sorrimos e acenamos enquanto nos apressávamos para acompanhar a irmã. Algumas das moradoras estavam sentadas no pátio, envoltas em xales contra o frio que ainda pairava no ar da manhã. Outras lavavam o chão, o que me fez notar, quase de imediato, quão limpo estava o lugar. Algumas se aproximaram de nós, querendo segurar nossas mãos, andar conosco, ou simplesmente olhar para nós. A maioria sorria. Algumas estavam rindo.

Não era o que eu esperava. Isto não era um hospital. Não havia cheiro de química, além do limpador de chão; as pessoas andavam para cima e para baixo, falando; não havia gritos nem choro, mas uma grande beleza na simplicidade do lugar – que só era enfatizada pelo pavão desfilando pelo caminho. Já tinha visto cenários muito piores quando, como advogada de planejamento imobiliário, havia visitado clientes em lares de idosos ou centros de vida assistida.

Mas, à medida que nos aproximávamos da sala de estar, isso mudou. Quatro mulheres, duas parecendo muito jovens, estavam em cadeiras de rodas, alinhadas contra a parede. Duas delas estavam severamente debilitadas – paralisia cerebral, imaginei. Duas ainda estavam na cama, uma chorando e a outra balançando para frente e para trás. Congelei, imediatamente presumindo que as coisas iriam piorar; iríamos caminhar cada vez mais profundamente em uma deprimente atmosfera hospitalar.

Mas o resto do lugar tinha a mesma tranquilidade simples do pátio. A sala tinha camas para cinquenta e oito das setenta moradoras. Estavam alinhadas em fileiras, cada uma com cobertas e travesseiros em cores vivas que combinavam. A maioria das camas estava arrumada, mas não todas elas. Luz solar difusa penetrava pelas janelas na parede oposta, lançando uma tonalidade quente e dourada sobre as camas. Parecia confortável, acolhedor. O que era um grande feito para um quarto com cinquenta e oito camas de metal.

Antes que pudéssemos assimilar tudo, a irmã foi embora.

Enquanto nós quatro ficamos ali de pé, boquiabertas e imóveis, tentando imaginar o que deveríamos fazer, uma jovem e sorridente menina aproximou-se e pegou minha mão. Puxava-me pelo corredor de camas. "Vamos, vamos", ela dizia. Ou pelo menos era isso que eu pensava que estivesse dizendo.

Ainda sorrindo, ela soltou minha mão e esticou o braço direito em direção a uma cama parcialmente feita. Podia ver que ela tinha um uso limitado de seu braço esquerdo, que estava dobrado e colocado perto de seu peito, sua mão pendurada. *Ah, tudo bem. Arrumar a cama.* Isso eu podia fazer. Bem... talvez. Só fazia minha própria cama talvez duas vezes por semana (chutando alto). Mas era uma atividade, então, fiz a cama. Ou pensei que a tinha feito. Parecia haver uma fronha extra.

A jovem riu e disse algo, talvez em hindi, que eu não conseguia entender. Mas ela estava claramente se divertindo com os meus esforços, então sorri também. Levantei a fronha extra. Ela assentiu com a cabeça. *Hummm...* Olhei em volta para ver se havia um travesseiro nas proximidades sem uma fronha. A cama ao lado da dela também estava desfeita, então fui arrumá-la. Ela rapidamente agarrou meu braço e, rindo agora, balançou a cabeça negativamente. Pegou a fronha da minha mão e colocou-a de volta em sua cama – em seguida, depois de uma série de movimentos de mão, suposições ruins minhas e muitas risadas, descobri que a fronha adicional precisava ser dobrada e colocada debaixo do travesseiro. Fiz o que tinha sido tão comicamente instruída a fazer. Então, ela me levou para a cama ao lado, e o processo recomeçou – embora agora ela ajudasse puxando cobertas e entregando-me a fronha extra, sempre rindo.

Consegui descobrir o nome da minha nova amiga, Ranjana. Meu nome era, é claro, fácil para todos. Ranjana parecia ter uma boa compreensão do inglês – ela (ou sua família) podia ser pobre, mas não estava morrendo. Ao observá-la, percebi que nos Estados Unidos ela provavelmente seria integrada em uma escola pública. Fiquei imaginando sua história, mas, é claro, não perguntei. Em vez disso, voltei a segui-la quando ela me levou até a frente da sala.

Sentada em uma esteira de bambu, pintei livros para colorir junto com as meninas, ajudei Ranjana e uma outra jovem a aprender a pronunciar os nomes em inglês dos animais naqueles livros, e ri até doer. Mais tarde, andei com algumas das mulheres, de braços dados, como elas pareciam preferir, e periodicamente reunia-me com minhas colegas voluntárias para saber se estávamos fazendo a coisa certa. Ficávamos no quarto menor, à direita do dormitório amplo em que estávamos. Esse quarto menor tinha doze camas e um pequeno espaço para escritório. Supomos depois que as mulheres com alta funcionalidade estavam alojadas nesse quarto.

Não parecia muito, o que estávamos fazendo. E parecia fácil demais – fora o desconforto da sensação de ingenuidade e a barreira da língua, que era menor do que eu imaginava. Havia várias mulheres que conheciam suficiente o inglês para conversar. Estava contente por saber disso, pois, apesar das minhas boas intenções quando me inscrevi para a viagem, não tinha conseguido aprender uma única palavra hindi além de namastê, que eu, como a maioria das americanas suburbanas de meia-idade, havia aprendido na aula de ioga.

Quando o sol se ergueu, todas nós saímos para o pátio, onde Ranjana nos mostrou as bolas e raquetes de um conjunto de críquete de plástico. O pátio não era grande o suficiente para qualquer jogo organizado, especialmente com o número de mulheres que se juntaram a nós. Mas jogar e "rebater" a bola para frente e para trás funcionava bem. O ar fresco, o movimento, a simples alegria de jogar momentaneamente aliviaram minha dor e minha fadiga.

O picante e agradável aroma do almoço começou a escapar da cozinha para o pátio. As irmãs reapareceram às onze e meia, e as mulheres começaram a fazer fila para o almoço. Foram-nos entregues pratos e colheres. Em seguida, cada uma de nós foi guiada por uma das moradoras até as mulheres em cadeiras de rodas, com alguns movimentos de mão indicando que tínhamos de alimentá-las, novamente precisávamos descobrir como fazer isso.

Não tenho filhos. Não me lembro de alimentar crianças. Meus pais têm apenas setenta anos de idade e estão muito bem, então, nunca precisei ajudá-los com os cuidados e a alimentação. Tinham, no entanto, me alimentado em mais de uma ocasião, e esperava fervorosamente que isso fosse experiência suficiente. Debrucei-me sobre o prato, peguei uma colherada (*Suficiente? Demais? Devo misturar os itens?*), e levei a colher em direção à boca da jovem. Ela mordeu, babou, mastigou, e abriu a boca novamente. Dei outra colherada. Repetimos esses movimentos até que outra das moradoras veio e pegou o prato da minha mão. Então, ela fez sinal para que eu agachasse ou me ajoelhasse e, quando o fiz, percebi quão tensas estavam minhas costas por me debruçar sobre a cadeira de rodas. Eu tinha muito a aprender sobre algumas coisas muito simples. Era cedo demais para dar um tapinha em minhas doloridas costas por meu primeiro dia de voluntariado.

Estava quieta na viagem de volta, perdida em meus pensamentos enquanto as outras conversavam. Tudo o que eu tinha feito era passar quatro horas jogando bola, arrumando algumas camas, colorindo um livro, nomeando os animais e alimentando uma jovem mulher com deficiência. Estava ridiculamente orgulhosa de mim mesma por ter completado o primeiro dia sem erros terríveis ou momentos totalmente desconfortáveis, mas também sabia que estava muito tensa e nervosa. O objetivo da viagem era me tirar da zona de conforto, mas eu não esperava que isso acontecesse no primeiro dia de voluntariado, nem em relação a ações tão simples. Descansei minha cabeça na janela e olhei enquanto as cenas nas ruas de Déli se sucediam.

Era fácil fazer isso. Nós nos movíamos devagar, muito mais devagar do que no trajeto de ida de manhã. Eu observava os animais – as vacas, os porcos, e particularmente os cães. Pilhas de lixo estavam depositadas ao longo das estradas, e as vacas e porcos vasculhavam à vontade. Vacas serpenteavam pelas ruas, cães corriam para dentro e para fora do tráfego lento, ágeis e rápidos. Eu sou uma amante dos animais – todos os animais, mas, é claro, de cães em particular. E cada cão nas ruas – e eram muitos – levava meus pensamentos de volta para Seamus. Aqueles cães não pareciam saudáveis, nem particularmente doentes; não eram gordos e não eram magros. Não era perceptível qualquer raça, e eram geralmente todos de tamanho médio. Os machos não eram castrados. Alguns estavam feridos, alguns eram filhotes, e alguns eram nutrizes com alguns (nunca muitos) filhotes à sua volta. Fiquei imaginando como eram cuidados e por quanto tempo sobreviviam nas ruas. E eles tinham câncer? Se tivessem, alguém saberia? Mais uma vez, segurei as lágrimas – lágrimas por eles, lágrimas por Seamus, e lágrimas de exaustão. Fechei os olhos e fingi dormir.

Nosso motorista acionava sua buzina, assim como todos os outros motoristas na Índia, mas sem resultado aparente. Não chegamos de volta à base do FCV até uma e meia da tarde. Não havia tempo de ir para nossos apartamentos para nos recuperarmos. Eu não teria tempo de verificar e-mails ou mensagens de texto para ver como Seamus estava. Tínhamos que almoçar e ficar prontas para a palestra das duas horas. Felizmente para nós, embora talvez não para ela, Lisa tinha um quarto no apartamento que também era usado como cozinha e sala de jantar por todo o grupo. Nós quatro corremos para seu quarto e banheiro para lavar as mãos, retirar nossos lenços da cabeça e passar o pente de despiolhar elétrico em nosso cabelo. Antes desse momento, eu não sabia que havia tal coisa como um "pente de despiolhar". Não era exatamente o que eu quis dizer com "sair da minha zona de conforto", mas era certamente uma versão.

Senti o cheiro do almoço de *dal* (lentilhas partidas com uma mistura aromática de especiarias), vegetais crus fatiados, *naan*, e um prato de arroz masala. O cozinheiro tinha sido informado de que havia três veganas em nosso grupo e ajustado as refeições de acordo, servindo versões veganas ao lado dos pratos que continham manteiga, leite, creme ou ovo. Minhas opções eram agora variadas, e todas deliciosas. Ou pelo menos eu estava faminta o suficiente para pensar assim.

Sentei-me para a palestra da tarde, que começou imediatamente depois que tiramos os pratos da mesa. Quinze minutos mais tarde, estava quase cochilando sentada, minha cabeça oscilando para frente e para trás enquanto eu tentava me manter acordada. Mexia-me na cadeira para que a coluna à minha frente bloqueasse minha visão para o palestrante. "*O povo da Índia é um diversificado...*" Minha cabeça pendia para frente. "*... testemunho da migração do bucólico...*" Meus olhos se fechavam novamente e minha mente vagueava. "*... sob a famosa dinastia Gupta...*" Arregalava meus olhos abertos e tentava me concentrar. Olhando ao meu redor na sala, vi que eu não era a única lutando para ficar desperta. Uma manhã cedinho, uma longa viagem de carro e uma refeição rápida seguida de uma palestra não era uma receita para me manter animada (não havia, na verdade, nenhuma receita para isso), e eu não estava sozinha. Observei muitas cabeças caindo lentamente para a frente e depois se erguendo rápido. "*As virtudes do povo indiano...*" Meus olhos se fecharam. Teria que descobrir as virtudes deles por mim mesma em outro momento.

Depois da palestra, só tivemos tempo de correr para o nosso quarto, descansar muito pouco, pegar nossas câmeras ou outros itens pessoais e voltar para a sala de reunião antes de sair para nossa próxima excursão. Desta vez, um exercício cultural de comprar itens domésticos comuns e alimentos na aldeia local.

O exercício teria valido a pena só por me permitir encontrar uma loja de café, o que me forneceu uma muito necessária xícara de vida (também conhecida como expresso). Pude então terminar o desafio de encontrar um saco de batatas fritas, uma única lata de coca-cola, pão e seis ovos, com apenas as trezentas rúpias que nos haviam sido dadas. (Não havia nenhuma "mercearia", e quem iria saber que existem batatas fritas "pré-prontas"?) A conversa que se seguiu em nossa volta à base foi animada e bem-humorada, embora todos nós estivéssemos moles de exaustão em nossas cadeiras. Ainda assim, tínhamos outra lição de hindi – palavras e frases que seriam úteis aos que se voluntariavam nas escolas e ensinavam crianças pequenas. Nós quatro no Madre Teresa provavelmente não precisaríamos dizer "*Cupa rahō!*" (fique quieto) ou "*Mata mārō*" (não bata), ou pelo menos eu esperava que não. Mas pelo menos nós aprendemos a perguntar o nome de alguém. "*Nāma?*". Certo, não era a maneira mais educada de perguntar, mas servia. Também achei que "*Mujhē naīm Mālūma*" (eu não sei) viria a calhar, então tentei me lembrar dessas duas expressões. Com os únicos neurônios que me restavam.

Finalmente na cama às onze da noite, verifiquei meu iPad e vi que Chris tinha enviado uma foto de Seamus e um bilhete. Seamus estava melhor, uivando mais (sempre um bom sinal) e comia bem. Enfim, eu podia dormir – mesmo que apenas por algumas horas.

Capítulo 8

Uni-duni-treta

O exaustivo cronograma continuou por mais dois dias. Nosso trabalho no Madre Teresa tornou-se mais sério.

A madre superiora foi informada de que em nosso grupo havia uma médica, uma fisioterapeuta e uma professora de educação física. Tenho certeza de que ela orou por força para superar a única decepção... eu, a advogada. Ela pediu que aferíssemos o peso e os níveis de açúcar no sangue de cada uma das setenta mulheres e encarregou a irmã Margaret Teresa de organizar a nós e ao projeto.

Minhas colegas voluntárias estavam mais do que prontas. Estavam elétricas. Tentei inventar maneiras de ser útil sem ficar muito perto das agulhas com sangue para os testes de glicose, já que estava certa de que desmaiar não seria considerado útil.

Havia algo que eu poderia usar – minha lógica. Virei a organizadora, recrutando uma das moradoras, Fátima, para me ajudar a descobrir os nomes das mulheres, para que eu pudesse traçar as estatísticas. O inglês de Fátima era suficiente, certamente muito melhor do que o meu hindi. E ela tinha se mostrado amigável e prestativa, apesar de ter perdido três de seus membros devido a complicações por diabetes (o que tornou nossa tarefa ainda mais séria). Não havia uma planilha feita no computador com a qual trabalhar, apenas um antiquado livro de contabilidade grande com páginas verde-claras e colunas vermelhas finas. A irmã Margaret Teresa me instruiu a colocar uma data no topo de cada página e listar nome, peso e nível de açúcar no sangue de cada mulher.

Enquanto eu trabalhava no sistema, Mary e Lisa esforçaram-se para encontrar suficientes elementos de trabalho e luvas de látex para compor um sistema de teste de glicose funcional; Helene encontrou a balança e conversava e acalmava as mulheres que se alinhavam. Até eu fui acalmada pela energia de Helene. Só de ficar ao lado dela em seu estado de graça e compaixão era tranquilizador. Talvez aquilo passasse para mim – eu, a que estava ao seu lado com uma prancheta, um plano, e medo de sangue.

Nem tudo correu de acordo com meu plano. Tínhamos chegado apenas à metade no primeiro dia até a hora do almoço e, depois, partiríamos. O almoço não podia esperar, não importava onde estivesse em meu processo. Aparentemente, as irmãs adoravam uma certa eficiência também, mesmo que isso significasse que partiríamos sem concluir nossa tarefa.

No segundo dia, quando já tínhamos terminado as estatísticas de açúcar no sangue e peso, a madre superiora informou que precisávamos medir a pressão arterial também. Meu sistema teria funcionado muito melhor, é claro, se essas três coisas fossem feitas ao mesmo tempo. Talvez a boa madre não achasse que iríamos conseguir fazer tudo, então tinha começado com os testes mais importantes. Astuta. Mas agora eu precisava ter certeza de que aquela "Mina" ou "Meena" ou "Meha" era a mesma "Mina" ou "Meena" ou "Meha" que pesava 54 kg e tinha um nível de açúcar no sangue de 80 mg. Ou era outra? Parecia que eu não estava ouvindo os nomes da mesma forma. Mina agora soava como Dina, mas eu não tinha uma Dina em minha lista. Eu tinha uma Nina e uma Meena, no entanto. Para aumentar minha confusão, mas certamente tornando todo o processo mais divertido, as moças agora mencionavam seus apelidos.

Agora uma mulher era chamada de "Jaya vegetal" (seu trabalho era descascar legumes), e havia várias "Chotis", que eu ouvira como "Shorty" [baixinha], mas na realidade significava "pequena", ou "irmã mais nova" (meu palpite estava perto o suficiente). Fomos devidamente advertidas que o apelido de uma mulher significava "mordida" por causa de seu hábito de morder... bem, as mãos que a alimentavam.

Assim seguimos. Aprendi um pouquinho tanto da cultura como da língua só de ir compilando minha lista. E encontrei uma espécie de conforto no processo. Estava suficientemente entusiasmada para tentar pronunciar os nomes como elas me diziam. Felizmente, era capaz de rir de mim mesma.

Fátima disse o nome da mulher seguinte na fila:

– Poppy.

– Poppy? – eu disse.

Fátima deu uma risadinha, assim como sua amiga Santi.

– Não – Fátima estava sorrindo amplamente. – Pa-pee.

– Pa-pee – eu repeti.

Agora várias das mulheres estavam rindo.

– Não. Po-pee – ela disse, com ênfase na última sílaba.

Bravamente tentei de novo, embora não conseguisse decifrar qualquer diferença entre o que ela estava dizendo e o que eu já havia dito. Talvez com volume e entusiasmo minha pronúncia teria o mesmo som.

– PAPEE! – eu disse, da forma como pessoas nervosas falam com os cegos.

O quarto inteiro caiu na gargalhada. Tentei mais uma vez, esperando que não estivesse xingando inadvertidamente.

– PAW-PEE!

Os olhos das garotas se arregalaram, e elas riram e cobriram a boca com as mãos. Fátima explicou que *pappii* era uma palavra fofa para beijo e certamente não era um nome de mulher. Todas as mulheres no quarto riam mais alto agora. Eu poderia facilmente provocar risadas durante toda a manhã bancando a boba, exuberantemente gritando *pappii* em momentos aleatórios. Assim, quando fiquei frustrada com meu sistema falho e a falta de progresso, gritei "*Pappii!*" e ri também. Ninguém me beijou, no entanto.

Levou o resto da manhã para organizar minhas anotações e tabelas e descobrir quais mulheres ainda precisavam ter sua pressão arterial medida. Algumas estavam animadas e se ofereciam uma e outra vez, e outras se escondiam. Ambos os comportamentos causavam estragos em meu sistema. Apenas uma mulher chutou e gritou; ela foi arrastada por outras duas pacientes, cada uma segurando um braço e uma perna, balançando a mulher que gritava e se contorcia entre elas como crianças em um playground. Ainda assim, a mulher não iria ficar quieta ou parada o suficiente para que medíssemos sua pressão arterial (que era alta, com certeza). Isso não era jogar bola no pátio.

E mesmo assim o Lar Madre Teresa era tranquilo, relativamente calmo, e, certamente, belo à sua própria maneira. Minhas manhãs foram a melhor parte da viagem.

Porque as tardes eram difíceis, e as noites insuportáveis.

A programação, combinada com a dificuldade de conseguir qualquer tempo sozinha para processar a Índia e o que eu tinha deixado para trás em Riverside, estava me nocauteando, pesando tanto mentalmente que eu podia senti-la fisicamente – embora eu ainda não tivesse pego a gripe ou a barriga de Déli que estavam derrubando nosso grupo, pessoa por pessoa.

Estava sozinha, em parte porque dividia o quarto com duas maravilhosas e interessantes mulheres que por acaso eram parte de outro grupo e, portanto, com uma programação totalmente diferente. Assim, além de ter que manter roupas e produtos de higiene pessoal para o dia seguinte na sala de estar para evitar acordá-las horas antes de precisarem sair de manhã, eu não tinha companheiras para conversar, discutir a programação do dia seguinte ou para me convidar para um café ou um jantar, fazer compras, explorar ou comer na cidade. As mulheres do meu grupo Fresh Chapter e meu apartamento tinham horários diferentes, saindo com duas horas de diferença e, geralmente, chegando de seus estágios voluntários antes de mim. Assim, elas passavam os dias juntas, unindo-se como as mulheres fazem, e eu nunca estava confortável o suficiente para simplesmente entrar em seu quarto e me juntar a elas nas raras ocasiões em que estávamos no apartamento ao mesmo tempo.

Mas meu isolamento também era resultado do sofrimento pelo meu cachorro. E eu estava com raiva. Cansada e irritada, e não escondia isso bem. Essa combinação me deixou sem amigas, e as circunstâncias me deixaram sem estímulo ou energia para fazer algo sobre isso.

Eu lhe asseguro, não sou normalmente assim. Embora Chris brinque que posso ser um pouco eremita (aquele papo de "Bebidas, café, cachorros e livros são tudo que preciso"), eu geralmente tenho um bom relacionamento social e gosto de conhecer e conversar com pessoas novas. Mas, mesmo na melhor das circunstâncias, eu não faço isso bem sem um tempo sozinha. É quando consigo meu combustível. É assim que consigo funcionar. Os diários em branco pareciam uma zombaria agora. E o pior, eu não tinha contato suficiente com Chris para que ele me arrancasse da nuvem escura que eu sentia pairando sobre mim. Ele não podia me levar para a luz, como sempre fez em nossos anos juntos.

Eu só dependia de mim mesma.

Aprendi muito em minha odisseia com o câncer, e aqui – do outro lado do mundo, viajando com um grupo de sobreviventes de câncer –, eu precisava recorrer a isso. Uma das coisas que eu penso que aprendi foi me ajustar a circunstâncias que não podia controlar, a procurar o lado positivo, e me apegar ao que eu mais valorizava. Naquela noite pulei o jantar para que pudesse cavar alguns momentos sozinha em meu quarto. Finalmente, pude enviar um e-mail a Chris, alternando descrições de meu cansaço e súplicas por notícias (*minta para mim, por favor, se for necessário*) de que Seamus estava bem. Eram apenas cinco horas da manhã para ele, então eu sabia que Chris não responderia. Eu estava acordando mais cedo do que ele agora. Peguei meu diário e comecei a rabiscar pensamentos aleatórios, tentando encontrar sentido em tudo aquilo. Só tinha meia hora antes que Terri voltasse ao nosso apartamento.

E então, Terri enfiou a cabeça no meu quarto.

– Você sabe como chegar ao apartamento 330?

Só então me lembrei de que teríamos mais uma reunião do grupo após o jantar. Eu não queria ir.

– Não – eu disse, em um tom que dizia também: "*E não me importo*". Talvez meu tempo sozinha só tivesse aumentado minha necessidade de ficar sozinha.

– Ok, então vou esperar você – disse ela. Claro, ela não sabia onde estava minha cabeça. Não sabia o quanto de meu cérebro agora tinha sido consumido por aquela nuvem escura e densa.

Eu queria gritar "*Vai ser uma longa espera!*", mas não o fiz. Isso acabou sendo um erro. Teria sido melhor ter perdido a cabeça ali, com o mínimo de testemunhas. Ou ter dito a ela de forma franca o que estava acontecendo comigo. Mas sou, na melhor das hipóteses, relutante em falar sobre meus sentimentos. Muito, muito relutante. Em vez disso, obedientemente, e contra todos os nervos gritando em meu corpo, segui Terri ao apartamento 330. Má ideia. *Péssima ideia*.

Nós nos sentamos em sofás e cadeiras, reunindo-nos em um círculo. A reunião começou com o que eu jurei que não faria: falar sobre sentimentos com estranhos. Eu mal discutia sentimentos com pessoas que conheço bem (eu escrevia sobre eles e compartilhava-os com pessoas totalmente estranhas, mas isso é diferente... de alguma forma). Talvez algumas pessoas estejam dispostas a discutir seus sentimentos sobre ter tido câncer. Eu não sou uma dessas pessoas. Sentei-me, fervendo por dentro. Eu não podia falar sobre câncer naquele momento. Eu não podia ouvir falar de câncer. E estava presa em um quarto com sobreviventes de câncer que queriam falar sobre... câncer. Sim, eu devia ter me recusado, mas não o fiz.

A discussão voltou-se para o jeito como a viagem estava indo e como estávamos nos sentindo. Tinha ouvido muitas das participantes se queixarem entre si sobre sua exaustão, sua dificuldade com os trabalhos voluntários e as condições de vida. Agora, muitas expressaram suas preocupações, e, finalmente, por um breve momento, eu não estava sozinha. Eu não era a única sofrendo. Mas quando ouvi a resposta da líder do FCV a isso – um sorriso e um simplista "A Índia é difícil" –, perdi a cabeça. E nem um pouco graciosamente.

Pensei que diria que quando uma das participantes, uma mãe solteira de dois adolescentes, expressa raiva de que tenha sido diagnosticada com câncer de pulmão em estágio quatro e recebido dois anos de vida, ela está autorizada a ficar louca de raiva e ninguém deve tentar amenizar isso. Uma sobrevivente de câncer em estágio quatro *não* tem que dizer "Ah, mas outros estão tão piores, então vou me animar".

Pensei que diria que quando nós, sobreviventes de câncer com *jet lag* e todas as cicatrizes e limitações físicas e mentais que nos acompanhavam, éramos obrigadas a seguir um cronograma arbitrário de doze ou mais horas por dia de trabalho voluntário e palestras e viagens, sem descanso, enquanto dormíamos em dez centímetros de espuma sobre caixas de madeira, compartilhando banheiros que nos obrigavam a jogar papel higiênico em uma lixeira e chuveiros (quando tínhamos bastante sorte para conseguir um) com água que precisávamos ter o cuidado de cuspir, estávamos autorizadas a reclamar, e devíamos ser ouvidas. O padrão para uma reclamação legítima não é que ninguém em qualquer lugar do mundo esteja pior do que você. Não precisamos dizer "Ah, mas essas crianças nas favelas estão tão piores do que nós, por isso vamos ser gratas". Não quando seria tão mais fácil melhorar as coisas, digamos, dando-nos uma hora de descanso por tarde. Ou agendando uma caminhada em vez de uma palestra.

O que eu *sei* é que disse:

– Não descarte nossas reclamações dizendo "A Índia é dura" quando você está *tornando-a* dura. As condições de vida são difíceis. Tudo bem, entendo isso. Mas a programação não tem que ser *insana*. Você não pode colocar um cronograma de seis semanas em um de duas semanas e impor a *sobreviventes de câncer*!

Mas o que todos *ouviram* foi eu gritando com uma sobrevivente de câncer em estágio quatro que ela não deveria reclamar e que todo mundo deveria guardar seus malditos sentimentos para si. Ou, melhor ainda, evitar tê-los, muito obrigada. Também é possível que tenha dito que me sentia como uma prisioneira, e não uma prisioneira americana, porque esses prisioneiros têm direitos.

O grupo caiu em um silêncio sepulcral.

Fiz Terri chorar, e fiz todo mundo me odiar. Eu merecia isso. Terri não.

Quando eu achava que a viagem não podia piorar, tinha oficialmente feito de mim uma pária.

No dia seguinte, após o almoço, Terri perguntou se podia falar comigo em particular. Eu estava sendo chamada para a sala do diretor, e podia sentir. Eu estava mortificada, preocupada, e ao mesmo tempo desafiadora. Podia não ter me expressado da melhor maneira possível, mas minhas queixas eram legítimas. O cronograma era pesado.

Assim, antes do jantar, sentei-me no pátio para conversar com Terri. Ela considerava que eu tinha ofendido os membros de nosso grupo, e eu assegurei-lhe que não era minha intenção. Mas ela continuou dizendo que achava que eu estava afetando as pessoas, e ressaltou que eu tinha uma personalidade forte.

Se estivesse com um humor melhor, eu teria rido. É algo que tinha ouvido minha vida inteira. Minha vida *inteira*. Eu era, aparentemente, uma criança de três anos de idade com uma personalidade forte. E nunca sabia o que as pessoas esperavam que eu fizesse com essa informação, e perguntar "O que você espera que eu faça com essa informação?" só parecia consolidar sua observação.

– Não vejo como posso estar afetando os outros. Mal fico perto de qualquer um, exceto no Madre Teresa, e estamos muito ocupadas lá.

– Você está. Você faz parte do grupo, e todo mundo pode ver que está infeliz. Eu estava com medo de falar com você. Acho que as outras podem estar com medo também.

Pensei que estivesse na maior parte do tempo sozinha porque tinha perdido a oportunidade de realmente conhecer alguém em nosso grupo, devido às atribuições dos membros e a uma programação que não se prestava a conversas de lazer. Mas, de alguma forma, aparentemente, eu tinha assustado um grupo de sobreviventes de câncer.

–Veja, eu mantenho o que disse sobre o cronograma. Mas também estou passando por um sério problema pessoal agora. – Respirei fundo. Pensei, mas não disse: *Gostaria de parar a conversa aí, se for possível.*

Os já grandes olhos azuis de Terri se arregalaram e depois se estreitaram quando ela baixou a cabeça.

– Sinto muito.

Um olhar de simpatia bastou. As lágrimas começaram a cair.

– Meu cachorro foi diagnosticado com câncer terminal antes de eu partir. O cão do livro – Terri lera meu livro de memórias assim que foi publicado. Suspeito que isso tenha tido um papel em minha seleção para a viagem. Uma decisão que ela claramente lamentava agora. – Ele é tudo para mim. Foi um grande fator na minha recuperação do câncer e agora... é muito difícil estar aqui.

– Eu não sabia.

– Eu sei. E, mesmo na melhor das circunstâncias, eu preciso de tempo para mim. Tempo para escrever, pensar, ficar apenas na minha própria cabeça. E não consigo ter isso aqui. Nunca. É impossível. Então, agora, tudo isso parece para mim uma tortura. É simplesmente demais pra mim. – Desviei os olhos. – Então, sim, entendo que possa parecer zangada e inacessível.

Terri se virou.

– Eu estava pensando que talvez você não deva ir neste fim de semana. Talvez este fim de semana seja um bom momento para você ficar sozinha.

A viagem de fim de semana era para Agra, para ver o Taj Mahal. *Por que eu iria voar até a Índia para* não *ver o Taj Mahal?* Olhei para o chão, pasma.

Então, sem chorar mais, olhei para Terri.

– Eu pensei em deixar a viagem inteira várias vezes, acredite em mim. Mas eu fiz um compromisso e vou cumpri-lo. O Taj Mahal é um dos destaques da viagem. Não acho justo me pedir para não ir.

– Eu não estou dizendo que você não pode ir. Estou pedindo que você pense sobre isso.

–Vou pensar.

Eu *não* ia pensar nisso. Eu *não* ia perder o Taj Mahal. Não depois de todo o resto.

Ambas ficamos em silêncio por alguns momentos.

–Vamos fazer assim. Se você decidir ir, preciso que não caçoe das coisas. Sem comentários espertos, sem sarcasmo. Sei que você não gosta de coisas melosas, mas você não pode afetar os outros.

–Vou pensar sobre isso também – eu disse. E parcialmente falei a verdade.

No jantar, Terri nos informou que as reuniões do grupo no fim da noite seriam voluntárias. Ela adiou o exercício que envolvia escrever algo que queríamos tirar de nossa vida e depois queimar o papel. Era para ter ocorrido na noite do meu desabafo, e em vez disso eles o fariam naquela noite. Reparou que eu disse "eles"? Pois é. Fui o único membro do grupo que escolheu não participar. Combinava com minha "reputação".

Ao não comparecer, tive a chance de conversar com Chris. Meus dois principais mecanismos para enfrentar a vida eram falar sobre as coisas com Chris e o sarcasmo (as duas coisas se sobrepunham, não por coincidência). Eu estava miseravelmente infeliz, desejando estar em casa com Chris e Seamus, tendo apenas o Lar Madre Teresa para Indigentes e Moribundas como o meu refúgio e consolo, ironicamente. Considerava reservar um voo para casa mais cedo.

Mais uma vez, Chris me tirou dessa decisão me apoiando, assegurando-me que Seamus estava bem, e que os dois estariam ótimos se eu ficasse e fizesse ajustes para aguentar a viagem, como eu tinha começado a fazer ficando naquela noite. Ele me apoiaria tanto se eu pegasse o avião para casa como se resolvesse permanecer e arranjasse um jeito de fazer as coisas darem certo.

Embora eu possa entender como vai ser difícil visitar o Taj com um braço amarrado às costas. Possivelmente ambos.

Eu respondi: *O quê?*

Se ela quer que você não faça piadas ou use sarcasmo, está basicamente removendo um grande pedaço de você, e certamente uma das suas armas mais afiadas.

Eu sorri. Não poderia considerar isso uma mentira. E, de repente, ir para casa soou como desistir. Eu não era uma desistente. O câncer me ensinara isso.

Quando Terri voltou para o nosso apartamento naquela noite, eu lhe disse que iria, mas não podia garantir que sorriria sempre. Provavelmente eu ficaria apenas quieta. Mas iria.

– De acordo – disse ela.

Eu esperava que conseguisse fazer isso, mas tinha minhas dúvidas.

Capítulo 9

Na presença do milagre

Mais uma noite em minha cama espuma-na-caixa-de-madeira não melhorou meu ânimo. No ônibus para Agra, nos foram entregues crachás. Só que eles diziam coisas como "No Momento", "Confiante", "Calma" e "Impressionada". Estava impressionada. Quero dizer, sim, impressionada com os crachás, mas o meu dizia "Impressionada". Essas eram, nos disseram, as palavras que cada uma de nós usou nas entrevistas quando nos foi perguntado como queríamos nos sentir quando viéssemos para a Índia. Eu queria ficar impressionada. Agora só queria ficar sozinha (um nome no crachá que eu poderia muito bem abraçar). Já tinha sido suficientemente difícil lembrar dos nomes reais, e agora eu precisava me lembrar de chamar alguém de "Presente". E Terri queria que eu fizesse isso sem dar risada. Ou tirar sarro.

Um dos nossos guias locais era bonito e charmoso, com um radiante sorriso branco sob seu chapéu estilo *Caçadores da Arca Perdida*. Seu nome era Shakti. Ele nos pediu para chamá-lo Shaz, pronunciado como Chaz. Mas então Terri lhe explicou o jogo dos nomes (embora ela provavelmente não o considerasse um jogo), e ele foi batizado de "Feliz". Outro guia se juntou a nós mais tarde, e, quando soubemos que ele tinha diploma universitário em história indiana, arquitetura, sociologia e antropologia (e, eu esperava, gastronomia também), ele foi apelidado de "Sabedoria". Abstive-me de mencionar – se "sabedoria" era um sentimento, teria pedido esse nome para mim. Usaria qualquer oportunidade para evitar um sentimento. Se o crachá dele podia ser "Sabedoria", o meu não poderia ser "Sarcasmo"?

Em um raro golpe de sorte, fui designada a um quarto de hotel com Lina. Tinha conversado com Lina um pouco, e notei que ela tinha uma câmera invejável e um olhar artístico. Também adorava café tanto quanto eu, portanto, estava disposta a escapar da multidão para um expresso ou uma xícara normal. Eu gostava dela, mas ela provavelmente achou que tinha tirado o palitinho menor em relação à companheira de quarto. A coitada também tinha pegado a violenta gripe que vinha assolando nosso grupo, mas que, juntamente com os demais, tinha me evitado.

Acordamos às cinco da manhã para estar no Taj Mahal para o nascer do sol. O Taj é conhecido, entre outras coisas, pela forma magnífica como a luz do sol reflete nas paredes de mármore e espelhos d'água. O amanhecer é considerado o momento perfeito para ver essa Maravilha do Mundo Moderno, e tendo chegado tão longe, mesmo eu estava disposta a acordar nessa hora esquecida por Deus para vê-lo.

O grande ônibus branco nos conduziu pela escuridão – Agra não é uma cidade bonita e era cedo em uma manhã de domingo, então não perdemos muito. Quando o ônibus parou para que descêssemos, o Taj Mahal não estava em lugar algum. Estávamos no meio de uma rua suja e deserta. Então, todas vimos as carruagens puxadas a cavalo, alegremente enfeitadas com fitas e flores. Terri sorria largamente. As carruagens eram para nós.

Subi com Terri, pensando, *Eu estou em uma carruagem sendo conduzida para o Taj Mahal!* Concentrei-me em aproveitar o momento, ignorando que o pobre cavalo estava muito magro (assim como o motorista) e que as ruas estavam imundas. Apreciei seus esforços – o passeio de carruagem, sua escolha por andar comigo, a questão que fez de checar como eu estava.

Alinhamo-nos aos portões do Taj, e não éramos o único grupo que havia concluído que o amanhecer era a melhor hora de ver esse monumento: cães vadios na rua, deitados no portão, dormindo ao lado da estrada. Não estavam mendigando e não pareciam com fome. Simplesmente parecia que eles também estavam esperando para ver aquela maravilha. Resisti à vontade de afagá-los.

Apesar de o sol ter nascido enquanto esperávamos na fila para entrar, a luz ainda era bonita – brilhante sem ser ofuscante, com um rosa sutil e lavanda apenas o suficiente para ser notada. Então, naturalmente, todos paramos rápido para tomar ar ao entrar pelo prédio frontal e chegar à esplanada da praça com vista para o Taj. O enorme santuário do amor estava ali diante de nós em toda a sua glória de tirar o fôlego. Também ali estava a multidão, empurrando-se e posando para fotos. Entregavam uns aos outros as câmeras e posavam – cada um da mesma forma tradicional, virados para o lado com a maravilha branca do mundo ao fundo, reluzindo. Os membros do meu grupo fizeram o mesmo; entregaram-se as câmeras e posaram, tirando fotos. Mas não a minha. Eu ainda era *persona non grata*, e ainda não estava fazendo nada a respeito disso.

Não sou adepta dessas fotos estilo selfie adolescente, e não pretendia esticar meu braço e apontar a câmera para mim mesma para tentar. Senti que entregar minha câmera a um estranho não era uma boa ideia. Em vez disso, levantei-a em uma tentativa de tirar proveito da minha altura e tirar uma foto por cima das cabeças dos turistas felizes e animados. Sabedoria segurou meu braço.

– Venha comigo. Venha por aqui. – Ele me levou para o meio da multidão e abriu um espaço, colocando as pessoas de lado educadamente, mas com firmeza. Para minha surpresa, todas aceitaram. Na frente, bem na borda da varanda, ele disse: – Ajoelhe-se aqui para sua foto.

Agradeci e ajoelhei-me, tomando cuidado para não escorregar no úmido piso frio. Quando olhei para cima, fiquei atordoada por um momento de paz e beleza perfeitas.

Havia um cão, dourado e branco, maior do que um beagle, mas não muito. Era um dos cães que eu tinha visto na frente do portão e quis afagar. O cão estava inclinado, suas duas patas dianteiras mergulhadas no espelho d'água. Ele estava bebendo da lagoa que se estendia em linha vertical ao longo do Taj para a praça onde eu estava, considerada a melhor para capturar o magnífico reflexo daquela maravilha do mundo. E era mesmo. O reflexo era perfeito. De onde eu estava ajoelhada, podia ver o Taj Mahal duas vezes – o monumento em si e seu reflexo total na lagoa clara e tranquila, com apenas uma mínima ondulação onde a língua do cachorro encontrava a água. O céu azul rosado, o mármore branco cintilante, o laranja escuro das telhas de terracota, o verde da grama, as flores violeta e um cão dourado eram tudo o que via. Não ouvia nada. Era um momento de tranquilidade tão completo que pensei que fosse imaginação. Virei brevemente para olhar as pessoas que se aglomeravam ao meu redor, mas mesmo assim longe, muito longe de onde eu estava. Ninguém estava olhando para o cão. *Será que alguém consegue vê-lo? Será que é real?* Eu estava feliz por estar ajoelhada. E grata a Sabedoria. Respirava profundamente pela primeira vez em dias. Continuei focada no cão e seu ato simples de beber água. Sentia paz. Sentia alegria.

Estava impressionada.

Consegui algumas fotos antes que o cão terminasse sua bebida matinal, levantasse, se virasse e começasse seu dia. Não iria precisar nunca de fotos para recordar aquele momento para sempre, mas estava feliz por tê-las. Só assim sei que aquele momento tinha sido real. Também soube que ele era um sinal. E soube que precisava descobrir o que significava.

Andei pelas terras do Taj sozinha no início e depois, brevemente, com alguém do nosso grupo, que manteve seu fluxo constante de conversa, como, pelo que eu sei, ela fizera durante toda a viagem. Mas agora eu sorria, apreciando seu entusiasmo. Era realmente inacreditável estarmos ali. Para quem tinha saído de um diagnóstico e um tratamento esgotante de câncer que ameaçou a própria vida e sofrido uma perda tão absoluta de controle e, por um tempo, do próprio destino, era realmente um feito espetacular agora estar do outro lado do mundo em frente a esse resplandecente e mundialmente reconhecido monumento. Pode acreditar.

Uma vez dentro do palácio, ela e eu nos separamos, cada uma andando em direção a algo que nos atraía. Tirei centenas de fotos naquele dia, a maior parte da arquitetura, mas de muitas pessoas também. Durante minha primeira semana na Índia, tinha sido abordada de tempos em tempos por jovens garotas pedindo para tirar uma foto comigo. Entendo isso – sou loira e tenho um e oitenta de altura; para elas, sou diferente. As garotas geralmente ficavam ao meu lado, sorrindo, mas sem me tocar. Sempre pedia para tirar fotos delas também, particularmente se elas ou seus familiares estavam vestidos com saris tradicionais nas cores turquesa, violeta, tangerina, esmeralda, ou magenta, que eu amava. Desta vez, enquanto caminhava ao redor das grandes pátios e jardins do Taj Mahal, fui parada para fotos por muito mais gente. Talvez o meu rosto tivesse se suavizado. Eu tinha, talvez, um pequenino indício de sorriso.

Uma família de sete adultos e duas crianças se aproximou. Um homem que imaginei ser o patriarca perguntou se podiam tirar uma foto de mim com seu bebê – um menino de roupa roxa com um bindi vermelho na testa. Concordei, e um homem mais jovem veio em minha direção, segurando a criança, que tinha provavelmente uns dez meses de idade. Assustei-me, pensando que ele iria entregar a criança para mim (sou, no mínimo, desajeitada com bebês). Mas, ao invés disso, ele ficou ao meu lado. Então, apontou para a minha câmera e, em seguida, para uma mulher em seu grupo que eu presumia que fosse sua esposa e a mãe da criança. Foi então que percebi que era a única ali com uma câmera.

Eles queriam que eu tirasse uma foto com a minha própria câmera? Por quê?

A família estava reunida atrás da esposa do homem, olhando para nós, os personagens da foto. Fiquei confusa. Seria um elaborado golpe para roubar a minha câmera? Se eu entregasse minha câmera, ela estaria perdida para sempre, junto com as centenas de fotos que eu tinha acabado de tirar? *Eu perderia as fotos do meu cão dourado!* Hesitei, olhando para seus rostos sorridentes. Se fosse uma farsa, com certeza era uma bem elaborada. E se não fosse, bem, teria uma linda foto para lembrar daquele dia. Dei-lhe minha câmera.

Ela tirou a foto e depois mais uma. Riu e acenou com a cabeça e me devolveu a câmera. O marido perguntou, metade com movimentos de mão, metade com um inglês macarrônico ("nós ver"), se eles podiam ver a foto. Abri a tela e mostrei-lhes as fotografias tiradas momentos antes. A família se reuniu olhando e sorriu de aprovação. Todos nós assentimos e, com as mãos em posição de oração, dissemos nossos namastês.

Mais tarde, perguntei ao Sabedoria (a quem mais eu perguntaria?) que pedido de foto era aquele. Ele disse que era um sinal de respeito e uma história para eles – a loira americana que conheceram no Taj. Ou para o bebê, uma história que iriam contar quando ele crescesse. A cultura hindu é muito respeitosa com os visitantes; já tínhamos notado. Essa era mais uma prova disso. Como eu era tão obviamente uma visitante, eles estavam, à sua maneira, reconhecendo que eu era especial.

Que coisa gentil de se fazer. Especialmente naquele dia.

No nosso quarto de hotel, após o café da manhã, tivemos uma hora para descansar, ou arrumar as malas, ou tomar uma ducha antes de nos encontrarmos para mais duas paradas e a longa viagem de ônibus de volta a Déli. Lina e eu optamos por descansar em nossas camas de solteiro gêmeas, um alto luxo em comparação com onde estávamos dormindo. Talvez tenha sido a exaustão, a duradoura emoção do Taj, ou o conforto repentino de camas macias, mas Lina falou comigo. Perguntei-lhe se ela era casada. Ela riu gostosamente e lembrou que eu tinha perdido a cerimônia de "desapego" duas noites antes. Aquilo de que ela estava se livrando, transformando em fumaça, era seu casamento. Disse-me que seu marido teve um caso e ela pedira o divórcio recentemente. Lembrei-me, então, que na sessão de terapia de grupo antes do meu desabafo, Lina dissera que estava curtindo a viagem porque não precisava pensar em nada. Sua agenda estava definida, suas refeições eram feitas para ela e servidas regularmente, e não havia tempo para pensar. Para ela, isso era um alívio. Fiquei chocada, mas agora entendia o porquê. É sempre uma questão de perspectiva, não é?

Compartilhei com ela que meu primeiro marido me traiu duas vezes (que eu saiba, não tenho certeza se havia mais, mas isso perde importância após a segunda). Uma de suas amantes chamava-se Lina. Os olhos de Lina se arregalaram e ela soltou uma gargalhada.

– Corta essa! Você está brincando? Ela era italiana? – ela disse.

– Sim, ela era. Por isso me perdoe se eu te chamei de Deena antes. Tenho um bloqueio mental com seu nome.

Ela riu de novo.

–Você pode me chamar de qualquer coisa que quiser. Compreendo totalmente.

Conversamos por tanto tempo que tivemos que jogar nossas coisas nas malas correndo e ainda chegamos atrasadas lá embaixo. Mas pelo menos eu não estava sozinha. Tinha uma amiga. Tinha compartilhado um sentimento. Talvez dois (raiva é um sentimento, não?).

Enquanto visitávamos outros lugares naquele dia, fiz mais um esforço para falar com minhas companheiras de viagem e me unir ao grupo. Embora, mesmo no meu novo estado de espírito mais leve, eu estivesse gostando de ficar sozinha com meus pensamentos. Buscando me manter naquele estado tranquilo que tinha encontrado, agora olhava com mais atenção para os cães e os macacos, as vacas, as cabras, e até mesmo os pássaros.

Ocorreu-me que os animais não estavam em condições melhores ou piores do que as pessoas. Se estivéssemos em um lugar particularmente pobre, os cães eram mais propensos a serem magros, famintos, doentes e feridos. Em um templo havia um cabrito particularmente agressivo. Dançou e deu patadas no chão para os risos da multidão, mas começou a dar cabeçadas nas pernas dos transeuntes quando a comida não seguiu o riso. Era difícil não lembrar da pequena menina acrobata que se exibiu, sorrindo, girando e dançando, em nossa janela do carro, alguns dias antes a caminho do Lar Madre Teresa. Tinha sido pedido para que não distribuíssemos dinheiro – que não iria ajudar a criança e só encorajava os adultos que "possuíam" as crianças a forçá-las a trabalhar daquela forma (e, de fato, ela deveria estar na escola – era meio-dia de um dia útil). Quando não oferecemos dinheiro, ela se aproximou do carro, gritando e batendo na janela, passando de adorável e divertida para ameaçadora e assustadora de um instante a outro.

Nas aldeias pobres, havia mendigos mais desfigurados, mais pilhas de lixo, grandes multidões de seres humanos e barracos de lata menores (mas sempre limpos; barracos, barracas, tendas e alpendres milagrosamente limpos). Em áreas menos pobres, os cães e outros animais, como os seres humanos, pareciam satisfeitos, não morrendo de fome, e, se não saudáveis, pelo menos não visivelmente doentes ou feridos. E, percebia agora, no bairro onde estávamos vivendo, de classe média para os padrões da Índia, tinha visto cães de raça pura – um chow, um poodle, e, para minha grande felicidade, um beagle – passeando com as pessoas em parques, não perambulando pelas ruas comendo lixo ou sobras deixadas, aparentemente de forma regular, pelos restaurantes, ou em um canto de esquina.

A simetria – a igualdade das pessoas e dos animais como seres sencientes com alma – teve um grande apelo para mim. Antes de chegar a Déli, tinha pensado que ficaria horrorizada com a condição dos animais. Esperava ver animais doentes, feridos e até mesmo mortos. Esperava que os cães estariam mendigando e que eu iria querer resgatar cada um deles, e em vez disso ficaria desolada vez após outra com minha impotência. Não foi o caso. Os animais não me pareciam infelizes ou em perigo – pelo menos não mais do que um pedestre em Déli (e, no meu caso, talvez até menos, já que eu não estava pegando o jeito de andar naquelas ruas tumultuadas). E os cães não mendigavam (e, por falar nisso, devo observar que suas maneiras eram muito melhores do que as de um certo beagle, embora obviamente tenha sido minha indulgência que produziu seu comportamento, não uma verdadeira necessidade de alimento). As vacas, é claro, tinham privilégios especiais; elas eram realmente sagradas. Disseram-nos até para seguir uma vaca atravessando a rua; seria a forma mais segura de passar. Isso era verdade, mas só se a vaca fosse na direção que queríamos. Mas parecia que todos os animais eram respeitados como seres sencientes. Isso me reconfortou.

A volta de ônibus de Agra levou mais de cinco horas, a maior parte do tempo totalmente sem nos movermos, paradas em uma longa fila de trânsito com meninos acenando das ruas e crianças posando para as fotos que tirávamos da janela. Mais uma vez, prestava atenção nos animais. Cada vez mais eu notava que as pessoas faziam pilhas de vegetais para as vacas, e, às vezes, colocavam vários tipos de comida em pilhas para os cães. Esses cães não eram animais de estimação, mas parecia que eles pertenciam a alguém. Sabiam onde e quando esperar comida. Percebi então que o cão na lagoa do Taj provavelmente esperava todas as manhãs as portas se abrirem. Todas as manhãs trotava para sua bebida e talvez rolasse um pouco na grama exuberante cheia de orvalho antes de começar seu dia nas ruas. O Taj era sua casa, e a dos outros cães que eu tinha visto fora dos portões. Seu lugar no universo.

Era quase meia-noite quando chegamos de volta à base do FCV. Não tinha dormido no ônibus, mas pelo menos agora meus pensamentos estavam tranquilos. Troquei de roupa rapidamente, tentando não acordar minhas companheiras de quarto. Arrastei-me para a cama e adormeci num instante.

Quando acordei no meio da noite, havia um e-mail de Chris.

Seamus estava melhorando a cada dia, garantia ele, e foi então que lembrei de ter lido em meu *Traveler's Tales: India* que ver cães em um local era sinal de positividade. Talvez isso fosse verdade agora na minha própria vida.

Munida com essa esperança, e com a calma trazida a mim pelo cão dourado, me propus a salvar minha segunda semana na Índia do estrago que eu havia causado em minha primeira. Grupos nunca seriam a minha cara, por isso fiz um esforço para conhecer individualmente minhas colegas. Indo às compras com uma delas, soube que ela tinha medo de cães e nunca tinha viajado para longe de casa, muito menos sem sua família. E eu soube, então, embora ela estivesse brincando e sendo popular com todos durante a viagem, quão difícil deveria estar sendo para ela estar em uma terra onde os cães corriam livres e a cultura era tão diferente da nossa. Jantei fora com um pequeno grupo e, juntas, chegamos atrasadas para a sessão da noite na base. Embora o desconforto de todos pela chegada tardia fosse palpável, dessa vez amenizei as coisas me juntando à conversa. Compartilhei uma história de uma amizade que tinha perdido quando passei pelo câncer. Abafei a raiva em vez de alimentar as chamas, e percebi que sentia falta do amigo de quem falava. Tentei ajudar outra participante trocando estágios voluntários por um dia – ela queria ir ao Madre Teresa, e em vez disso tinha sido enviada para ensinar em uma escola. Embora a troca não tenha funcionado (o Madre Teresa não permitia que um voluntário ficasse apenas um dia), fui enviada para a escola por um dia e aprendi que eu podia, de fato, lidar com crianças. Soube disso quando estava entrando – havia um cachorro dormindo em um carrinho fora da escola quando cheguei.

Capítulo 10

Siga-me

Eu queria correr da esteira de bagagens, carregada com minhas malas e pacotes, para Chris esperando em frente ao carro na calçada, mas não podia. No meu último dia na Índia torci meu tornozelo – nem sei como, mas acho que era inevitável com as estradas e buracos e terrenos irregulares –, e a lesão, junto com as vinte horas de viagem aérea, tinham-no inchado ao tamanho da minha coxa (que não é pequena, se você quer saber). Mas sabia que Seamus estava no carro com Chris, e eu precisava vê-lo – vivo e feliz. Chris me mandara uma foto de Seamus em sua grade no banco de trás do carro, junto com um bilhete: *Mal podemos esperar para vê-la.* Eu também não podia esperar. Nem podia me mover mais do que alguns centímetros por vez sem que a dor irradiasse pela minha perna.

Quando Chris me viu, pulou para fora do carro e levou as malas de mim.

– O que aconteceu?

– Não faço ideia. Tudo começou ontem. Ou há dois dias agora, acho. – Abri a porta do carro.

Seamus abanou o rabo rapidamente, açoitando a lateral da sua caixa de transporte. Cumprimentou-me com um uivo entusiasmado. Abri a portinhola da caixa e beijei sua cabeça, afagando-o e respirando-o. Estava mais magro, mas não muito, e sua energia parecia maior do que quando eu tinha partido. Chris não tinha me enganando com seus e-mails do meio da noite. Seamus estava melhor. Fechei a portinhola da caixa.

– Desculpe, Moose. Vamos chegar em casa e nos abraçar como loucos. – Sentei no banco do passageiro enquanto Chris terminava de carregar minha bagagem.

– Você não tem ideia de como estou feliz em vê-la – disse ele.

Eu o beijei.

– Fico feliz em te ver também. Foram duas longas semanas.

– Nem me diga. A cada minuto dessas duas semanas, eu me preocupava em manter esse cão vivo. Prometi que ele estaria aqui quando você voltasse e precisava fazer isso acontecer.

– Houve algum problema?

– Não, só na minha imaginação. Se ele espirrava, eu entrava em pânico. Quando ele dormia, eu me preocupava que não acordasse. Quando estava acordado, me preocupava que não estivesse dormindo o suficiente. Vamos apenas dizer que foram duas semanas estressantes.

– Concordo. Total e absolutamente.

Estendi a mão e a descansei em sua coxa. A cauda de Seamus batia contra a lateral da caixa. Estava exausta e machucada, mas estava em casa.

Já que Seamus deveria ser mantido calmo, e eu estava me recuperando de... bem, da Índia, passamos os próximos dias no sofá assistindo documentários. (Ok, talvez Seamus tenha dormido.)

Os filmes que eu vinha armazenando eram documentários sobre comida. Não documentários sobre "comidas exóticas" – nada disso. Não, eram filmes sobre de onde vem a nossa comida – o abuso e a tortura a que são submetidos os animais, que são os "produtos" que comemos. Assistira a *Forks Over Knives* por sugestão de Julieanna, minha guru da dieta à base de plantas, e agora tinha avançado para *Vegucated*; *Food, Inc.*, e outros. Cada um era progressivamente mais explícito sobre os horrores infligidos a esses animais durante suas curtas vidas e no momento da morte, que não era, agora eu sabia, um "momento" tão curto e rápido como todos gostamos de acreditar.

Considerando o que eu estava assistindo – e, quando eu não estava olhando, estava lendo –, é incrível que eu não tenha arrancado a pele do meu pobre cão em um frenesi de amor e proteção. No meu estado pós-Índia, sabendo que minha viagem tinha sido salva pela visão de um cachorro, eu contemplava mais profundamente meus sentimentos sobre os animais. Sempre senti uma forte ligação com todos os animais, mas a maior parte do meu foco estava em cães. Mas agora estava sendo confrontada com a questão dos animais que comemos e como eles sofrem. Considerei me tornar completamente vegana, mas não tinha certeza sobre por onde começar, e tinha um cão em casa morrendo que tomava a maior parte do meu foco e minha energia.

Após cada documentário, desligava a televisão para desviar o olhar das imagens de porcos mortos deixados para apodrecer em pilhas de lixo, sem a menor consideração de que haviam estado vivos, seres sencientes por cima de copos e tiras de papel no lixo. Precisava desviar o olhar das "fritadeiras" – frangos criados e mantidos em cativeiro com seus corpos tão bombeados de hormônios de crescimento que eles cresciam rapidamente a um tamanho que suas pernas não podiam suportar, deixando-os aleijados e com uma dor excruciante nos poucos meses que estavam autorizados a viver. Precisava desviar o olhar das porcas reprodutoras mantidas por anos em celas de gestação tão pequenas que elas não podiam se virar, cobertas com seus próprios excrementos, respirando gases nocivos. Desviava o olhar da não mais "produtora familiar", agora incapaz de competir com a grande fazenda de agronegócio, indo contra a própria alma e transformando sua fazenda em um negócio controlado pelas corporações, obrigando-a a tratar "seus" animais de forma tão horrível que filmagens não eram permitidas, pois do contrário ela perderia sua fazenda. Precisava desviar o olhar disso tudo. Mas não podia. Começava a assistir outro documentário, ou pegava outro livro até não aguentar mais.

Abracei Seamus forte e deixei minhas lágrimas caírem em seu pelo – lágrimas por ele, pelas vacas, pelos porcos, pelas galinhas, pelos perus. Levantei-me e me servi de um copo de vinho, escolhendo ignorar que o álcool é um depressor e que isso era a última coisa de que eu precisava. Quando a garrafa estava na metade, estava chorando por toda a humanidade, pelo que ela tinha se tornado e repreendendo a mim mesma por ter me deixado enganar por todos esses anos, por não saber de onde minha comida vinha. Eu faria melhor do que isso. Precisava fazer.

Antes de partir para a Índia, comecei a ter dores de cabeça e o que pensei que eram, provavelmente, ataques de ansiedade – acordava no meio da noite, têmporas pulsando, lembrando vagamente de pesadelos, meu cérebro aparentemente latejando. Na Índia, a insônia e um pouco do cérebro latejante continuaram, supus que por causa do cansaço e da dor que rapidamente me dominavam. Uma vez em casa, pensei que tudo fosse parar. Logo ficou claro que minha escolha de "entretenimento" não estava ajudando. Meus pesadelos se tornaram mais violentos.

Quando eu estava em tratamento para o câncer de mama, tinha pesadelos que normalmente envolviam perder o controle – sentada no banco de trás de um carro, incapaz de alcançar o volante ou o freio para controlar o rápido e desgovernado veículo; ou o sonho clássico de aparecer na escola completamente despreparada para a prova e incapaz de encontrar a sala; por vezes, é claro, eu estava nua ou seminua nesses sonhos. Mas os pesadelos sobre animais eram piores, porque eu não era a única que sofria. Estava tudo ao meu redor. Gritava com as pessoas para que vissem o que estava acontecendo – o cão no meio da estrada com os carros em volta, os filhotes de porcos gritando de dor enquanto eram apanhados por grandes escavadeiras e jogados em valas comuns –, mas ninguém via o que eu via. Ninguém me ouvia. Eu acordava, assustada e incapaz de dormir por horas. Seamus me seguia até a biblioteca e nós nos sentávamos juntos na poltrona. Ele voltava a dormir e eu lia.

Li *Main Street Vegan: Everything You Need to Know to Eat Healthfully and Live Compassionately in the Real World* [Veganismo sem segredo: tudo o que você precisa saber para comer de forma saudável e viver de forma compassiva no mundo real], de Victoria Moran, porque esse título era exatamente o que eu procurava. Aprender como fazer isso no *mundo real.* Ouvir sobre compaixão, porque naquele momento sentia vontade de ferir as pessoas (quem, não sei... quem quer que fosse responsável por torturar e abusar dos pobres animais de fazenda). Gostei de sua abordagem sobre ser vegana – ela também tinha um parceiro que não era vegano, e não se desculpava quanto a isso. Sua abordagem era muito menos a de "jogar na cara" o abuso dos animais, então eu relaxei lendo o livro.

Decida, então, que você pode fazer isso, porque você pode. Você aprendeu a dirigir um carro, programar o DVR, usar seus iGadgets; comparado a isso, tornar-se vegano é fichinha... O maior obstáculo que aspirantes a veganos enfrentam é se sentirem diferentes das outras pessoas, mas você pode mudar a forma como encara isso substituindo "diferente" por "pioneiro".

Às três da manhã, isso me marcou. *Pioneirismo!* Sim, eu *posso* fazer isso! Posso ser uma pioneira e salvar todas as vacas e as galinhas e os pequenos e adoráveis leitões! Embora, na verdade, eu nunca tenha aprendido a programar o DVR...

Na semana seguinte, Chris e eu levamos Seamus para sua próxima sessão de quimio, e pude falar eu mesma com a veterinária. Ela foi amável, terna com Seamus e comigo. Desde que voltei da Índia, sentia-me mais calma sobre o que sabia que era inevitável. Perderíamos Seamus. Mas estava determinada a lhe dar o máximo possível de tempo e qualidade de vida. Pensava muitas vezes no cão do Taj Mahal, tranquilo e digno, e de alguma forma tão natural ali perante o monumento ao amor que é o Taj. Mas isso não tornava mais fácil ouvir que a doença do meu próprio cachorro era terminal. Sentei-me, lágrimas escorrendo por meu rosto, enquanto Chris afagava minhas costas e continha suas próprias lágrimas. Seamus voltou para nós, com a perna esquerda ostentando um curativo roxo-claro onde a intravenosa tinha sido feita e a quimioterapia bombeada para dentro dele. Essa cena tinha se repetido tão frequentemente, com ele, comigo, e agora com ele de novo, que eu fiquei pensando se quimioterapia, consultórios médicos e intravenosas fariam sempre parte da minha vida.

Nossa próxima parada foi a loja de comida holística para animais PetStaurant. Eu me tornei amiga de Kelle – a "mãe" de Bogart, do Projeto Liberdade para os Beagles – depois de conhecê-la em nosso evento Palavras, Vinho e Sacudidas, e ela me indicou Marc e sua loja. Marc, ela me disse, era um gênio em suplementos e dietas holísticas que combatiam o câncer.

Quando liguei para Marc e expliquei a situação de Seamus, ele me perguntou qual era o meu objetivo.

– Quero dar a ele o máximo de tempo possível. E tanta qualidade de vida quanto possível.

– Você sabe que isso é incurável, certo? – disse ele.

– Sim, eu sei.

– Ok. Porque eu não quero enganá-la. Não quero que você pense que podemos curar o câncer com alimentos ou suplementos.

Fiquei aliviada ao ouvi-lo dizer isso. Se por um lado eu estava mais aberta e, certamente, mais interessada em alimentos e suplementos naturais para melhorar a saúde, por outro, eu não tinha chegado ao ponto de abandonar a medicina ocidental por completo, nem acreditava que poderia eliminar toda a doença simplesmente por comer melhor. Se ele prometesse curar o câncer com comida de cachorro, eu não teria escutado nada mais do que tivesse a dizer. Teria pensado que ele era um louco. Em vez disso, eu o ouvi. Ele discordou de quimioterapia para Seamus e sugeriu parar. A quimioterapia, segundo ele, iria diminuir sua qualidade de vida. Químio era difícil para o corpo.

Eu sabia disso, claro. Sabia disso em primeira mão e de ajudar Seamus na primeira vez, mas também acreditava que a quimioterapia tinha salvado Seamus daquela vez e tinha muito possivelmente me salvado, então, marquei de ver Marc após a segunda sessão de quimioterapia. A veterinária tinha concordado que, após três rodadas de quimioterapia, seríamos capazes de dizer se estava ajudando. Saberíamos melhor se deveríamos continuar. Eu queria ouvir o que Marc tinha a dizer; talvez tratamentos tradicionais e holísticos nos dissessem para parar.

A loja de Marc ficava a apenas dez minutos do centro de câncer em Los Angeles. Era pequena, mas bem abastecida. Ele cumprimentou-nos imediatamente e abaixou-se para afagar Seamus, que forçava sua coleira para chegar à comida – qualquer comida.

– Ele parece ter bastante energia – disse Marc.

– Tem, sim. Ele ama a sua comida – disse Chris.

– Isso é um bom sinal. – Marc se levantou novamente. – Fale-me sobre seu diagnóstico.

Comecei a contar. Quando minha voz falhou e as lágrimas escorreram novamente, Chris assumiu. Marc ouviu atentamente, entregando periodicamente a Seamus um petisco e afagando sua cabeça abobadada.

– Isso é difícil – disse Marc –, mas há algumas coisas que podemos fazer. Definitivamente, eu pararia a quimioterapia. E adicionaríamos suplementos – enzimas, colostro e probióticos.

Olhei para ele. Lembrei-me do meu amigo on-line, o River que-não-era-velho. Ele tinha sugerido a mesma coisa. *E se eu o tivesse ouvido naquele momento? Era tudo minha culpa?*

– Ok. Sim. Nós vamos fazer isso. Você tem essas coisas? – eu disse.

– Absolutamente. E você pode fazer uma dieta crua para ele?

– Nós o alimentamos com The Honest Kitchen.

– É uma comida muito boa. Mas deixe-me mostrar algo melhor neste caso.

Ele me mostrou as embalagens congeladas de sua própria dieta crua para cães, preparada à mão, com um menu que parecia ter saído de um restaurante do *Guia Michelin*. Então, ele me deu uma lista de alimentos para adicionar à dieta de Seamus sempre que eu pudesse.

Muitos deles eram os alimentos que eu estava adicionando à minha própria dieta: brócolis, espinafre, repolho, couve-chinesa, pimentões vermelhos e amarelos.

Compramos os suplementos, estocamos recipientes da dieta crua congelada e selecionamos vários pacotes de petiscos que também estavam na lista de "aprovados". Queria que Seamus tivesse uma boa qualidade de vida, e, para um beagle, comida é qualidade de vida.

Na manhã seguinte, antes de me preparar um smoothie de couve, fiz o café da manhã de Seamus. Peguei os recipientes que havia trazido para casa da loja do Marc e li os rótulos: cordeiro, faisão, codorna, galinha Cornish, bife de Angus. Os ingredientes eram literalmente a essência dos meus pesadelos. E, no entanto, de repente, eu podia apenas me sentir vagamente culpada por esses animais. Os documentários a que eu assistira, as leituras que fizera, tinham sido suficientes para me manter na dieta à base de plantas sem ser tentada a trapacear. Se pensasse em adicionar queijo ou comer um hambúrguer, tudo o que precisava fazer era pensar nos animais e o momento passava. Mas agora, tudo o que eu queria era dar a Seamus cada momento de vida possível. Será que isso fazia de mim uma hipócrita? Provavelmente. Ou, talvez, eu tivesse muito mais a considerar sobre o ciclo da vida e a cadeia alimentar. Não sei. Só sabia que queria o melhor para Seamus. Egoísta? Sim. Talvez.

Lembrei-me de um comentário hilariante que ouvimos enquanto estávamos viajando alguns anos atrás, quando Chris levava excursões de vinho ao sul da França. Um casal que estava conosco nessa viagem particular era vegano, mas isso não foi mencionado com antecedência. Nossos amigos franceses que ajudaram a fazer os arranjos para o grupo se esforçavam para cuidar das refeições. Rachel, que é americana, mas casada com um francês e morando na zona rural sul da França, ligou para a proprietária do restaurante, onde tínhamos planejada uma refeição com doze pratos e vinhos. Essa refeição tinha sido o destaque de viagens anteriores, e não havia nada de vegano nela. Ouvimos somente o lado de Rachel da conversa por telefone, e ficou claro que ela estava tendo problemas para explicar o conceito de "veganismo" àquela francesa. De repente, Rachel começou a rir. Compartilhou a conversa conosco, descrevendo a frustração da francesa, que culminou com a exclamação totalmente exasperada, em francês, "Mas eles vão comer *foie gras*, não?".

Pois é. Eles não comem animais ou produtos de origem animal, mas se você estufa e tortura o animal até rasgar seus órgãos e depois os serve – com certeza, *isso* eles vão comer. Era uma declaração tão intoleravelmente francesa que tivemos que rir. (E não, nossos clientes não comeram *foie gras*, mas tiveram uma refeição deliciosa. Os franceses preparam legumes muito bem também.) Mas eu me sentia como aquela proprietária francesa agora. Quando se tratava do meu pequeno beagle lutando contra o câncer, pegaria o fígado, ossos e partes do corpo de vários animais e os serviria ao lado dos legumes. Eu não poderia *não* fazê-lo.

Amassei legumes e misturei com um pouco de queijo cottage e óleo de coco, como Marc tinha sugerido. Seamus torceu o nariz para isso. Não posso dizer que o culpava. Acrescentei à mistura o bife de Angus e a couve-chinesa, e Seamus consumiu até o último pedaço, embora eu esteja quase certa de que ele ficou um pouco decepcionado que eu tivesse estragado a perfeição de seu bife. Coloquei o resto do purê de legumes no recipiente vazio e guardei na geladeira para uso posterior. É bom para *ele*, pensei, *e se complementa o produto animal, talvez eu possa amenizar um pouco da culpa.*

Seamus comeu suas refeições gourmet por mais uma semana, devorando cada uma delas e, com satisfação, solicitando mais, com seu uivo habitual de cortar o coração para mim, seguido de um olhar tocante para sua tigela vazia. Eu queria tomar isso como um sinal de que ele estava bem e aquela era a dieta certa para ele. Mas a verdade era que ele estava em quimioterapia. Tinha câncer terminal.

Voltei ao livro *Main Street Vegan* para ler a seção que dizia se cães podiam comer uma dieta vegana. A autora dava um entusiástico "sim" a essa questão, e sua filha mantinha seus próprios cães em uma dieta vegana. Não consegui encontrar apoio suficiente em outros livros ou on-line para mudar um cão para uma dieta vegana – particularmente não um cão na fase final da vida, lutando contra um câncer terminal. Assim, ative-me à dieta que Marc havia prescrito (e que Seamus amava).

O evento anual Caminhada com os Animais, que beneficiava o Centro de Adoção Mary S. Roberts, ocorreria na mesma semana. Discutimos se levaríamos Seamus. Tinha adotado Seamus nesse lugar, e trabalhado em seu conselho de administração por mais de vinte anos. Tinha participado todos os anos desde que o evento começou, faltando apenas ao evento de 2009, quando estava em quimioterapia e muito cansada para ir. Seamus, no entanto, não parecia cansado. E já que estava novamente programado para eu ser a coapresentadora do evento, como tinha sido nos últimos anos, decidimos que iríamos, mas Chris não levaria Seamus na longa caminhada. Em vez disso, ele se sentaria no estande que veio com meu patrocínio. Nós tínhamos doado o estande para o Projeto Liberdade para os Beagles, mas Chris tinha um lugar onde ele sentava vendendo meus livros também. Seamus ajudava a atrair pessoas para o estande, e, durante os intervalos das minhas apresentações, eu podia falar mais com Shannon, a fundadora do PLB, que eu não via desde nosso evento Palavras,Vinho e Sacudidas para arrecadar fundos para o projeto dois meses antes.

Havia um monte de questões sobre direitos dos animais que pululavam em minha cabeça, mas eu não tinha esquecido dos beagles em laboratórios. Não tinha esquecido de Bogart ou Comet, e dos milhares de cães submetidos a testes dolorosos para coisas como rímel e xampu. Não havia como eu me esquecer daqueles cães.

– Eu estive pensando muito sobre o Projeto Liberdade para os Beagles desde que ouvi falar dele. Sinto-me tão ingênua por não saber que eles faziam testes em beagles – eu disse.

– A maioria das pessoas não sabe. Eu não sabia da extensão disso até que investiguei o assunto. Setenta mil beagles por ano. Foi quando soube que eu precisava fazer alguma coisa – disse Shannon.

– É espantoso. Estou feliz que você esteja fazendo isso. E eu quero ajudar. Só não sei bem como ainda. Exceto, é claro, com as doações.

–Você nos ajuda ajudando a gente a divulgar. Como você, a maioria das pessoas não sabe. Elas não fazem ideia de quantos produtos são desnecessariamente testados em animais. Não sabem que podem ajudar simplesmente tomando cuidado ao comprar produtos livres de crueldade.

– Estou prestando mais atenção a isso eu mesma agora.

– Bom para você.

– E eu adoraria muito adotar um dos cães do Projeto Liberdade para os Beagles um dia – olhei para Seamus. Ele estava visivelmente mais magro, mas ainda cumprimentava alegremente as muitas pessoas que paravam para vê-lo. Ele era bem conhecido no evento, já que geralmente ficava no palco comigo todo ano, mas, desde que o livro foi publicado com seu rosto adorável na capa, ele ficou ainda mais popular.

– Mas nós estamos com a atenção voltada toda para Seamus no momento. – Podia sentir as lágrimas brotando e minha garganta fechando... nada bom para os meus deveres de apresentadora.

– Eu sei – disse ela. – Eu sei. Mas quando você estiver pronta, quando chegar a hora, nós ficaríamos felizes que você adotasse.

– Obrigada.

Peguei o material que eles estavam distribuindo, coloquei meus óculos de sol e voltei para o palco. Chris e eu tínhamos há muito tempo concordado – em meio às nossas piores lutas contra a ansiedade de separação de Seamus – que, quando adotássemos novamente, teríamos dois cães, para que eles tivessem um ao outro nos dias em que não podíamos levá-los conosco para trabalhar. Decidi, então, que um deles seria um cachorro do Projeto Liberdade para os Beagles. Só não tinha mencionado isso para Chris.

Mais tarde no evento, eu vi o doutor Davis, que, como veterinário responsável, tinha sido mantido atualizado sobre o prognóstico e tratamento de Seamus pelo centro de câncer. Ele já havia visitado Seamus e Chris.

– Ele parece bem – disse ele.

– Chris? Ou Seamus?

– Os dois. Ambos parecem estar de bom humor.

– Sim, acho que Seamus está indo bem. Nós o levamos a um nutricionista holís...

– Você *não* o colocou em uma dieta vegana, não é?

– Uau. Você tem uma opinião forte sobre isso. Não, não coloquei. Pensei em...

– Não. Eu bateria em você.

– Ok. Bom saber. Violento, mas é bom saber. Eu não encontrei apoio suficiente para uma dieta vegana para um cão. Especialmente nessas circunstâncias.

– Isso é porque não há apoio.

Decidi não partilhar o apoio que eu tinha encontrado. Não iria mudar a dieta de Seamus agora. Deixaria a discussão para outro dia. E outro cão.

Chris, Seamus e eu voltamos para casa, onde todos nós tiramos uma boa soneca.

O dia seguinte era Dia de São Patrício. Como não sabíamos da data real de aniversário de Seamus ou nem mesmo sua idade ao certo, tínhamos considerado 17 de março seu aniversário – apropriado para um cão chamado Seamus, com um uivo de uísque e usando uma coleira verde. Demos-lhe vários brinquedos de guinchar – seu favorito –, e um fã do livro tinha enviado dois *bully sticks*. Nós nunca tínhamos dado a ele esses ossinhos amarronzados para mastigar, mas, a julgar por sua reação, deveríamos ter dado. Ele pegou ambos e desapareceu no quintal. Mais tarde naquela noite, nós o vimos relaxando na espreguiçadeira, ainda mastigando um dos ossinhos.

Na noite seguinte, quando Chris e Seamus chegaram de sua loja de vinhos, Chris mencionou que ele achava que a respiração de Seamus tinha mudado. Era difícil não entrar em pânico, mas Seamus jantou rápida e alegremente, então pensamos que apenas descanso talvez fosse necessário. Quando fomos para a cama, porém, Seamus estava inquieto. Ouvi-o girar e se ajustar em sua cama repetidamente. Por fim, ele adormeceu e eu também, mas, como estava se tornando costumeiro, acordei algumas horas mais tarde. Ouvi Seamus respirando com dificuldade e de forma irregular, quando ele se virou e mexeu-se na cama. Levantei-me e fui até ele. Ele estava sentado, ofegante. Sentei-me ao seu lado e o afaguei. Ele se inclinou em minha mão.

Alguma coisa estava errada. Algo estava definitivamente errado. Fui para a biblioteca para que pudesse acender uma luz sem acordar Chris. Seamus seguiu-me, como sabia que ele faria. Durante meus dias de quimioterapia, houve muitas noites em que eu não conseguia dormir, e então silenciosamente ia até a biblioteca e me sentava na poltrona de leitura. Seamus sempre me seguia e pulava em meu colo, me fazendo companhia, assim como tinha feito ultimamente, quando minha insônia e pesadelos retornaram. Desta vez, eu sabia que ele não seria capaz de saltar para cima da cadeira. Sentei-me no chão com ele. Sua respiração era superficial e ele parecia cansado, mas disposto a deitar-se. Inclinou-se contra mim e eu apoiei na cadeira, afagando-o e acalmando-o até que, finalmente, ambos caímos no sono. Quando acordei às cinco da manhã, Seamus havia retornado para sua cama. Permiti-me pensar que ele estava melhor, e voltei para a minha própria cama.

Dormi até as oito. Chris tinha se levantado e alimentado Seamus – ele tinha comido e bebido água. Consideramos isso um bom sinal, e quando Seamus saiu para fazer suas necessidades, tivemos a esperança de que fosse também um bom presságio. Mas não havia dúvidas de que sua respiração não estava certa. Ele precisava ir ver o doutor Davis. Liguei para dizer-lhe que íamos levá-lo. Chris foi com Seamus até a consulta, enquanto eu ia para o primeiro dos meus três encontros com clientes agendados naquele dia.

Liguei para Chris assim que o encontro terminou.

– O doutor Davis disse que havia líquido no pulmão de Seamus. Ele o manteve lá para drenar o líquido, o que deve proporcionar algum alívio e facilitar sua respiração.

– Ok, isso é bom. Então ele pode fazer alguma coisa a respeito?

– Pode, sim. Disse-lhe para ir em frente. Seamus está com ele agora, e eu estou voltando ao trabalho.

– Posso pegá-lo quando tiver terminado.

Em apenas vinte minutos, o doutor Davis me ligou.

– Comecei a drenar o líquido – eu podia ouvir a tristeza na voz do médico. Comecei a chorar antes mesmo de ele terminar a frase. – Infelizmente, é sangue.

– O que isso significa? – Eu sabia, é claro, que não era bom, mas queria esperança. Mais uma vez, houve aquele momento de afastar o inevitável – o cérebro tentando segurar a dor do coração.

– Significa que eu não posso parar. O mais provável é que um dos tumores tenha estourado.

Tentei recuperar o fôlego... para formar uma frase.

– Quanto tempo?

– Sinto muito, Teresa. Sinto mesmo. Mas acho que é hora.

Não, não podia ser a hora. Ele deveria ter meses. Mal tinha passado um mês. Eu não estava pronta. Eu nunca estaria pronta. Mas não agora. Não hoje.

– Hoje?

– Ele está sofrendo. Só está bem agora porque eu lhe dei um sedativo. Mas odeio ver esse carinha assim.

– Podemos passar uma noite com ele?

– Sinto muito. Eu não sugeriria isso. Não mesmo. Seus pulmões estão se enchendo de sangue.

Eu não sei como pensei que isso fosse acontecer, mas não era o fim. Ele iria vencer as probabilidades. Eu me permiti pensar assim, mas agora... *Agora. Oh, Deus. Agora era a hora*. Desabando em lágrimas, me segurei o máximo o que pude.

– Tenho que ligar para o Chris. Nós estaremos aí. Estou chegando.

Fechei a porta do escritório e liguei para Chris. Ele imediatamente fechou sua loja e concordou em me encontrar no doutor Davis. Deixei meu escritório, dizendo a minha assistente apenas que meus compromissos do dia precisavam ser cancelados e eu não voltaria.

– Emergência de família. Não estarei aqui amanhã também.

Não imaginava que conseguiria voltar durante toda a semana. Ou nunca mais. Eu não conseguia imaginar os próximos momentos, o que dirá depois disso.

Chris e eu nos sentamos no chão, onde eles tinham colocado um cobertor. Seamus tinha sido gentilmente colocado sobre ele. Era fácil ver que ele tinha piorado durante aquelas horas. Estava tendo dificuldade em respirar e parecia assustado, mas eu podia dizer que ficou aliviado ao nos ver. Nós dois alisamos seu pelo e beijamos sua face. Eles nos deixaram com ele e nos disseram para avisar quando estivéssemos prontos.

Nós nunca, nunca estaríamos prontos. Como alguém poderia estar pronto para algo assim?

– Você é o melhor cão do mundo, amigo. Nós o amamos muito – disse Chris, e beijou o topo da cabeça de Seamus.

Eu mal podia respirar. Segurei o meu rosto contra Seamus e o inspirei. Tomava respirações curtas e profundas enquanto as lágrimas escorriam por meu rosto e pelo de Seamus. Chris colocou a mão em minhas costas.

– Eu não posso acreditar nisso. Não posso fazer isso. É muito horrível – eu disse entre soluços, sugando ar.

– Eu sei, querida. Eu sei. Mas temos que deixá-lo ir. Nós dissemos que não iríamos deixá-lo sofrer.

– É muito cedo. Eu queria mais tempo.

– Eu sei.

Era doloroso ver Seamus lutar para respirar, e eu sabia que esse era o último presente que podia lhe dar. A última coisa que podia fazer por ele era deixá-lo ir, de forma pacífica e conosco ao seu lado. Poderíamos dar-lhe paz e dignidade no final da vida.

Era tudo o que podíamos fazer.

Nós o deixamos ir. Um grande pedaço do meu coração foi com ele.

Capítulo 11

Um bom cachorro

Eu estava imobilizada pela minha dor, e só minha raiva me movia. Então eu mergulhei nela. Mergulhei fundo na raiva. As mudanças que eu tinha feito em nossas vidas tinham falhado. Seamus tinha partido. Nada mais importava. Nada o salvara do câncer, e nada iria me salvar. A raiva fluía de mim.

De dia, eu não conseguia parar de pensar em mim como uma covarde e hipócrita que não tinha podido salvar seu próprio beagle e tinha sido durante anos a causa de milhões de animais que tinham mortes horríveis depois de dolorosas vidas terríveis em fazendas industriais. (Sim, eu era responsável por *milhões*! Raiva não tem que fazer sentido). À noite, eram os animais das fazendas que assombravam meu sono.

Quando pensava em fazendas, se é que algum dia já pensei antes em fazendas, pensava que o velho MacDonald tinha uma vaca.[4] Talvez duas ou vinte. Ou até mesmo uma centena. Ia-ia-ô-otária. Como é que eu achava que essas versões romantizadas das fazendas poderiam produzir e cuidar de trezentos milhões de vacas, um bilhão (*bilhão!*) de porcos e cinquenta bilhões (*bilhões!*) de frangos abatidos e consumidos anualmente apenas nos Estados Unidos? Todos os anos. O velho MacDonald precisaria ter um número incomensurável de vacas, e ele não iria conseguir deixar os animais viver em liberdade e de forma natural, para, em seguida, humanamente e com cuidado, *abatê-los* (e eu não conseguia, e ainda não consigo, tirar a palavra "abate" da minha cabeça) ali mesmo na ensolarada e verde fazenda. Isso não estava acontecendo. Seria impossível com aqueles números.

Quando eu comia vacas, porcos e galinhas, só posso presumir que meu cérebro tenha feito o que fazia quando eu era criança e ficava indo de lá pra cá entre escolas católicas públicas e privadas. Ao invés de questionar a incoerência entre a teoria da evolução e a... hã... teoria de Adão e Eva (ambas as quais, afinal, tinham sido *ensinadas* a mim), eu simplesmente decidi que Adão e Eva tinham sido banidos para a

4 Citação à canção infantil "Old MacDonald Had a Farm".

Terra como macacos e tiveram que começar tudo de novo no processo evolutivo. Essa história que inventei para mim mesma me permitiu não questionar a autoridade e o dogma. Ainda bem que não havia uma prova disso em nenhuma escola.

Mas nessa época eu era uma *criança*. Eu não era uma criança agora, e por algum motivo tinha me agarrado a essa versão infantilizada de fazenda ideal para produção de alimentos. Todos nós sabemos que os animais morrem, certo? Apenas não deveríamos pensar sobre essa parte, e muito menos em como eles vivem durante o curto período de tempo antes de serem abatidos.

Na verdade, a ciência não era o meu forte na escola (você percebeu isso na minha ideia de evolução?), mas eu entendia biologia o suficiente para saber como e por que a fêmea de uma espécie emprenhava, e como e por que ela produzia leite. Mas, da mesma forma que eu criei a Eva macaca, devo ter decidido que as vacas magicamente apenas produziam leite para encher o meu copo, para fazer o meu amado queijo, iogurte, sorvete e creme de leite, e ainda sobrava muito para alimentar sua cria. Você sabe, os um ou dois bezerros que ela tinha a cada poucos anos, quando ela queria ou encontrava um touro bonito.

A fim de não questionar a autoridade ou o dogma com o qual havia sido educada ("vacas felizes"), era nisso que eu precisava acreditar. Não havia um rack de estupro (um termo da indústria de laticínios, não meu) para manter Bessie prenha com esperma injetado retirado de um boi no que só pode ser descrito como bestialidade, nenhum bezerro arrancado dela após seu nascimento, ainda molhado e chorando e berrando por sua mãe. Bessie não estava vivendo em suas próprias fezes, muito menos nas fezes das outras milhares de vacas confinadas com ela. Bessie não estava cheia de hormônios de crescimento geneticamente modificados para que pudesse produzir a máxima quantidade de leite, não importa quão desconfortáveis e feridos isso deixasse seus úberes, submetidos a uma máquina de ordenha mecanizada três vezes por dia, o tempo todo chorando, perturbada e sentindo falta de seu filhote roubado. *Não na minha fazenda imaginária! Não, senhor.* E a cria de Bessie não era enfiada em uma caixa, incapaz de se mover, alimentada com uma dieta deficiente em ferro para assim ficar anêmica e pálida, para em seguida ser abatida com três a dezoito semanas de idade para que pudesse então receber seu primeiro e único nome: vitela.

Na fazenda que existia na minha cabeça, e do que eu lia e via na tevê, talvez só na minha cabeça, Bessie vivia vinte ou vinte e cinco anos e morria durante o sono em uma colina gramada à luz do sol.

Não era assim nos meus pesadelos vividamente reais.

Às quatro da manhã, dois dias depois de Seamus morrer, acordei de um desses pesadelos e pulei da cama.

– Você está bem? – disse Chris.

Coloquei meu roupão e sentei-me na cama.

– Desculpe se te acordei. Estou tendo pesadelos.

Chris sentou-se e estendeu a mão para esfregar minhas costas.

– Sobre Seamus?

– Não. Sobre vacas. Sobre o que eu li.

– Eu vou me arrepender disso, mas o que você leu?

– Eu li como elas são mortas: dão um tiro em sua cabeça com um parafuso, o que nem sempre as mata. Então elas são acorrentadas, penduradas de cabeça para baixo... e às vezes... muitas vezes... não estão mortas ainda. Elas são esfaqueadas... na garganta...

– Ok, pare. Isso é horrível.

– É horrível. Elas estão acordadas. Vivas. No meu sonho, mas na vida real também... então elas são esfoladas... vivas. Despedaçadas...

– Pare com isso. Sério. Para.

– Isso não para nunca. Eles estão assassinando-as como em uma linha de montagem. Há tantas delas que não podem prestar atenção em cada animal – saber se eles fizeram seu "trabalho" corretamente. É apenas uma horrível fila de tortura industrial feita pelo homem. Não consigo tirar isso da minha cabeça.

Chris já não estava esfregando minhas costas.

– Certo, você está meio que estragando o bife para mim.

Eu me virei para olhar e vi que ele estava sorrindo. Percebi que estava, talvez um tanto equivocadamente, tentando novamente me fazer parar de entrar nessa com humor. O problema era que eu já havia entrado de cabeça.

– Isso *deveria* estragar o bife para você. Deveria estragar o bife de todo mundo. Não é apenas o meu pesadelo. Acontece. É real.

Ele exalou pesadamente.

– Eu entendo que você esteja com raiva. E muito chateada. Sinto muito.

– Estou. Estou furiosa. Acho que essa é a fase da raiva do luto.

–Você vai ficar nessa fase por muito mais tempo se continuar pensando sobre todo esse negócio de animais.

– Faz apenas dois dias. Além disso, esse mundo está todo ferrado. Há muita coisa para ficar com raiva. O que fazemos com os animais é... é... é inconcebível. E não posso acreditar que tenha compactuado com isso durante todos esses anos, como uma idiota inconsequente, ao mesmo tempo me considerando uma amante dos animais.

– Não é como se você estivesse matando os animais.

– Eu comi os animais. Animais estavam sendo torturados e mortos para mim. Para o meu prato. É difícil ignorar essa causa e efeito.

– Acho que você se sentiria melhor se pelo menos dormisse. Talvez também se parasse de ler e infligir tudo isso a si mesma. Pelo menos por um tempo.

Eu podia ouvir a preocupação em sua voz, junto com a frustração de não ser capaz de ajudar. Fiz uma pausa e respirei fundo.

– Eu não consigo dormir.

– Porque você está se aterrorizando.

– Não – eu hesitei, porque sabia que o que estava prestes a dizer seria assustador. Mas tenho o hábito de debater tudo com Chris, e isso também tinha estado em minha mente. – Estou lendo por causa da minha síndrome do cérebro inquieto.

– Sua o quê?

–Você não vai nem rir disso? Síndrome do cérebro inquieto não é uma coisa real. É apenas um nome que inventei. – Minha vez de desviar as coisas com humor equivocado.

– Não soa engraçado. Nem um pouco. Um nome inventado para o quê?

– Meu cérebro sacode em minha cabeça – não da forma "Não consigo me concentrar", mas fisicamente. Parece que meu cérebro está vibrando na minha cabeça. E isso geralmente acontece no meio da noite, então eu me levanto e leio.

– Ok, primeiro, isso não é nem um pouco bom. E segundo, talvez o melhor seja ler alguma coisa leve e alegre. Talvez o que você está lendo esteja causando isso.

– Não, porque às vezes isso acontece no trabalho. Está acontecendo desde o diagnóstico de Seamus. E aconteceu na Índia. Lorde Shiva sabe que eu não lia na Índia.

– Mas o que você está lendo não está ajudando.

– Quando eu paro de ler, penso em Seamus. E então não consigo respirar. Acredite em mim, se eu pudesse encontrar alguma coisa mais positiva que estivesse com vontade de fazer, eu faria.

Deixei de fora a parte em que eu deveria ligar para agendar minha consulta de oncologia para abril, mas não conseguia me convencer a fazer isso. "Metástase do câncer para o cérebro" teria que esperar.

Às vezes, esse era o pensamento que brotava na minha mente. Em outros momentos, "metástase para o cérebro" não era apenas assustador – era o que concretamente estava vibrando e sacudindo meu cérebro. O cão morreu, e eu também vou. Parecia predestinado.

Tentei uma mudança de tática na sexta-feira e passei o dia em meu escritório de advocacia, com a porta fechada, tentando me concentrar no trabalho legal, evitando Facebook, e-mails pessoais e qualquer mensagem que expressasse condolências por nossa perda de Seamus. Eu havia compartilhado em meu blog que Seamus tinha morrido. Sabia que muitos leitores haviam se apaixonado por Seamus a partir do nosso livro, e sabia que sua morte seria dolorosa para eles também. Mas eu não podia lidar com suas expressões de solidariedade. Era como ouvir de novo e de novo que ele havia morrido. Que eu tinha falhado.

Mas meu escritório estava cheio de flores enviadas por amigos e estranhos. Minha caixa de correio no trabalho estava cheia de cartões de condolências que eu não podia me forçar a abrir tanto quanto não podia abrir os que chegaram em nossa casa. À noite fui para casa, bebi mais vinho, e solucei no escuro. Chris ficaria em sua loja de vinhos até as oito da noite. O vazio da casa pesou sobre mim e me despedaçou ainda mais.

No sábado de manhã saí para uma caminhada com Chris, principalmente para mostrar a ele que eu podia, de fato, levantar da cama e dar um passo após o outro (embora eu de modo algum quisesse fazer isso). Era desconcertante e desolador andar na rua sem Seamus, mas o ar fresco me fazia bem. E esse, ou o destino, foi o motivo para naquela tarde eu decidir finalmente ler os e-mails e olhar minha página no Facebook pela primeira vez desde que contara a todos que Seamus havia falecido. Pensei em responder, soluçar e desabar em um dia em que não tivesse que enfrentar ninguém pessoalmente. Preparei uma xícara de café e me sentei em frente ao computador, sozinha no silêncio. Entrei no Facebook em primeiro lugar, mas não fui checar minhas mensagens ou notificações. Comecei com calma apenas percorrendo minha página.

Em apenas alguns minutos, eu vi o rosto dela. Ela estava olhando para mim (para a câmera, mas era como se fosse para mim) por trás das grades, sentada em um chão de cimento. O post, de Anne, uma amiga do Facebook que também amava beagles, mencionava que o tempo daquele beagle tinha terminado, e ela estava sentada em um abrigo em Los Angeles esperando para morrer. Ela precisava sair imediatamente, mas tinha uma tosse canina altamente contagiosa e precisava ficar em uma casa sem outros cães. "Alguém pode ajudar?", o post perguntava. Fiquei olhando para o adorável cãozinho de olhos arregalados. Como ela podia parecer tão feliz, mesmo de dentro de uma jaula sentada no chão de cimento frio? Afastei-me da foto – tinha tristeza de beagle o suficiente em minha vida. Já tinha o bastante de tristeza animal. Havia sido confrontada com dor suficiente. Mas continuei a olhar para ela e seu rosto bonito. E logo amigos estavam compartilhando sua foto, unindo-se para resgatá-la, então eu via seu rosto de novo e de novo. Seu sorridente e feliz rosto de beagle.

Nós não temos cães em nossa casa.

Vinha observando o que aquelas mulheres faziam – a maneira como se uniam na rede para resgatar beagles em todo o sul da Califórnia. Eram um grupo informal que tinha se reunido na página Beaglefest do Facebook, e muitos membros se tornaram amigos "na vida real". Elas digitalizavam panfletos de abrigos com beagles que precisavam de adoção, postavam fotos e informações, levantavam fundos para as taxas de adoção e quaisquer necessidades médicas (ao que parece, sempre havia necessidade de cuidados médicos, devido à condição do abrigo ou, com frequência, à negligência do proprietário anterior do cão), transportavam os cães quando necessário, os mantinham e, finalmente, se tudo corresse bem, encontravam seus lares definitivos. Era um trabalho impressionante, significativo e, às vezes, penoso. Meu envolvimento tinha sido por meio de doações ou, às vezes, abrindo caminho para que o cão resgatado tivesse um lugar no meu centro de adoção de animais local – que agora regularmente tinha um beagle disponível para adoção, graças a esses esforços do grupo.

Nós não temos cães em nossa casa.

É cedo *demais.*

Eu mal podia me levantar e me vestir para enfrentar um dia sem Seamus, e estava chafurdando nos horrores do que estava lendo. Então, como poderia cuidar de um cão carente doente? Voltei para a página do Facebook que mostrava o beagle no canil-prisão, seus grandes olhos cheios de alma olhando diretamente para a câmera. Apesar de estar naquele terrível abrigo municipal e sabe-se lá em que condições antes disso, ela parecia sorrir. Como se estivesse dizendo: "Olá. Venha me buscar. Vamos ser amigos".

Nós não temos cães em nossa casa.

Mandei um e-mail para Chris no trabalho.

Seria maluquice abrigar um beagle por alguns dias? Há um beagle que precisa de um lar adotivo, mas ela tem tosse de canil. Precisa ir para uma casa sem outros cães. Infelizmente, nos enquadramos.

Eu estava chorando enquanto digitava. Talvez isso significasse que não estava pronta. Mas Chris respondeu rapidamente.

Pode ser uma boa ideia. Poderia te ajudar. Por mim tudo bem, se você acha que para você também.

Eu sempre pensei que abrigaria beagles, qualquer cão, na verdade, sempre que pudesse. Estava suficientemente envolvida para saber que o sistema de abrigo salvava vidas. Quando um animal precisava de abrigo e um grupo de resgate não tinha espaço, ou, no caso desse cão, havia uma razão médica que o impedia de ir para a organização de resgate, um abrigo era crucial. Eu sabia que queria abrigar. Só não tinha certeza a respeito do *timing*.

Não sei se estou pronta ou não. Eu quero ajudá-la. E nós podemos ajudar. É só por alguns dias, talvez uma semana, acho.

Enviei sua foto para Chris.

Ela é adorável. Acho que seria bom para você. Estou dentro, se você estiver.

Eu não deveria ter ficado surpresa. Chris foi espetacular com Seamus, e aprendeu a amar e a cuidar dele tanto quanto eu. E, normalmente, quando não se tratava de animais, Chris era uma pessoa mais emocional do que eu. Considerei seu consentimento como um sinal de que eu não tinha perdido a cabeça. Era uma coisa racional a fazer.

Ok, vou dizer que podemos ficar com ela por alguns dias. Pode haver um beagle aqui quando você chegar em casa hoje à noite.

Anne e Janet trabalharam juntas para traçar um plano. Gentilmente, perguntaram várias vezes se não era cedo demais para mim. Quando eu lhes assegurei que achava que iria ser bom tanto para mim quanto para a cadela, elas encontraram um grupo de resgate para os custos. Anne libertaria ela do abrigo no dia seguinte, pagando ela mesma a taxa de adoção de noventa dólares. Levaria a cadela oitenta quilômetros a leste para Janet, que a traria para mim, junto com um umidificador, antibióticos e uma coleira. Abrigaria a linda garota por alguns dias ou uma semana, o tempo que levasse para a tosse sarar e ela se tornar adotável. O plano estava pronto antes que me desse totalmente conta do que tinha feito. O que quer que tivesse feito, pareceu certo.

Nós não temos cães em nossa casa.

Mas em breve teremos.

No domingo, Chris e eu esperamos, ansiosos, pela nova chegada. Eu alternava entre excitação por ajudar a resgatar um belo beagle, medo que fosse muito cedo – que eu tivesse tomado uma decisão ruim e precipitada – e culpa. Culpa de que estivesse traindo Seamus com...

– Ela não tem um nome – eu disse, subitamente dando-me conta.

–Veronica ou Betty? – disse Chris. Ele era um fã da Archie Comics, e certa vez havia dado a um carro o nome Veronica.

– Betty – eu disse, ao mesmo tempo em que ele dizia "Veronica".

– Será Daphne – disse ele.

Em minha confusão, não ficou totalmente claro de onde o nome tinha vindo, mas gostei. Daphne soou doce, e combinava com aquele seu rosto adorável, que eu ainda podia ver em minha mente.

Daphne chegou logo depois. Fiquei surpresa ao ver como era grande, mais de vinte quilos. Não fiquei surpresa ao ver que estava suja e exausta. Ela imediatamente veio até mim, sorrindo, abanando o rabo, mas quieta. Afaguei seu áspero e sujo pelo e ela lambeu meu rosto, apenas uma vez, suavemente. Mais uma vez, notei aqueles olhos – tão grandes e castanhos e confiantes. Deixamos que ficasse sem coleira e ela caminhou até Chris, com a cauda abanando e a língua pendurada para o lado.

Chris inclinou-se para afagá-la.

– Amei essa língua. Que gracinha.

E, na deixa, ela lambeu o rosto de Chris também. Duas vezes.

Janet trouxe o umidificador, e Daphne simplesmente deitou no tapete enquanto Janet explicava como os medicamentos e o umidificador iriam sarar a tosse do canil. Enquanto conversávamos, a percepção de que eu seria responsável por esse cão começou a surgir. Eu precisava cuidar *desse* cão. Esse cão não era Seamus. Eu não tinha guardado ou jogado fora nenhum dos brinquedos de Seamus. Suas camas ainda estavam onde sempre estiveram – uma embaixo do sofá, uma na lavanderia e uma no andar de cima em nosso quarto. Seu cheiro, pelo menos do ponto de vista de um cachorro, deveria estar em todos os lugares. Será que Daphne sabia disso? Isso a incomodava? Olhei mais de perto para ela, que já estava dormindo em nosso andar. Sua cor era a habitual tríade de marrom, preto e branco dos beagles, com as costas pretas. Mas ela tinha pontos marrons adoráveis nos brancos de suas patas e pernas. E suas patas eram grandes. Ela era grande. Muito maior do que deveria ser, coisa que achei incomum para um cão que tinha sido abandonado e ficado em um abrigo por duas semanas. Então, ela se levantou e caminhou até Chris no sofá. Chris deu um tapinha no cobertor em cima do sofá ao seu lado, e ela levantou-se agilmente e se aconchegou a ele, descansando a cabeça em sua perna. O que quer que ela estivesse cheirando, não a estava incomodando. Qualquer coisa era melhor do que o lugar de onde ela tinha acabado de sair.

– Essa cadela é adorável – disse Chris.

– Ela é uma gracinha. Anne e eu passamos um tempo dando muito amor para ela quando foi trazida para mim. Ela é muito simpática. Uma cachorrinha feliz – disse Janet.

Ela é um bom cachorro, e é uma gracinha. Mas estamos apenas abrigando-a. Vamos ajudá-la, e talvez ela me ajude. Mas é muito cedo. Não posso imaginar ficar apegada a outro cão.

– Você consegue ver o caroço em seu peito? – disse Janet.

Um caroço. Eles me disseram que ela tinha uma protuberância – algo que precisava ser removido. Isso, para mim, de alguma forma era diferente de um caroço. Meu coração gelou.

– Um caroço? – eu disse.

– Eu não sei se é alguma coisa, mas quando formos castrá-la, será melhor remover isso também.

Chris afagou Daphne nas costas e na lateral e logo ela girou para carinhos na barriga. O caroço era claro e óbvio – cerca de dois centímetros de diâmetro, projetando-se de seu peito quase três centímetros. Não gostei da aparência daquele caroço. Caroços, em cães ou em seres humanos, pela minha experiência nunca eram bons. Tive caroços suficientes para saber disso.

Capítulo 12

Um lugar ao sol

Aquele caroço não era problema meu, disse para mim mesma. E então disse novamente. E mais uma vez. Meu trabalho era cuidar desse beagle e sua tosse de canil para que o grupo de resgate pudesse levá-la, castrá-la, cuidar daquele caroço, e encontrar um lar bom e amoroso para ela. Nós podíamos fazer isso. Eu não iria pensar sobre o caroço. Eu não podia.

Eu dormi no andar de baixo no sofá, com Daphne na cama de Seamus ao meu lado, perto do umidificador. Como não sabia se ela tinha sido domesticada ou podia usar a porta de cachorro, precisava poder deixá-la sair rapidamente. Do jeito que estava dormindo, uma noite no sofá dificilmente iria fazer diferença.

Por volta das duas da manhã, Daphne levantou-se, saiu pela porta de cachorro, e foi para a área aberta lá fora, onde Seamus sempre ia para fazer suas necessidades. Ela retornou, atravessando facilmente a porta de cachorro, e pulou direto ao meu lado no sofá. Bem, na verdade mais em mim do que ao meu lado. Afastei-me, virei de lado e abri espaço enquanto ela enrolava-se e se apertava contra o meu estômago. Ela estava dormindo antes que eu tivesse tempo de pensar se permitir que ela ficasse no sofá era uma boa ideia. Esfreguei a barriga e beijei o topo de sua cabeça malcheirosa.

Acordei com seu rosto colado ao meu e uma lambida imediata em minha bochecha. Afaguei sua cabeça e ela se aproximou, pressionando seu corpo contra o meu. Ela ainda não tinha feito qualquer ruído – algo estranho depois de ter um beagle tão vocal quanto Seamus tinha sido. Mas, fiel à raça beagle, ela era adepta de se expressar. Estava agradecida; isso era aparente. Também estava suja; isso também era inconfundível. Ela, minhas roupas e os cobertores precisariam todos de uma boa lavagem, logo que passássemos por aquela tosse e o risco de pneumonia.

Levantei-me do sofá e fui para a cozinha fazer meu café.

Daphne me seguiu, balançando a cauda tão alegremente que toda a sua parte traseira mexia com ela. Depois que terminei o café, fui até a geladeira para pegar um dos recipientes PetStaurant para Daphne: bife de Angus com trigo, brócolis, cenoura, algas marinhas e pera, temperados com linhaça, açaí e bardana. Era uma aposta segura supor que ela não estava comendo muito bem onde tinha estado. Percebi, porém, que eu não tinha uma tigela para ela. Não podia usar a tigela de Seamus. Era a tigela de Seamus. Ainda estava ali no chão, onde Seamus comia. Coloquei o recipiente em cima do balcão, para desgosto de Daphne, e fui para a lavanderia procurar no armário por uma tigela extra. Daphne me seguiu, balançando o traseiro, sua cauda um metrônomo mantendo o ritmo.

Encontrei uma tigela de cerâmica com rótulos falsos de vinho com temas caninos na lateral e "Osso Seco" no fundo interno, sem dúvida um presente de alguém que conhecia meu amor por cães e vinho. Retornei com a tigela à cozinha e joguei toda a refeição com bife de Angus para ela. Ela estava cheinha, sim, mas suspeitava que poderia se satisfazer com uma nutritiva e saudável refeição de qualidade. Ela não tinha comido o jantar com ração que tínhamos oferecido na noite anterior, e atribuímos isso ao estresse, à tosse de canil e a todas as viagens que tinha feito naquele dia. Recusou petiscos também, um comportamento de beagle inédito em minha experiência.

– Aqui está, menina – baixei a tigela. – Acho que você vai gostar disso.

Ela me respondeu devorando a refeição e, em seguida, no melhor estilo dos beagles, olhando para cima para pedir mais. Os olhos da raça beagle estão sempre pedindo mais – mais comida, mais amor, mais caminhadas, mais diversão. Sua cauda grossa balançou para os lados, mais uma vez seguida pelo traseiro. Ela praticamente se contorcia em um "O" perfeito, seu traseiro balançando perto do nariz e depois de volta para o outro lado.

Chris então desceu as escadas, e Daphne correu para ele. Vi do meu ponto de vista que seu andar animado tinha o mesmo balanço. A menina tinha suingue.

– Daphne, você está um pouco *doodlebutt*[5] – eu disse.

Chris riu.

– Do que você a chamou?

– Ela é a Daphne Doodlebutt. Olhe o que aquele traseiro faz.

---

5 Traseiro feliz.

Daphne correu de volta para mim na cozinha enquanto Chris assistia ao balanço e ria.

– Combina.

– Pois é.

Eu deveria saber, naquele momento, que, uma vez que um cão não só tem um nome, mas também um apelido, ele vai ficar. Mas eu não sabia; minha tristeza ainda nublava meus pensamentos. Daphne Doodlebutt era adorável, mas ela era um cão adotivo. Eu não poderia trair Seamus.

Subi para tomar um banho. Quando voltei lá embaixo, eu não conseguia encontrar Daphne. Olhei na sala de estar, na cama de Seamus na sala familiar, na outra cama na lavanderia. Ela não estava lá. Gritei para cima para Chris.

– Ela está aí com você?

– Não, ela não subiu.

Corri para o nosso quintal da frente. Ele não é tão grande; certamente eu veria um beagle de vinte quilos. Mas não vi. Ela não estava no portão, na espreguiçadeira, ou no quintal. Não havia beagle algum. Quando o pânico começou a se instalar, enquanto pensava que tinha perdido meu beagle adotivo em menos de doze horas, ouvi um barulho. *Swish. Thump. Swish. Thump.*

Virei na direção do som e vi uma cauda de beagle abanando descontroladamente da trepadeira de jasmins que cobria o gabinete de ar-condicionado. Em seguida, uma cabeça de beagle espiou para fora. Ela estava deitada no jasmim, meio enterrada. Tinha se enfiado nas videiras, sem dúvida o jeito como encontrava segurança e dormia quando morava na rua. *Parecia* confortável.

– Menina, você não precisa mais fazer isso. Vamos para dentro.

Sua cauda balançou e chicoteou, mas fora isso ela não se moveu. Olhei em volta. Bem, era uma cama macia que tinha achado, o sol estava brilhando, e ela tinha acesso à casa se quisesse. Não havia razão para não deixá-la em paz. Afaguei sua cabeça e ela lambeu minha mão.

– Tudo bem, querida. Faça o que te deixar confortável.

Nos dois dias seguintes, alimentamos e cuidamos de Daphne, e administramos diligentemente os antibióticos. Escovei e limpei seu pelo para que ela cheirasse e parecesse melhor. Ela iria trabalhar com Chris durante o dia e dormia no sofá comigo à noite, o umidificador zumbindo por perto. Às vezes, ainda a encontrávamos escavando o jasmim, mas pelo menos agora sabíamos onde procurar por ela. Ela dormia profundamente, roncando satisfeita, dia e noite. Acordava uma ou duas vezes durante a noite para beber um pouco de água ou sair pela porta de cachorro fazer suas necessidades lá fora. Em seguida, voltava para o sofá, lambia meu rosto, saltava para cima e se aconchegava ao meu lado. Esfregava sua barriga e ela novamente lambia meu rosto. Depois, rapidamente, ela (se não eu) estava dormindo novamente, roncando alto.

A cada hora, ao que parecia, ela estava melhorando, parecendo mais saudável, ganhando energia e certamente apetite. Mas, ainda assim, ela nunca latia. Não havia o característico "AAARRROOOOOOOOOO" dos beagles, nunca um gemido ou um grunhido. Apenas o ronco. Um ronco alto. Muito alto. E a tosse persistia, de uma forma que somente a tosse de canil pode fazer. Conversando com Janet, parecia que iríamos ficar com ela mais do que alguns dias. A tosse iria levar algum tempo para sarar. Garanti a ela que eu não me importava em ficar com Daphne mais tempo. Não me importava nem um pouco.

Eu precisava, entretanto, levá-la a um veterinário. Ela poderia ficar por aqui, mas aquela tosse realmente precisava ir embora. Marquei uma consulta com o doutor Lawrence, já que o doutor Davis estava de férias. Eu nunca tinha visto o doutor Lawrence, e havia passado pouco mais de uma semana desde que estivéramos com Seamus pela última vez na mesma clínica, que eu tinha deixado aos prantos e arrasada. Entrei com grande apreensão. Daphne, por outro lado, trotou para dentro, totalmente preparada para fazer novos amigos.

A equipe me recebeu com solidários e preocupados olhares, mas eu podia ver que estavam todos pensando, "*Já está com outro beagle?*". Eu disse, talvez muito mais vezes do que era necessário, que eu estava apenas abrigando esse. Ela fazia parte do grupo de resgate. Minha lealdade para com Seamus era indiscutível.

No exame, embora o caroço não fosse meu problema, eu o mencionei ao doutor Lawrence. Ele estava no chão, afagando Daphne e aceitando rindo seus "beijos", enquanto ela atacava seu rosto com a língua.

– Estou vendo. Provavelmente não é nada. Talvez apenas uma verruga gorda. Podemos removê-lo quando a castrarmos – ele esfregou sua barriga. – Adoro cães. Ela é um perfeito exemplar da raça beagle.

Que fofa. Tivemos um beagle quando eu era criança. Meus pais amam beagles também.

Sim, ela era uma fofa, e eu estava feliz de que ele gostasse dela, mas estava concentrada no caroço. Seamus tivera muitas verrugas gordas durante sua vida. Eu sabia que isso não era uma. Apontei a outra anormalidade que tinha notado. Daphne tinha um dedo deformado em sua pata esquerda traseira. Havia um nódulo no lado e a unha tinha crescido e se curvado em direção a ela, em vez de para o chão. Isso não parecia incomodá-la, mas também não era correto.

– Isso pode ser uma lesão antiga. Mas se não está incomodando, basta ficar de olho e manter as unhas aparadas. Se meus pais vivessem mais perto, eu falaria com eles sobre a adoção desta menina. Que cachorro formidável.

Daphne novamente o recompensou com várias lambidas faciais. Ela certamente sabia como conquistar as pessoas. O médico estava muito mais preocupado com sua beleza do que com suas anormalidades.

Anotei mentalmente para dizer ao grupo de resgate sobre a unha, e fingi não perceber que eu tinha reagido mal à ideia de alguém a adotando, que a possibilidade de dizer adeus a Daphne me atingiu como se fossem tomar o meu próprio cachorro de mim. Ela era só um cão adotivo, mas eu não havia pensado sobre como seria deixá-la ir e ter uma casa vazia de novo até que o médico mencionou a adoção de Daphne. Eu tinha me esquecido da outra condição necessária para abrigar cães – o desapego.

Como uma cortesia para o grupo de resgate, o doutor Lawrence não me cobrou pelo exame. Ele me deu novos antibióticos e me disse para voltar em uma semana. Se a tosse tivesse sarado, poderíamos agendar a castração e a cirurgia de remoção do caroço.

Assim, ela ficaria conosco mais uma semana. Ou mais. Não me incomodei com a notícia.

Paguei pelos antibióticos na recepção, entreguei a Daphne um petisco e me virei para ir embora.

– Só um segundo, Teresa – a gerente da clínica disse. – Espere.

Parei e aguardei enquanto ela vinha para a área da recepção. Colocou a mão no meu braço e disse baixo:

– Estamos com os restos mortais de Seamus. Você quer levá-los agora?

Balancei a cabeça que não e corri porta afora. Imediatamente me senti mal por tê-lo "deixado", mas eu não conseguiria lidar com seus restos mortais ainda – eu voltaria para eles... para ele. Sabia que ia desmoronar de novo se levasse os restos naquele momento, e não seria capaz de cuidar de Daphne ou de mim mesma. No carro, Daphne lambeu meu rosto, limpando minhas lágrimas. Foi bom tê-la ali comigo, ou eu nunca poderia me recompor o suficiente para dirigir para casa.

Naquela noite, Chris sentou-se no sofá entre Daphne e eu, esfregando a barriga de Daphne com a mão esquerda, enquanto ela suspirava satisfeita. Logo sua mão direita estava esfregando minha perna nua, mantendo o ritmo da mão esquerda. Sorri, pensando que ele não percebia o que estava fazendo.

–Você percebe que você está me esfregando também, certo?

– Sim. Eu só estava pensando que tenho Chubby[6] e Stubbly[7] comigo.

Talvez pela primeira vez, esperava que eu fosse a Stubbly. E percebi, pela primeira vez desde que voltei da Índia, que estava sorrindo.

– Muito obrigada, viu.

– Estou brincando. Eu só estava pensando como é bom este momento.

– É bom.

– Ela é uma cadela formidável.

– Ela é.

– Então você sabe que vamos ficar com ela, certo?

Virei para olhar para ele.

– Não. Estamos abrigando-a.

– Por que não podemos ficar com ela? Ela é uma doçura, domesticada, tranquila e ama a gente. É o cão que menos dá trabalho no mundo.

– É cedo demais.

– Não é. Ela já está aqui. Tem uma ligação com a gente. Eu estou ligado a ela. Você sabe que arranjaremos um outro cachorro, mais cedo ou mais tarde. Trata-se apenas de você não poder ter um cão normal,

6 Gordinha.

7 Peludinha.

sem problemas? – Ele disse isso com um sorriso, mas eu mesma não estava mais sorrindo.

Com aquele caroço saliente e aquele dedo, eu não tinha certeza se era mesmo um cão sem problemas. Mas isso não importava.

– É muito cedo. Não faz nem duas semanas. – Minhas lágrimas terminaram nossa conversa e saí da sala.

Não conseguia tirar da minha cabeça que aquilo de alguma forma era injusto com Seamus. Como namorar logo após a morte de um cônjuge. Pode ajudar na dor, mas parece desrespeitoso à memória do falecido. E nessa hora alguém poderia ter alguma condição de fazer uma escolha adequada?

Algumas noites depois, estávamos de volta ao sofá, tomando vinho e assistindo a um filme. Vi Daphne através das portas francesas. Trotava por todo o quintal, com sua habitual alegria. Mas havia algo em sua boca. Algo longo e castanho. Temendo que fosse um rato ou um lagarto, levantei-me para verificar. Daphne se virou para olhar para mim, abanando o rabo com todo o seu balanço. Veio para o meu lado, sem deixar cair o que tinha na boca. Quando me abaixei para olhar mais de perto, percebi o que era e as lágrimas brotaram novamente.

Daphne estava segurando um dos ossinhos amarronzados que tinham sido dados a Seamus. Ele alegremente tinha mastigado o primeiro, enquanto se estendia na espreguiçadeira do quintal em seu aniversário, e nós nunca soubemos o que tinha acontecido com o outro. Seamus nunca foi um escavador, por isso supomos que deveria estar em sua caixa de brinquedos em algum lugar. Mas, ao que parecia, ele tinha enterrado esse segundo no quintal. E Daphne o havia encontrado. Ela afastou-se de mim, pulou na mesma longa cadeira, e começou alegremente a roer o osso, a cauda ainda abanando.

E então, eu soube. Havia dois desses ossinhos de cachorro por uma razão. Seamus tinha desfrutado de um e deixado o outro para o próximo beagle. O bastão canino tinha sido passado. Daphne Doodlebutt era nossa, com caroço e tudo.

Entrei em casa.

– Ok. Vamos ficar com ela.

– É mesmo? Oba! – Chris levantou-se e me abraçou, e em seguida saiu para ver Daphne.

– Você é toda nossa, Doodlebutt.

Ela bateu a cauda várias vezes, mas não largou o ossinho marrom.

– Mas tem uma coisa – eu disse, enquanto me juntava a eles no quintal. – Lembra quando dissemos que na próxima vez teríamos dois cães?

– Uh-oh – ele sorriu. – Não, eu me lembro. Suponho que você já tenha um cão em mente.

– Eu ainda quero adotar um dos cães do Projeto Liberdade para os Beagles. Talvez Comet ainda esteja disponível.

Ele ainda estava afagando Daphne, feliz como uma criança com um novo cachorro.

– Comet seria perfeito. Por mim, tudo bem. Dois cães é uma boa ideia. Só não dá, você sabe, vinte.

– Fechado. Vou ligar para Shannon.

Chris, Daphne e eu ficamos na espreguiçadeira desfrutando de uma noite quente de primavera sob as estrelas – nossa primeira noite como uma família.

Obrigada, Seamus.

Capítulo 13

Um tiro no escuro

Para surpresa de ninguém, mergulhei fundo no resgate desse cão: escovando-a, alimentando-a, dando-lhe os antibióticos e todos os suplementos que tinham sobrado de minhas tentativas de tornar Seamus imortal. Daphne precisava ficar bem e tirar aquele caroço, e eu precisava fazer isso acontecer.

Ela melhorava a cada dia. E estava gostando dos alimentos PetStaurant que ainda tínhamos, enquanto ao mesmo tempo perdia peso. Ela (e eu) não dormíamos mais no sofá com o umidificador. Em vez disso, ela se enfiava entre Chris e eu na nossa cama, assegurando-se de encostar em um de nós, geralmente eu. Nós a acomodamos contorcendo nossos corpos em formas conhecidas apenas por amantes de cães, apesar de novas para nós. Seamus nunca dormiu conosco. Nós teríamos deixado, mas ele não tinha interesse. Ficava na cama conosco quando estávamos lendo ou assistindo televisão, mas, uma vez que apagávamos as luzes, ele pulava da cama e retirava-se para sua própria cama acolchoada com uma seleção de cobertores. Nas raras ocasiões em que ficava na cama depois das luzes apagarem, no momento em que Chris ou eu nos movíamos, ele expirava alto e descia da cama resmungando, decepcionado com nossa falta de civilidade. Mas Daphne não podia ser incomodada pelo som de seu próprio ronco. Não havia como ela voluntariamente deixar nossa cama.

Chris e eu estávamos felizes de ter Daphne por perto. Pensei que era provavelmente uma boa coisa ela ser tão diferente do Seamus – dormindo na cama, o silêncio, a adoração completa por nós (Seamus geralmente era o objeto de adoração, e preferia que fosse assim), sua aparência. Enquanto Seamus era vermelho, manchado, magro, musculoso e com uma cara de travesso, Daphne Doodlebutt era doce, gorda, com o tricolor padrão, e tinha a cabeça quadrada de beagle mais tradicional. Havia algo em sua coloração que me fazia pensar em vacas. Não era o fator óbvio do peso. Talvez fosse todo o branco sobre ela, ou talvez seus grandes olhos redondos e longos cílios. Não importava. Ela era um beagle totalmente diferente, e era nossa. Ela não era um substituto para Seamus, e não esperávamos que fosse como Seamus; não seria justo para nenhum de nós. Nós a ajudaríamos a se recuperar de tudo o que ela tinha passado, e ela ajudaria a aliviar nossa dor. Esse era o meu plano para minha nova família.

Levei Daphne para ver o doutor Davis, esperando que estivesse bem o suficiente para a castração e determinada a retirar aquele caroço. Uma vez que passássemos por isso, poderíamos pensar sobre a adoção de Comet, mas não antes disso. Não achava que fosse uma boa ideia adotar um outro cão enquanto Daphne estivesse se recuperando de uma cirurgia, mas também não queria que Daphne se acostumasse a ser o único cão (mimado) e começasse a proteger seu território. Também tínhamos aprendido isso com Seamus. Daphne dormindo na cama era apenas o começo, e nós sabíamos que teríamos que corrigir isso em breve também.

O doutor Davis terminou o exame.

– Ainda há um pouco de tosse. Estou de férias na próxima semana, mas acho que podemos agendar a cirurgia para a semana seguinte.

– Estamos indo até Paso Robles por um longo fim de semana. Será que ela vai ficar bem com a gente e perto de outros cães?

– Ela não é mais contagiosa, e até lá isso já terá passado. Desde que ela não entre no cio, vocês vão ficar bem. Vamos agendar para quando vocês voltarem.

– Ah, Deus, eu ainda não tinha pensado no cio. Passou muito tempo desde que tive uma cadela. Sim, vamos torcer para que ela não entre no cio.

– Há uma outra coisa que eu gostaria de fazer quando ela estiver anestesiada.

Tenho certeza de que meu rosto caiu como o de um basset hound. O doutor Davis era um amigo e tinha sido meu veterinário desde sempre, mas, depois de tudo o que eu tinha passado com Seamus, "uma outra coisa" me assustou. Os médicos deveriam ser eternamente proibidos de dar notícias que começassem com "e mais uma coisa".

– Quando fizermos a cirurgia, gostaria de fazer um raio-X de seu tronco.

– Ceeeeeeerto. Por quê?

– Sinta isso – ele disse, colocando a mão em seu lado direito, logo abaixo da caixa torácica.

Coloquei meus dedos onde os dele estavam e senti o lugar. Por fim, achei o que ele estava sentindo.

– Uma protuberância? Parece uma cicatriz ou algo assim.

– É disso que eu tenho medo. Acho que ela pode ter sido baleada.

Baleada?

Eu estava atordoada. Embora eu não devesse estar. Ela foi encontrada como um cão abandonado nas ruas de uma região perigosa de East Los Angeles. *Pessoas* eram baleadas lá. Mas Daphne era domesticada e corpulenta. Não parecia um cão abandonado que estava nas ruas há muito tempo. Na verdade, o único indício de que ela não tinha sido razoavelmente bem cuidada era o fato de não ser castrada, e suas tetas sugeriam que ela tivesse tido pelo menos algumas ninhadas. Anne, Janet e eu presumimos que ela tivesse sido usada, na pior das hipóteses, por um criador amador, ou talvez apenas pertencesse a uma família que não sabia o suficiente para castrar seu cão. Mas, um *tiro*?

– As pessoas me enojam. Sim, vá em frente. Faça a radiografia. Vamos descobrir o que é e se há alguma coisa que precisamos fazer.

Naquela noite, Chris e eu nos refugiamos em nossa hidromassagem externa com água quente, como fazíamos com frequência para discutir nosso dia, nossa semana, ou, cada vez mais frequentemente, nosso cão. Seamus costumava esperar por nós no sofá dentro de casa – o sofá de cashmere que ele preferia. Daphne queria estar mais próxima de nós, então se sentava em uma das cadeiras do quintal, patas sobre a beirada, cabeça apoiada nas patas, e aqueles olhos caramelo grandes observando cada movimento nosso. Quando olhávamos para ela, sua cauda abanava. Era difícil não amar um cão que com tanto entusiasmo nos amava de forma recíproca.

Chris reagiu à notícia do check-up de Daphne da mesma maneira que eu. A mesma reação que qualquer ser humano decente teria.

– Como assim? – ele olhou para Daphne. – Pobrezinha.

Ela chicoteou com a cauda.

– Eu sei. Isso me enoja. Por que as pessoas são tão cruéis com os animais?

– Por que as pessoas são cruéis em geral? Espere... Esqueça que eu disse isso. Não comece.

– Muito engraçado. Sem sermões. Estou focada em Daphne agora.

Chris virou-se para olhar para Daphne.

– Obrigado, menina! – Então, ele se virou para mim. – Se for queloide ou coisa parecida, provavelmente o doutor Davis pode remover. O lado bom é que não há problema em levá-la para Paso Robles conosco, né? Porque seria estranho ir para o Wine 4 Paws sem um cachorro.

– Desde que ela não entre no cio, estamos bem quanto a isso.

– Cio? Eu não tinha pensado nisso.

– Eu sei. Mas acho que nós vamos ficar bem. O problema é que há mais uma má notícia hoje.

Agora foi a vez de Chris adquirir a face triste do basset hound.

– Não podemos ir para Paso?

– Não, podemos ir. Mas Shannon me disse hoje. Comet já foi adotado. Ele não está mais disponível.

– Ah, não. Amei aquele carinha!

– Eu sei. Eu também. Mas a boa notícia é que existem mais seis cães ainda precisando de lares. Portanto, temos seis para escolher. Pensei que talvez a caminho de casa, após Paso, poderíamos parar e visitar cada um deles, já que estão todos na região de LA.

– Visitar seis cães em um dia? Você vai querer todos eles! – Chris estava rindo, mas tenho certeza que estava realmente preocupado que esse fosse o caso. Sejamos justos, suas preocupações eram legítimas. Somente as regras da associação de moradores me impediam de adotar todos os seis. O bom senso me escapava no que dizia respeito a beagles.

– Pensei em deixar Daphne decidir.

Chris riu. Daphne bateu sua cauda.

– Então ela é como a *Bachelorette*[8] escolhendo seu companheiro? Ela é a *Beaglerette*?

– Na verdade, isso é muito divertido. Então, sim, vamos fazer desse jeito. A cerimônia AAARRROOOOO mais emocionante de todas!

– Ela vai ter que descobrir quem está nisso pelas razões certas. Quem não está aqui para fazer amigos.

– E alguns dos cães estão no mesmo lar adotivo, então alguns terão encontros em grupo e alguns encontros privados.

– Haverá uma suíte fantasia?

– Provavelmente não até que ela esteja castrada!

---

8 Do *reality show The Bachelor*, dos EUA, cuja proposta é uma pessoa encontrar seu par amoroso entre alguns candidatos. Bachelorette é a estrela feminina (N.T.).

Continuamos com as paródias de *The Bachelor* por muito mais tempo do que eu estou disposta a admitir.

Mais tarde, enviei um e-mail para Shannon, do Projeto Liberdade para os Beagles, e ela também entrou rápido em nossa brincadeira da Beaglerette. Imediatamente enviou um e-mail à rede de famílias de abrigo que cuidavam dos cães disponíveis.

Mas uma coisa engraçada começou a acontecer. As famílias de abrigo, confrontadas com a realidade de que seus bebês poderiam estar indo para um novo lar, de repente perceberam que não poderiam ficar sem seus novos membros da família. Os seis solteiros disponíveis caíram para cinco, depois quatro, e depois três, à medida em que seus pais temporários se comprometiam a adotá-los. Tive que rir. Nós entendíamos essa fraqueza. Não tínhamos sido capazes de deixar Daphne partir. Chris nem tinha chegado a 48 horas como pai temporário quando quis falhar na função. Eu só tinha conseguido aguentar daquele jeito porque estava consumida pelo sofrimento.

Dois dias depois, Shannon veio com mais uma boa notícia. Comet permanecia disponível para adoção, no fim das contas. Sua adoção não tinha dado certo. Ela perguntou se queríamos visitar Comet também. *Com certeza!* Nem sequer perguntei o que não tinha dado certo. Só sabia que queria ver Comet novamente.

No total, Daphne Doodlebutt teria quatro beagles solteiros para escolher, e nós teríamos um dia agitado ao voltar de Paso Robles.

Postei no blog sobre cada um dos nossos beagles solteirões disponíveis.

Havia o belo Rizzo, resgatado de um laboratório no Meio-Oeste apenas algumas semanas antes. Seu perfil robusto, seu rosto bonito e suas marcas brancas complementavam o visual de nossa Beaglerette.

E havia Lenny – resgatado de um laboratório em San Diego, Califórnia, cheio de energia, amante de cabo de guerra e um flertador descarado.

Ricki, também de um laboratório no Meio-Oeste, era o doce, tímido e reservado que amava a atenção, mas prosseguia com cautela, ao contrário da nossa Beaglerette, que entrava a todo vapor em todas as aventuras da vida (com o traseiro balançando atrás dela).

E, finalmente, havia Comet – o pequeno e doce Comet –, resgatado em dezembro, amante de todas as pessoas, cães e brinquedos, fã de afagos, mas com medo de carros.

Como esperado (ou temido, se você for o Chris), eu me apaixonei por cada um desses cães só de ouvir suas histórias. Estava muito mais entusiasmada do que qualquer concorrente de *The Bachelorette* jamais estivera. Só esperava que os nossos resultados fossem melhores do que os do show.

Organizar os encontros de forma que Daphne pudesse se apaixonar também se mostrou mais difícil. Ela não estava interessada em minhas muitas tentativas de ler as histórias para ela, e muito menos em minhas tentativas de fazê-la ver as fotos no site. Marcamos um encontro com a mãe adotiva de Comet, que nos convidou a dar uma passada em seu local de trabalho, onde ficava com ele na maioria dos dias. Condizente com uma estrela de *The Bachelorette*, o encontro de Daphne seria em uma concessionária da Mercedes-Benz.

Em seguida, marcamos um encontro com Rizzo – um encontro doméstico do tipo "conhecer os pais". Daphne gostou da ideia de se encontrar com um homem de família. Bem, eu esperava que ela tivesse gostado. Tenho certeza de que eu gostei.

Ricki e Lenny, porém, pareciam estar jogando duro. Bem quando eu estava prestes a desistir, um e-mail chegou de seus pais adotivos – eles haviam concluído que Ricki e Lenny faziam parte da família. Os meninos tinham encontrado um lar amoroso e ficariam lá.

Fracasso em abrigar era agora uma epidemia. Nossa brincadeira Bachelorette Beagle tinha apenas começado e só restavam dois concorrentes. Chegaríamos à cerimônia AAAARRROOOOO final bem mais rápido. Mas, como Chris foi rápido em apontar, a decisão e nossa viagem de volta para casa pareciam agora muito mais fáceis.

Talvez.

Duas noites antes de sairmos para Paso Robles, eu estava sozinha em casa com Daphne, um livro e uma garrafa de vinho. Seamus já tinha partido há quase três semanas. Eu me mantive ocupada o quanto pude. Mas agora tudo estava silencioso, e eu estava sozinha com Daphne. Ela era nossa, e embora sua cirurgia estivesse pendente, ela era realmente um cão de baixa manutenção. Não havia nada para me manter fora da minha própria cabeça.

Sentei-me no sofá com Daphne ao meu lado. Após a primeira taça de vinho, eu estava com fome, e me servi de uma salada de couve e brócolis que tinha feito antes. Deliciosa e saciadora.

Sentei-me no sofá com o meu segundo copo de vinho, mas, em vez de ler, liguei a televisão. Foi um erro, como o segundo copo de vinho. Cada comercial parecia mostrar hambúrgueres, bifes, ou animais de um tipo ou outro virando churrasco. Fui entornando meu vinho. Isso nunca iria mudar. Esse mundo estava determinado a dominar e usar animais. Agora eu via uma vaca morta e não o suculento hambúrguer que os anunciantes achavam que estavam me mostrando. Mas era como ver uma ilusão – eu era a única que via a vaca ("Eu vejo animais mortos", como no filme).

Quando um comercial passou a mostrar uma vaca leiteira acompanhando uma menina (junto com a mãe humana) para seu primeiro dia de aula, chorando e triste ao dizer adeus, eu quis atirar meu vinho na televisão. E quanto ao próprio filhote da vaca? O que foi arrancado dela no nascimento? Não deveríamos pensar nessa separação? Não, não deveríamos. E eu era a única que via o absurdo dessa criança em idade escolar beber o leite da vaca, quando nós todos arquejaríamos em estado de choque se ela estivesse bebendo leite de *sua própria* mãe? Era tão ridículo. Minha vida seria mais fácil se eu apenas entrasse nessa bolha ingênua, cega e indiferente, mas ainda capaz de pensar em mim como uma amante dos animais.

Depois de terminar o segundo copo de vinho, porém, comecei a ver o que todo mundo via – o suculento e grosso hambúrguer, coberto de um cremoso, delicioso (embora um pouco carregado no laranja artificial) queijo, cebolas grelhadas e molho Thousand Island escorrendo pelos lados. *Droga! Parece bom! Delicioso mesmo.* Minha salada de couve foi ofuscada pela comparação. Servi um terceiro copo do libertador de lógica e mergulhei de cabeça em minha festa de piedade Pinot. Eu era ingênua. Estúpida. Ridícula. *Como se brócolis pudesse combater câncer. Couve era o que, melhor do que quimioterapia?* Logo eu estava dizendo a mim mesma, censurando a mim mesma, que nada disso importava. *Os animais sofrem e ninguém se importa. O cão morreu, e eu também vou! Nada disso importa. Nada do que eu faça importa!* Levantei do sofá e fui para a cozinha com uma súbita fome voraz. *Posso muito bem comer um hambúrguer também. E jogar um pouco de queijo. Caprichar na maionese! Talvez adicionar um ovo frito! Que diferença isso faz? Não há nada que eu possa fazer a respeito! Vou comer a dor! Porque tudo parece delicioso!* (O hambúrguer... não a dor.)

Abri a porta da geladeira e olhei.

Eu estava na dieta à base de vegetais – ou, como Chris chamava, era um "membro do culto da couve" – há quase um ano já. E, embora Chris não tivesse se juntado a mim, ele também estava certamente comendo melhor. Ele até começara a gostar de meus smoothies criativos de couve, aipo, maçã-verde, suco de limão, vinagre de maçã, água de coco e chia. Ok, talvez "gostar" seja uma palavra muito forte. Vamos preferir "beber". Ele começou a beber meus smoothies de couve. Depois de três meses bebendo smoothies de couve no café da manhã comigo, Chris tinha perdido sete quilos. O resultado era que não havia muito na geladeira para uma vegana subitamente fraquejante se empanturrar.

Havia aipo, maçã, manteiga de amêndoa, pita e húmus. Eu tinha chips de couve e chips de tortillas de linhaça no armário para um lanche crocante favorito. Mas bacon? *Não tinha ali.* Um sanduíche de carne assada? *Nenhuma carne refinada.* Uma omelete? Cai sempre bem com vinho. *Nada de ovos. Tudo bem. Um sanduíche de queijo grelhado serve.* A única coisa que Chris continuava a comprar regularmente era queijo. Estendi a mão para o queijo, o pão e a manteiga. Coloquei-os no balcão da cozinha e fechei a porta da geladeira. Fracassara em apenas abrigar um cachorro, e agora fracassaria também como vegana. Fracasso era meu nome do meio.

Thump. Thump. Thump.

Olhei para baixo. Daphne estava em meus pés fazendo seu balanço, sua cauda batendo no balcão. Ela me seguiu até a cozinha no piloto automático dos beagles. Olhou para mim, perfeitamente pronta para compartilhar seu amor, alheia aos meus fracassos.

Suspirei.

Embora Daphne podia entusiasticamente ter aprovado minhas escolhas alimentares naquele momento, ver seu rosto inocente e seu corpo cheio de pequenas manchas de vaca me parou de pronto. Eu sabia o suficiente, mesmo na minha angústia regada a vinho, para ter noção do sofrimento que havia naquele queijo e naquela manteiga. Permiti-me ler demais sobre isso para jamais olhar para o queijo da mesma maneira. Vacas leiteiras sofriam mais e viviam uma vida mais miserável do que até mesmo o "gado de carne". Pelo menos as vacas criadas por sua carne tinham alguma liberdade de movimentos e aparência "normal" antes do golpe de misericórdia (antes de serem assassinadas, para ser clara; elas não estavam recebendo massagens).

O sanduíche perdeu seu encanto. Eu estava com raiva do câncer. Irritada com a perda do meu companheiro e parceiro no combate ao câncer. Mas comer um produto feito do sofrimento de outros animais não iria aliviar minha dor, não importa o quanto a televisão e nossa cultura em geral glorificasse produtos de origem animal. Minha dor somente eu deveria suportar, e eu não tinha o direito de infligi-la aos outros.

Isso foi o mais perto que eu cheguei de desistir de minha dieta à base de vegetais, e não foi difícil descobrir que minha dor teve um papel nisso. Olhei para Daphne, ainda aguardando esperançosamente aos meus pés.

– Doodlebutt, sua mãe precisa de um grupo de apoio para isso. Você vai ser a minha patrocinadora. Toda vez que eu pensar em me desviar do caminho, vou simplesmente olhar para você.

Ela abanou a cauda, mas olhou para trás em direção à geladeira.

– Talvez eu não esteja escolhendo uma patrocinadora confiável. – Ela estava concentrada apenas na esperança de um sanduíche e nem estava ouvindo o que eu dizia. Eu ri. – Tudo bem. Você vai ficar bem, menina. Estamos juntas por uma razão.

Guardei o queijo, a manteiga e o pão.

Guardei o vinho também.

Capítulo 14

Dias quentes de verão na terra do vinho

Paso Robles estava rapidamente se tornando nossa cidade favorita. Íamos regularmente para lá já fazia alguns anos, aproveitando os espaços abertos, vinícolas e pomares, os dias quentes e noites frias, os restaurantes exóticos e elegantes, a arte, e, claro, o vinho, o que Chris destacava fortemente tanto em sua loja como no site on-line. Nós tínhamos levado Seamus no ano passado, então agora eu estava feliz por estarmos levando a Doodlebutt dessa vez – a nossa versão de férias de família.

Saímos na sexta-feira à noite, depois que Chris fechou sua loja de vinhos. Paramos em Solvang para passar a noite no Motel 6, que aceitava cães. O quarto era pequeno, limpo e funcional, exatamente como esperávamos, e era tudo o que precisávamos. Uma vez que não tínhamos certeza de como Daphne poderia reagir em mais um quarto desconhecido sem uma porta de cachorro, preferimos estar preparados. Pelo menos em um quarto barato, o dano, se houvesse, não quebraria o orçamento de férias.

Não precisávamos ter nos preocupado. Assim como Daphne imediatamente pulara no carro para partir conosco, ela pulou para a cama do hotel, aconchegou-se entre nós e começou um profundo, retumbante e contente ronco em três segundos. Era como se ela tivesse nascido para estar conosco: encaixava-se tão facilmente!

De manhã, levei-a para fora para uma visita à árvore mais próxima, então voltei para o quarto e fiz seu desjejum. Bebi café na cama enquanto Chris dormia um pouco mais. Então, Daphne pulou de volta para a cama e se aconchegou ao meu lado. Esfreguei sua barriga com a mão esquerda enquanto segurava minha xícara de café com a direita, despertando lentamente, tão contente quanto o cão. Logo, porém, a cama estava tremendo e meu braço esquerdo sentiu um aperto intenso. Daphne tinha se levantado, abraçado totalmente meu braço esquerdo, e estava se esfregando loucamente. Tive que descer meu café antes que derramasse.

– Daphne, não!

Chris estava acordado. E rindo.

– Eu acho que ela ficou bastante confortável.

– Sim, nós temos que castrá-la, o mais rápido possível.

– Esse não deveria ser um problema só com os cães machos?

– Ninguém contou para Daphne. – Ela se sentou ao meu lado, me olhando carinhosamente.

– Ela está com uma grande queda por uma certa mulher.

– Está. Estou até meio orgulhosa disso. Violada, mas orgulhosa.

Mais tarde naquela manhã, seguimos para Paso Robles e paramos na primeira vinícola do nosso fim de semana do Wine 4 Paws. O Wine 4 Paws é um evento de arrecadação de fundos anual para a Woods Humane Society. Muitas vinícolas acolhem cães, doam as arrecadações da sala de degustação ou uma parcela de suas vendas, e hospedam uma variedade de eventos para seres humanos e caninos. Eu tinha um compromisso para assinar livros em uma de nossas salas de degustação favoritas, a Parrish Family Vineyard, mas havia tempo para fazermos algumas paradas em outras vinícolas antes. Na primeira sala de degustação, uma fotógrafa estava presente. Que lugar melhor para o nosso primeiro retrato de família senão numa adega? A fotógrafa tinha montado um pequeno e agradável cenário usando um velho caminhão de uvas na frente de um celeiro. Daphne pulou para o banco da frente e posou perfeitamente. Acho que ela pensou que o caminhão iria levar todos nós embora, e mais uma vez estava se certificando de ir junto.

Chris e eu rimos de seu entusiasmo. Seamus estaria uivando e muito ocupado roubando o almoço da fotógrafa, que ela tinha deixado num prato em um muro baixo à nossa esquerda, para posar daquela forma. Temos várias "fotos do animal de estimação com Papai Noel" em que Seamus está uivando para o Papai Noel, e uma particularmente memorável em que ele está bufando no velhinho. Mas Daphne posou como uma profissional, sorrindo com seu sorriso de cachorro, língua de fora ao lado da boca, olhando diretamente para a câmera.

– Deus, eu amo o jeito dado desse cão – disse Chris.

– Eu sei. Embora, aparentemente, ela ache que eu é que sou dada.

Adorei a foto que tiramos. A mão de Chris estava cobrindo o caroço no peito de Daphne, que era melhor deixar invisível. Chris tinha divertidamente começado a chamar o caroço de "botão de controle", porque ela era uma cachorra tão bem comportada; mas, da minha parte, só desejava ignorar aquela protuberância nesse doce cão. Tentei não pensar nisso.

Pegamos nossa foto e uma garrafa de vinho que tínhamos comprado e nos dirigimos para o carro. De repente, fomos surpreendidos por um trovejante ruído que não era familiar.

– *BAAARRROOOOOOOOO!* – Daphne puxou sua coleira.

– O que diabos? – eu disse.

Chris e eu olhamos na direção que Daphne puxava. Não foi a primeira vez que tínhamos ouvido seu latido, mas quase. Ela latiu uma ou duas vezes, quando estávamos caminhando e um outro cão passou, mas foi mais um grunhido: talvez um olá, talvez uma advertência. Aquele era um uivo inconfundível. Claro, outro visitante havia chegado na adega, e seu grande cachorro do tipo spaniel acabara de saltar do carro. Daphne estava uivando como se fosse seu trabalho expulsar o invasor. Seu uivo era mais um latido do que o de Seamus fora, e certamente mais alto, mas ainda era o lendário, trovejante e potente uivo de beagle. Era um uivo de um cão de caça quando via sua presa.

– Notei que ela só uiva para cães maiores do que ela – disse Chris.

– É mesmo? Então talvez seja uma coisa defensiva? Seja o que for, é um latido alto.

– Sim, definitivamente é alto – Chris puxou a coleira de Daphne. – Não.

Daphne olhou para ele, cauda abanando.

Ah, bem, ela nos escuta. Que novidade, pensei. Mas então...

– *BAARRRROOOOOO!*

– Ok, vamos levá-la para o carro.

Uma vez no carro, Daphne transmutou-se de novo para sua habitual personalidade calma e alegre. Dei-lhe um pouco de água, que ela tomou e depois lambeu meu rosto, seu jeito de dizer "obrigada, mãe".

– Não vamos fazer disso um hábito, ok, menina? Existem outros cães. Você precisa se acostumar com isso.

Ela se aproximou e tentou montar em meu braço novamente.

– Certo, isso tem que parar! – Peguei suas duas ansiosas patas dianteiras e afastei-a de mim.

Estacionamos em frente à sala de degustação do Parrish Family Vineyard. Esta não seria minha primeira apresentação sem Seamus. Eu já tinha dado algumas palestras, que tinham sido bem difíceis. Tinha me esforçado ao máximo tentando encontrar um trecho do livro que eu seria capaz de ler sem desmoronar, só para depois ser pega completamente de surpresa quando tinha que decidir, na hora, se usava o passado ou o presente do indicativo quando falava dele. Mas essas palestras tinham sido em locais onde ninguém esperava que Seamus estivesse comigo. Dessa vez, eu estava em um evento em que cães estavam abundantemente presentes. Mais uma vez, estava grata por ter Daphne ao meu lado para aliviar a dor da transição.

Havia um labradoodle na sala de degustação. Um grande labradoodle alegre que saltava por ali e imediatamente assumiu a posição de cruzar ao lado do banco do bar, olhando para Daphne.

Daphne começou de novo. *BAAARRROOOOOOOOOOOOO!* Só que dessa vez, os pelos de suas costas se eriçaram. Chris e eu nos olhamos, olhos arregalados, e imediatamente gritamos:

– Não!

Daphne se manteve firme, imperturbável. Fiquei entre ela e o labradoodle brincalhão e disse "não" outra vez, de forma mais firme (e menos histericamente, agora que a surpresa já tinha passado). Ela pareceu ouvir, mas não queria nada com o filhote exuberante, por isso a levamos para fora. *Claro, comigo ela quer, mas o labradoodle bonito ela ignora.*

O pessoal do Parrish tinha arranjado uma mesa para mim no pátio da frente, com uma pequena tigela de água para Daphne. Montamos meus livros, uma placa e uma jarra de doação para a Wood Humane Society, e nos sentamos com uma taça de seu forte sauvignon blanc, o que definitivamente também iria me ajudar. Era assim que se fazia uma sessão de autógrafos.

Não demorou muito antes de Daphne uivar novamente, puxando sua coleira. Viramos na direção de seu uivo e vimos nossos amigos, Juliana e seu marido, que por acaso também se chamava Seamus (a quem, portanto, nos referíamos de forma brincalhona como o "Seamus humano"), caminhando pela rua em nossa direção. Conheci Juliana pelo mesmo grupo do Beaglefest que me ajudara a adotar Daphne. Juliana tinha um beagle chamado Maizy. Na página do Beaglefest do Facebook, havia posts frequentes dos membros sobre nossos beagles travessos e suas intermináveis travessuras. Quando postei sobre meu cômico Seamus, Juliana naturalmente riu, já que seu marido compartilhava do mesmo nome. Uma vez postei meus planos de levar meu Seamus para Paso Robles (no ano anterior, para o mesmo evento) e pedi dicas de viagem para cães. Juliana matreiramente postou que ela gostaria de levar seu Seamus para Paso Robles, e o que funcionava para o "Seamus humano" (ar fresco, ótimos restaurantes, enólogos amigáveis) poderia surpreendentemente também funcionar para o "Seamus beagle". Daí descobri que tínhamos mais do que apenas beagles em comum, incluindo um gosto por viagens e vinho, particularmente os de Paso Robles e Costa Central da Califórnia. E Juliana e o Seamus humano eram veganos.

– Então talvez não seja apenas para cães maiores que ela uiva – eu disse.

– Ela está uivando para Juliana e Seamus? – disse Chris.

– Acho que ela está uivando para Maizy.

Chris se inclinou para afagar e acalmar Daphne.

– Doodlebutt, não. Você não pode uivar para outros beagles! Isso nunca vai dar certo. – A conversa com nosso cão em frases completas também era improvável que desse certo, mas éramos tão persistentes quanto Daphne.

Quase nem podíamos dizer "Olá" para nossos amigos sob os uivos da nossa mandona beagle, que pareciam estar gritando para que Maizy ficasse longe. Maizy, ao verdadeiro estilo beagle, uivava de volta, mas claramente apenas como defesa. O Seamus humano sugeriu que ele e Chris levassem "as meninas" para um passeio juntas para que pudessem se conhecer (e se gostar). Ele estava se referindo aos beagles; Juliana foi se juntar a mim para uma taça de vinho, e nós já gostávamos uma da outra.

A caminhada aliviou um pouco da ansiedade de Daphne, mas a cada nova adega que íamos naquela tarde e naquela noite, quando saíamos de nossos carros, Daphne começava novamente com Maizy como se a estivesse vendo pela primeira vez. "*BAARRRRROOOO!! Você ainda está aqui? Essas pessoas são minhas! MINHAS pessoas!*" Ela era embaraçosamente rude. E barulhenta.

Juliana percebeu que ambas as nossas meninas estavam usando coleiras e cintos roxos. Eu atribuía a todos os meus cães "cores distintivas" para suas roupas e até mesmo às vezes para seus brinquedos, e como tinha percebido que Chris nomeara Daphne inspirado na personagem de *Scooby-Doo* que sempre usa roxo, bem, a decisão foi fácil. A cor de Daphne seria o roxo.

– A cor da Maizy é o roxo! Talvez seja isso que está chateando Daphne! Você sabe como as mulheres podem ser em relação a suas roupas em público – disse Juliana. E foi aí que percebemos que ela e eu estávamos vestindo azul-turquesa.

Eu ri. Tinha sido gentil da parte dela gracejar do comportamento antissocial do nosso cão, mas eu estava ficando preocupada. Estávamos a 48 horas de apresentar nossa *Beaglerette* aos solteiros sortudos. Ela iria uivar e rosnar para eles também? Teria eu adotado outro cão que não iria tolerar a concorrência de um companheiro canino?

Fomos a uma festa com churrasco no Dubost Winery naquela noite. Para meu alívio, Maizy e Daphne pareciam ter resolvido suas diferenças – ou, pelo menos, resolveram se ignorar, embora a pobre e doce Maizy realmente parecesse querer só uma amigável e agradável brincadeira de perseguição, caso Daphne parasse com aquele barulho todo.

Tudo bem, eu até aceitava que ignorasse o outro cachorro, fofa como era. Era melhor do que uivar. Mas então uma nova preocupação surgiu.

A neta de olhos azuis, bochechuda e de quatro anos de idade dos Dubosts gostou imediatamente de Daphne e veio correndo para a nossa mesa. Na fração de segundo que levou para a menina lançar-se sobre ela, percebi que eu não tinha ideia de como Daphne se portava com crianças. A menina balançou os braços em volta do pescoço de Daphne e colou seu rosto no dela. Um par de grandes olhos azuis brilhantes e um par de olhos marrom-caramelo me olharam com iguais expressões de amor. Daphne não se mexeu um centímetro – com exceção de sua cauda. Sua cauda abanava entusiasticamente. A menina afagou, abraçou e conversou com Daphne (principalmente professando seu amor) em intervalos regulares a noite inteira. Nada disso foi demais para Daphne; ela alegremente aceitou tudo isso, e não uivou mais para Maizy. Bem, pelo menos não naquela noite.

Ok, então Daphne não era um cão perfeito. Ela talvez não fosse louca por outros cães, mas certamente adorava crianças. E tinha sido hábil o suficiente para esconder seu mau hábito até que estivéssemos loucos de amor por ela. Esperta. E afinal, aquela era uma das características que eu sempre amei nos beagles – a parte da esperteza, não do barulho.

Na segunda-feira de manhã saímos de Paso Robles para Los Angeles e o grande dia de nossa *Beaglerette*. Ela conheceria Comet primeiro e depois Rizzo. Uma ocasião memorável como essa pedia alguns mimos especiais, então compartilhamos nosso café da manhã com ela e paramos em Avila Beach no nosso trajeto pela costa. Pelo que sabia, era a primeira vez de Daphne em uma praia. Suas orelhas batiam contra o vento enquanto corria, a língua balançando para fora de sua boca, os olhos arregalados de excitação, amando cada momento. Como era segunda-feira e ainda estava frio, tínhamos a praia quase inteiramente para nós. Havia um outro homem e seu cão, e tivemos o prazer de ver que Daphne apenas latiu um par de vezes. Ela estava feliz demais para ser incomodada por aquele intruso solitário do outro lado da praia. Ela também não latiu ou perseguiu as gaivotas, então me permiti pensar que ela já tinha se tornado mais socializada durante aqueles três dias.

Devo ter tirado mil fotos. Era tão bonito ver aquele cão agora não mais de um abrigo municipal, que queria tão claramente apenas ser amado, feliz e exuberante ao vento e ao sol. Tudo em Daphne gritava "alegria" naquela praia, enquanto ela corria, brincava e constantemente nos olhava, ou corria para um ou outro de nós, lambia nosso rosto e corria para brincar novamente (deixa para as melodramáticas cenas de "caminhada na praia sozinha contemplando o amor" de qualquer um dos episódios de *The Bachelorette*). Ficaríamos ali o dia todo, especialmente porque a praia é o meu lugar favorito também, mas havia alguns solteiros simpáticos à espera de nossa menina, e pelo menos *eu* mal podia esperar para conhecê-los.

Capítulo 15

Farejando tudo

Entramos no estacionamento da concessionária da Mercedes onde Vanessa, mãe adotiva de Comet, trabalhava. Saí do carro e olhei para o prédio, minha mão ainda na porta do carro aberta. E se Daphne não gostasse dele? E se ele não gostasse dela? E se Vanessa não gostasse de nós? Daphne latiu do banco traseiro. Voltei minha atenção para ela, abrindo sua caixa de transporte e colocando sua coleira.

– Prontos? – disse Chris.

– Sim. Embora eu esteja extremamente nervosa quanto a isso.

Enquanto caminhávamos para a sala de exposição de vidro reluzente e o edifício de escritórios, vi Vanessa sair com Comet. Ela o carregava, e ele não se mexia nem um pouco. Eu não estava acostumada a um beagle que gostava de ser carregado. Seamus não suportava perder o controle da situação pelo período de tempo que fosse e, por isso, lutava e uivava quando alguém tentava pegá-lo. Daphne chegou até nós com quase vinte quilos, o que limitava meus esforços para pegá-la. Mas quando ela emagreceu um pouco e eu tentei, de vez em quando, segurá-la, ficou claro que ela não gostava disso, embora seu método para evitar fosse ficar mole e rolar sobre as costas quando nos aproximávamos. Chris começou a chamá-la de "maria-mole" pela forma como ela se derretia até o chão.

Vanessa fez sinal para que fôssemos a uma grande área gramada no estacionamento (era a Mercedes, afinal). Desceu Comet na grama. Ele era tão bonito quanto eu me lembrava. Tão pequeno, especialmente ao lado de Daphne – que havíamos inventado que vestia um "tamanho D" todo seu.

Daphne imediatamente começou a farejar Comet da cabeça ao rabo – bem, na verdade, na ordem inversa, como cães fazem. Sua cauda abanava e ela não uivava. Um bom sinal! Saltaram para o lado, rabos abanando rapidamente, convidando um ao outro a brincar. Outro bom sinal! Ambos fizeram xixi na grama imaculada da concessionária. Outro bom sinal? Quem sabe, mas não era um mau sinal. Vanessa sugeriu que os levássemos para dentro de seu escritório, agora que a obrigatória saudação canina de cheirar-e-urinar tinha acabado.

As três pessoas e os dois beagles andaram pelo showroom de brilhantes e caros veículos, subindo as escadas até o escritório espaçoso de Vanessa, repleto de brinquedos de cachorro. Comet imediatamente pegou um brinquedo e correu com ele, a versão canina de convidar para brincar. Para nossa surpresa, Daphne o perseguiu. Nós não a tínhamos visto brincar sozinha ou com um outro cão ainda, e começávamos a nos perguntar se ela sabia como fazer isso. A pobre Maizy tinha tentado tanto fazer Daphne persegui-la, sem sucesso algum. Comet tinha apenas pedido uma vez e eles estavam correndo. Minha boca se alargou em um grande sorriso – eles estavam atirando um brinquedo roxo. (Querida e doce Maizy – foi provavelmente como abrir a tampa emperrada de um frasco. Você fez todo o trabalho duro e depois Comet deu a última girada).

Eles ficaram perseguindo um ao outro. Comet, conhecendo melhor o arranjo do escritório, parecia ágil e atlético, pulando cadeiras, virando cantos rapidamente, correndo em torno e debaixo das mesas. Daphne era mais velha, e também mais estratégica. Ela rapidamente descobriu como interceptá-lo e percebeu sua força superior – quando conseguia morder o brinquedo, puxava-o para fora da boca de Comet facilmente. Ele parecia adorar a brincadeira. Tranquilo, quando perdia um brinquedo, ele simplesmente pegava outro e começava novamente.

Achei-o adorável. E Daphne pareceu concordar. Quando Comet cansou, pulou em cima de uma cadeira e se deitou. Daphne se aproximou da cadeira, colocou as duas patas dianteiras e se inclinou para cheirar Comet. Seus narizes se tocaram. Vanessa, Chris e eu irrompemos em um coro de "Ohhhh".

Enrolado na cadeira, ele parecia um filhote de cervo. Levantei-o.

Fiquei surpresa com seu peso. Ele era tão leve. Certamente precisava ganhar mais peso. Ele se inclinou sobre mim e descansou a cabeça em meu ombro. *Perfeito!* Eu estava me apaixonando. Olhando para Daphne e Chris, podia ver que eu não era a única gamada.

– Ele é tão pequeno – eu disse.

– Ganhou alguns quilos desde que foi resgatado do laboratório. Ele realmente não era muito de comer no começo. Mas definitivamente gosta de suas refeições agora. Mas sim, ele podia ganhar mais alguns quilos – disse Vanessa.

– É tão estranho para um beagle. Mas acho que ele não estava exatamente recebendo sobras de comida e guloseimas no laboratório.

Chris se aproximou e ficou ao meu lado, afagando a cabeça macia de Comet.

– Não. Com certeza, não. Eles o alimentavam com uma porcaria de comida especial para cachorro cujo objetivo principal é reduzir os seus movimentos intestinais. Não acredito que esses alimentos sejam gostosos ou cheirem bem – disse Vanessa.

– Sério? Eles não podem sequer alimentá-los bem, enquanto os submetem a todos os testes horríveis? – Disse isso, e fui sincera, mas ainda não estava claro para mim como eram esses testes. O que havia sido feito a Comet em nome da "ciência"?

Partimos com relutância, dando muitos abraços e beijos em Comet. Daphne pareceu realmente gostar dele, o que só era enfatizado pela completa falta de latidos. O encontro número um tinha ido muito bem. Rizzo já tinha seu caminho aberto.

Nossa *Beaglerette* dormiu durante os quarenta minutos de carro até seu próximo encontro. Diria um sono de beleza, não fosse a forma como ela estava esparramada e roncando.

Rizzo nos encontrou do alto dos braços de seu pai adotivo, de pé em sua garagem. Como Comet, Rizzo estava calmo. Infelizmente, Daphne começou a uivar para ele antes mesmo de sair do carro.

Dan, pai adotivo de Rizzo, nos cumprimentou e em seguida colocou Rizzo no chão, cara a cara com nossa *Bachelorette*. Ele abanou o rabo e ela balançou o seu. Os focinhos ficaram se contorcendo de tanto farejarem.

– Achei que seria uma boa ideia eles se encontrarem aqui – Dan disse. – Mas vamos levá-los para o quintal e deixá-los brincar um pouco.

Quando nos aproximamos do quintal, foi fácil perceber que a decisão de se reunir em frente à casa tinha sido boa. Dan e sua esposa tinham três cães, e estavam também cuidando do cão de sua filha. Quatro cães de pequeno a médio portes latiram e correram para o portão ver o intruso. Daphne não achou graça. Afastou-se e olhou para nós como se tivéssemos perdido a cabeça. *Nós não vamos entrar AÍ, vamos?*

Dan abriu o portão e enxotou os animados cães. Rizzo claramente estava acostumado a essa cena, pois entrou no quintal e começou uma corrida rápida ao redor do jardim longo e estreito, esperando que alguém, qualquer um, o perseguisse. Daphne não estava querendo saber de nada disso. Entrou e foi imediatamente cercada por bolas de pelo que latiam, uivavam e saltavam. Colocou o rabo entre as pernas e saiu do caminho com um salto, então correu para as pernas de Chris. E onde estava seu parceiro para salvá-la?

Rizzo ainda estava correndo, então Dan veio ao resgate. Prendeu os outros quatro cães dentro de casa, mas todos ficaram na porta de vidro olhando e latindo para a confusa Daphne, enquanto Rizzo girava e corria rapidamente. O encontro calmo e privado de Comet na Mercedes era uma ideia melhor, mas pudemos entender que Rizzo estava querendo mostrar seu lado família. Mesmo que Daphne não entendesse.

Enquanto Chris e eu conversávamos com Dan e aprendíamos o que pudéssemos sobre Rizzo (eles só o estavam abrigando há algumas semanas), os cães começaram a brincar. Daphne finalmente perseguiu Rizzo, uivando, claro, mas brincando, pelo menos. Rizzo era rápido. Ele também era muito bonito. Enquanto Comet era todo fofo, com um toque de malícia, olhos amendoados escuros, e uma sela de pelo negro sobre grande parte de seu dorso, Rizzo era bonito, forte e quadrado, recoberto de um monte de branco. Rizzo e Daphne pareciam um "casal", enquanto Daphne e Comet pareciam irmã mais velha e irmão mais novo. Não que nada disso tivesse importância naquela seleção. Eu podia antropomorfizar meu cachorro o quanto quisesse, mas ele não iria entrar na brincadeira.

Tentamos deixar os outros cães sair de novo por nenhuma outra razão que não para silenciar todo o barulho na porta. Mas a experiência falhou. Quando os outros cães voltaram ao quintal, Daphne perdeu todo o interesse em brincar com Rizzo. Ela só queria escapar.

Eu, por outro lado, poderia ter brincado a noite toda com Rizzo. Ele era um menino tão bonito e tão estoico, embora alegre. Parecia um cão muito contente. E, como Comet, gostava de ser carregado e abraçado. E eu gostava de abraçar beagles (sou muito boa nisso).

– Vai ser uma decisão difícil – eu disse, já em nossa volta para casa.

– Você acha? Eu não – disse Chris.

– É mesmo?

– Indiscutivelmente, Comet.

– Mas Rizzo é adorável!

– Concordo totalmente, mas estamos deixando Daphne decidir. E, para continuar dentro da sua brincadeira, ela claramente teve uma *conexão* maior com Comet.

Precisei rir.

– Bem, isso parece ser verdade. Mas ela também encontrou Comet primeiro. Acho que ela estava exausta e estressada no momento em que conheceu o Rizzo bonitão.

– Será o Comet.

– Você acha que estamos sendo influenciados pelo fato de que Comet conheceu Seamus?

Por causa da passagem do bastão canino, sentia que Daphne tinha uma conexão sobrenatural com Seamus. E, tinha que admitir, gostava da ideia de nosso novo cachorro pelo menos ter conhecido Seamus – como se um pouco da magia pudesse ter passado quando ambos se cheiraram.

– Daphne não sabe que Comet encontrou Seamus, e parece adorá-lo. Ela nem latiu para ele, pelo amor de Deus!

– Isso é verdade. Ele pode ter sido o único cão para quem ela não latiu. Certo, garota?

Virei-me para olhar para Daphne no banco de trás. Ela estava dormindo, roncando de uma forma que jamais seria mostrada no verdadeiro *The Bachelorette*. Exceto, talvez, nos erros de gravação.

Voltei-me para Chris.

– Mas eu amo Rizzo também. Sinto-me a Bachelorette: "Eu estou apaixonada por dois beagles e tenho que partir um dos corações".

– Ok, você entende que o cão não sabe, certo?

– Mas *eu* vou saber. E os pais adotivos vão saber.

– Eu sabia que isso era uma má ideia.

Eu ri novamente. Não era uma má ideia. Eu amei ambos os cães. Amo todos os beagles. Teria amado todos os cães do Projeto Liberdade para os Beagles se conhecesse todos eles. Caramba, eu amo todos os beagles em seu site e no Facebook. É por isso que eu não era a melhor pessoa para tomar essa decisão.

–Você está certo. Dissemos que Daphne iria decidir. E ela escolheu Comet.

– Será o Comet.

Sentei-me em silêncio por um momento, mas então usei aquela frase dos médicos:

– Só mais uma coisa.

–Você quer que Rizzo nos visite.

– Ok, duas coisas. A outra é... você sabe que eu não posso ter um cachorro chamado Comet.

– Comet é um nome legal. Como uma estrela cadente. É ótimo.

– Mas esse não é o motivo do nome. Chamaram ele assim por causa de uma rena. Uma rena de *Natal*. Ter um cão com um nome natalino é problema na certa. Já faço demais não pedindo para você mudar o *seu* nome.

Caso não tenha ficado claro, eu odeio o Natal. Odeio toda essa época do ano. Quando eu penso em Natal, não penso em paz na Terra ou fazer compras ou árvores ou meias ou presentes lindamente embrulhados. Penso em Armageddon e câncer e tragédia, tudo embrulhado em um laço preto. Um cão com nome natalino não dava.

– Então, Percival?

– Não só Percival. Percival Ramonce.

Agora nós dois estávamos rindo. Nosso riso acordou Daphne, e ela se juntou a nós batendo sua cauda.

Nove anos antes, quando Chris e eu começamos nosso relacionamento, era verão. Ele morava em Los Angeles, e eu vivia cem quilômetros a leste, em Riverside. Mesmo com o inconveniente geográfico, tivemos vários encontros nos jogos de beisebol dos Angels em Anaheim. Ele viajava para o leste de Los Angeles, eu para o oeste de Riverside, e nos encontrávamos no estádio. Chris frequentemente usava uma camisa dos Angels para os jogos. O nome na parte de trás de sua camisa era "Percival", por causa do lançador dos Angels Troy Percival, que por acaso era de Riverside (embora Chris não soubesse que ele namoraria uma garota de Riverside quando comprou a camisa). Os pais de Chris tinham ingressos vip do Diamond Club, então íamos aos jogos no estádio para desfrutar de "bebidas premium" e comida gourmet, e às vezes até assistíamos ao jogo. Depois de uma partida, Chris (com sua camisa Percival) e eu saímos para o estacionamento juntos e demos um beijo de despedida antes de seguir cada um para seu carro. Enquanto eu caminhava sozinha para o meu carro, dois jovens que também tinham estado no Diamond Club começaram a conversar comigo sobre o jogo. Fui meio lenta para notar, mas logo percebi que um deles estava realmente flertando comigo. Eu tinha 41 anos de idade. Chris, naquela época, tinha 29 anos, e esses homens tinham provavelmente sua idade, se não mais jovens (vamos todos dizer "injeção de ânimo" juntos?). O que estava flertando perguntou: "Você está indo para o The Catch?" (um famoso bar esportivo pós-jogos) e seu amigo lhe deu um soco de brincadeira no braço e disse: "Cara, ela *acabou* de beijar o Percival!". Esse momento me fez sorrir e gargalhar (e me sentir loucamente lisonjeada como só uma mulher de meia-idade poderia).

É claro que eu tinha que contar essa história para o Chris. E ele também riu, principalmente porque eu não fui para o The Catch[9]. (Quem estamos enganando... Eu era a captura! Bem, naquele momento, de qualquer maneira.) Daquele dia em diante, "beijar o Percival" tornou-se uma expressão comum entre nós. Chris tinha há muito tempo comentado que "Percival" precisava ser o nome do nosso próximo cão. (E se havia um cão que merecia uma vida de beijos, era é um cão resgatado de um laboratório de testes.)

Então, algum tempo depois, estávamos (ok, Chris estava) assistindo futebol americano universitário e havia um jogador na equipe da Universidade do Texas cujo primeiro nome era "Ramonce". Não Ramon. Não Roman. Não Raymond. Nem mesmo Romance. *Ramonce*. Por alguma razão (que pode ter tido a ver com margaritas), achei esse nome hilariante e perfeito. Conhecíamos alguém chamado Ramon, a quem nos referíamos como "Sexy Ramon" (porque ele era), e aquele nome parecia resumir isso – era sexy Ramon e romance juntos. De alguma forma (que pode ter tido a ver com margaritas) decidimos que "Percival Ramonce" era um nome ainda melhor para o próximo cão. Então poderíamos beijar Percival Ramonce. (Talvez precisássemos ir mais devagar com as margaritas... mas agora é tarde demais.) Assim, o nome de Percival Ramonce nasceu. E o cão, agora Percival Ramonce Rhyne-Kern, foi adotado.

---

9 A Captura.

Depois que eu disse a Shannon que cão queria adotar e ela contou aos pais adotivos, todo mundo estava animado para que pegássemos o cachorro, inclusive eu. A brincadeira do Beagle *Bachelorette* no meu blog também significava que os "fãs" estavam esperando para ouvir qual solteiro nossa *Beaglerette* havia selecionado. Tive visões de ilustrar a decisão com uma foto ou mesmo um vídeo do amor dos dois beagles quando trouxemos Percival para casa. (Em minha mente fantasticamente delirante, os dois se abraçavam, seguravam as patas e posavam de forma adorável. Aham.) O problema era que nossa *Bachelorette* precisava ser castrada antes.

O destino (e meu amor por beagles), mais uma vez, conspirou contra meus planos cuidadosamente definidos.

No fim de semana seguinte, eu iria a um restaurante vegano, num evento para arrecadar fundos para o Projeto Liberdade para os Beagles em Los Angeles. Shannon achou que seria uma boa ideia Vanessa me trazer Comet/Percival ali, para que toda a família do Projeto pudesse desejar felicidades ao casal. Eu entendi. Seria difícil para Vanessa deixá-lo partir, mas ainda mais difícil se o deixássemos com ela por mais algumas semanas. Assim, apesar do meu planejamento prévio e minhas dúvidas, concordei em pegar Comet/Percival na arrecadação de fundos, e agendei a cirurgia de Daphne para a semana seguinte. Uma semana seria tempo suficiente para que eles se acostumassem um com o outro. Não é? E ela não entraria no cio nas próximas duas semanas, certo? Não se preocupe tanto, eu disse a mim mesma – Comet/Percival tinha sido castrado.

Essa não foi a primeira vez que eu fiquei cega de amor. E, quando se trata de beagles, tenho certeza que não será a última.

Meus planos para o fim de semana estavam definidos. Sábado, eu levaria Daphne para a caminhada do Bark for Life American Cancer Society em Simi Valley, onde eu seria a grande homenageada. O plano era que Seamus me acompanhasse, então eu estava grata por poder levar Daphne comigo. Depois, iríamos para o evento do PLB e buscaríamos nosso menino.

Mas havia um outro evento antes disso. Eu tinha concordado em me voluntariar no estande da Fundação Nacional do Câncer Canino na Pet Expo do Sul da Califórnia na sexta-feira. Agora que eu sabia que iria ter um novo filhote, tinha um motivo a mais para ir. Embora tivesse quase dois anos, considerando o seu passado, Percival era, para todos os efeitos, um filhote. Ia precisar de uma tigela, uma coleira, brinquedos, comida, todos os apetrechos para ser um cão bem cuidado (ou mimado, alguns podem dizer). E, ah, isso significava que eu precisava atribuir uma cor ao Percival! Vermelho seria a escolha óbvia, já que seu nome derivava de um jogador de beisebol dos Angels. Mas vermelho tinha sido a cor da minha Richelieu, o beagle que havia falecido poucos meses antes de eu adotar Seamus. Azul, roxo, verde – todas as habituais cores de "menino" já tinham sido dadas aos meus beagles anteriores. Mas eu teria uma feira inteira de estandes para me ajudar a decidir.

No fim das contas, escolher uma cor para Percival seria a coisa menos difícil em que eu teria que pensar na Expo.

Levantei-me muito mais cedo do que eu gosto (que, verdade seja dita, é qualquer hora antes das dez da manhã) e cheguei na feira no horário. Já havia uma longa fila de famílias esperando para entrar. Ver o número de pessoas lá para celebrar os animais e talvez até mesmo adotar um quase me aquecia tanto quanto o café torrado francês que eu estava ridiculamente tentando carregar junto com uma pilha de livros meus, minha bolsa e minha câmera. Os livros ficaram mais pesados à medida que eu caminhava pelos expositores e entrava no edifício de exposições onde estava instalado o estande da Fundação Nacional do Câncer Canino. Considerando que toda a minha concentração estava em não (a) derramar café, (b) tropeçar, ou (c) desmoronar com o peso do que eu levianamente pensei que poderia levar; não prestei muita atenção às centenas de estandes ao longo do caminho. Eu vi, no entanto, que teria que fazer algumas pausas e explorar.

Aquele era o paraíso de um amante dos animais. Havia seções para os vários grupos de resgate – pastores alemães (amo!), cães de caça (aqueles rostos!), boxers (tão divertidos!), buldogues ingleses (que figuras!), e tantos mais, e, respire fundo, coração... beagles! No interior dos edifícios havia uma variedade de estandes com várias empresas de alimentos para animais, brinquedos para cães e gatos, fotografias de pets, adoráveis camisetas e joias temáticas – basicamente tudo que tivesse alguma coisa a ver com animais de estimação estava lá. Eu estava fazendo o meu próprio pequeno *AAARRRRROOOOOOO* dentro da cabeça, mas não conseguia parar para fazer compras. Tinha um trabalho a fazer, e um estande para montar.

Fiz uma pausa após cerca de uma hora e meia de trabalho no estande. Não havia maneira de eu conseguir ver tudo, então um cuidadoso plano estratégico teria sido uma boa ideia, mas eu não esperava que a Expo fosse tão grande e tão fascinante. Fui em frente e comecei a andar pelos corredores. Vanessa me disse que ela estava alimentando Percival com ração de batata-doce e peixe, então meu único objetivo específico era encontrar essa marca de alimentos para cães. Se eu fosse mudar sua dieta, teria que fazê-lo lenta e gradualmente, misturando o antigo com o novo. Eu também queria explorar outros alimentos e ver se o Honest Kitchen ainda era a melhor opção. Daphne tinha desfrutado dos muitos recipientes de alimentos crus do PetStaurant, mas eles tinham acabado, e logo terminaríamos com o último estoque do Honest Kitchen. Como fiz com Seamus, eu queria dar a esses cães as melhores refeições que pudesse. Mas ainda preferia não ter que remover órgãos de animais.

Que melhor lugar para comparar alimentos caninos que uma exposição com quase todos eles em exibição?

Para Daphne e Percival, eu queria, como eu estava fazendo para mim (e tentando convencer Chris a fazer), uma dieta com maiores benefícios para a saúde, e considerando que um em cada três cães morrem de câncer, ingredientes que combatem o câncer definitivamente continuariam a ser uma parte disso. Daphne ainda estava acima do peso – provavelmente ficara assim por viver com o equivalente canino de junk food, a ração comercial e barata vendida em supermercados, fora tudo que tinha sido capaz de conseguir quando vagava pelas ruas de Los Angeles. E Percival tinha passado todos, exceto os últimos quatro meses de sua vida, confinado em uma gaiola, num regime que era mais orientado a reduzir seus movimentos intestinais do que proporcionar qualidade de vida (essa obviamente *não* era a preocupação dos cientistas). Então, qual era a melhor dieta para aqueles dois?

Aproximei-me de um estande que destacava "natural", "orgânica" e "holística" em sua propaganda. Isso tudo parecia bom.

– Então, fale-me sobre sua comida – eu disse.

– Que tipo de cachorro você tem?

– Eu tenho um beagle e estou prestes a adotar outro beagle. Ambos são de resgates.

– Que legal! – Ela se abaixou na estante de amostras de rações e parou na frente de um pacote azul. – Beagles são cães ativos, então você vai querer algo como isso. – Ela me entregou a amostra.

– Ok. Bem, um deles está um pouco acima do peso, e o outro abaixo do peso. O abaixo do peso foi resgatado de um laboratório onde foi vítima de testes em animais. Então, quero realmente ser cautelosa sobre o alimento dos dois... sem produtos químicos ou conservantes, e o mais nutritivo possível.

– Deus a abençoe. Coitadinho. É um beagle, você disse?

– Beagles são os cães mais comumente usados em laboratórios. Ele é um dos sortudos que conseguiram ser liberados, mas passou dezoito meses sendo submetido a testes... sem luz solar, sem brincar na grama, sem brinquedos ou petiscos ou amor. Por isso, devemos muito a ele.

Ela pegou um punhado de amostras.

– É tudo natural. Os ingredientes de maior qualidade que você vai encontrar. – Ela pegou uma caixa de doces e jogou na sacola também. –Você vai dar a ele o melhor que temos.

Meu dia continuou mais ou menos da mesma forma. Fiz pequenas pausas para visitar outros estandes de alimentos para cães, e quando o meu tempo no estande da Fundação Nacional do Câncer Canino acabou, fui para os outros edifícios. Todo mundo tinha amostras que entregava de bom grado, mas fora a habitual propaganda hiperbólica de "fresco e saudável", era difícil determinar como um alimento era melhor do que outro. Também descobri que, mesmo sem ter ainda adotado formalmente Percival, eu já tendia a dizer a todos sobre o que ele tinha passado e falar sobre a necessidade de comprar produtos livres de crueldade. "Procure por produtos que não foram testados em animais!", eu me via repetindo frequentemente. E com a mesma frequência ouvia "Eu não fazia ideia" em resposta. E isso em um salão de exposições cheio de amantes dos animais. Ao mesmo tempo em que me senti levemente melhor em relação à minha própria ingenuidade (que aparentemente adora companhia), desesperei-me que os testes com animais fossem um segredo tão bem guardado.

Eu explorei mais estandes, e então foi minha vez de dizer "Eu não fazia ideia". Estava notando a ênfase em "livre de toxinas". *Brinquedos livres de toxinas? Tigelas? Camas para cachorros?* Então existe esse negócio de brinquedos, tigelas, camas *com toxinas*? Caramba! Onde eu estava? Quando tudo isso aconteceu? *Quando ter um cão ficou* tão *complicado?*

Meu cachorro de infância, Tippy, foi um cockapoo preto todo desgrenhado que me foi dado pelos meus pais como presente de Natal quando eu tinha seis anos de idade. Ele viveu até o meu último ano na faculdade de direito – dezessete anos. Tippy andou em cavalos e motocicletas conosco, sentou-se na carruagem puxada a cavalo no desfile da Independência comigo, bebeu de tigelas de plástico, comeu ração comercial do supermercado, e compartilhou quase tudo o que eu comia também. Por dezessete anos.

Assim como eu gostava de viver na minha bolha ingênua pré-câncer, comendo o que eu gostava, sem me exercitar, e não procurando as razões pelas quais eu deveria estar fazendo nenhuma dessas coisas, preferia muito mais a era nostálgica quando os cães viviam uma vida simples, sem toxinas. Tendo testemunhado a batalha de Seamus contra o câncer, e antes dele Roxy com seu sopro cardíaco, e antes dela Raz e Richelieu, cujas mortes estavam provavelmente relacionadas com o câncer, eu não podia mais ignorar o óbvio: alguma coisa tinha dado terrivelmente errado nesse mundo, e os resultados estavam causando câncer em nós e em nossos animais de estimação. Parecia simples, óbvio e avassalador.

Eu nunca tinha parado para pensar como os cães são ainda mais suscetíveis do que as pessoas aos produtos domésticos tóxicos que normalmente usamos em nossas casas até que andei pelos corredores da Expo. Seamus dormia no chão, comia do chão quando eu deixava cair alguma coisa (o que acontecia mais frequentemente do que eu gostaria de admitir), e dormia e rolava sobre os tapetes, cobertores, e na grama do nosso quintal. E agora Daphne e Percival fariam o mesmo. Todos esses lugares eram regularmente submetidos a produtos químicos e toxinas em nome da "limpeza". Percival já havia passado tempo suficiente com toxinas, e sabe-se se lá ao que Daphne tinha sido submetida. Isso era definitivamente algo em que eu poderia melhorar. Eu podia encontrar produtos melhores. Anotei mentalmente e fiz uma promessa para mim mesma e para Daphne e Percival.

Andei de um estande para outro, pegando folhetos, conversando com os fabricantes e comprando o que parecia legítimo, embora eu não pudesse dizer que meu critério fosse outro que não a pura intuição.

A única escolha que pude fazer com toda a certeza era de que a cor de Percival seria laranja – a cor da fita anticrueldade animal.

Comprei um livro sobre refeições nutritivas e fáceis para cães escrito por um homem cujo cão, diagnosticado com câncer, colocou-o em uma jornada bastante parecida com a minha para descobrir a melhor maneira de alimentar nossos amados cães. Ele pelo menos teve o bom senso de ter o livro indicado por um veterinário holístico. Jurei que iria fazer ainda mais pesquisa, embora eu já estivesse atordoada. Precisava saber sobre a dieta humana que não incluía animais, a dieta canina que os incluía, produtos que não foram testados em animais, produtos que não causavam câncer, e produtos que não agrediam o meio ambiente em que todos os animais, incluindo os seres humanos, viviam.

Caramba.

Em um mundo menos contaminado, esse exercício podia ser simples, mas, como eu estava aprendendo rapidamente, obter informações precisas e encontrar produtos saudáveis era muito difícil. Não tóxico e saudável não são a regra. A regra havia culminado em uma mistura terrível de produtos rotulados de forma inadequada ou insuficiente, que provavelmente causavam câncer, prejudicavam pessoas e animais e destruíam o meio ambiente.

Eu estava caindo de vez na toca do coelho branco, e parecia que nem o próprio coelho estava sendo poupado.

Capítulo 16

Lá vem o beagle

Na manhã de sábado, Daphne e eu acordamos cedo, com um grande dia pela frente. No carro, não importava quantas vezes eu tentasse falar com ela sobre suas núpcias iminentes, ela simplesmente olhava para mim com seu rosto alegre e batia sua cauda. Ela não estava nem de leve tão nervosa quanto eu.

Passei a manhã conversando com os participantes da caminhada, vendendo alguns livros e verificando se o voluntário que andava com Daphne não estava passando por momentos difíceis. (Eu podia ouvir Daphne uivando, então sabia que ela estava fazendo seus habituais truques de mandona). Quando o programa começou, juntei-me à multidão na linha de partida, esperando minha introdução. O mestre de cerimônias pediu um momento de silêncio por aqueles que haviam morrido de câncer. Seamus naturalmente me veio à mente, e com a mesma rapidez, lágrimas inundaram meus olhos. Olhei para baixo, apertando os olhos com força. Tinha sido um erro deixar Daphne com o voluntário. Eu precisava dela comigo. Abri os olhos e examinei o grupo, mas não consegui identificar o voluntário. Nem podia ouvir Daphne uivando.

Ouvi o mestre de cerimônias me apresentando e soube que era tarde demais. Ficaria por conta própria. *Eu estava bem até aquele momento de silêncio, droga.* Peguei o microfone.

Consegui proferir duas frases antes de minha voz falhar e as lágrimas caírem.

Respirei fundo.

– Sinto muito. Ele só faleceu há seis semanas.

Vários membros da plateia agora também choravam. Bem, talvez isso fosse normal em uma caminhada contra o câncer, mas eu realmente queria acertar a situação.

– *BAAAARRROOOOO!*

Um rosto familiar veio através da multidão, traseiro em puro balanço. O voluntário tentava segurar Daphne, mas ela não prestava atenção. Ouviu minha voz e estava determinada a estar ao meu lado. Tirei a coleira do atarantado voluntário.

– Está tudo bem. Ela sabe que eu preciso dela.

Voltei-me para a multidão.

– Este é o meu novo cão, Daphne. Ela é meu fracasso adotivo.

O público aplaudiu, e a cauda de Daphne sacudiu ainda mais rápido.

À medida que a manhã passava, pude ver uma rotina se formando. Nós caminhamos. Nós cumprimentamos. Assinava livros, respondia perguntas e afagava Daphne nas pausas, dando e recebendo as garantias que nós tanto precisávamos. O que eu faria sem cães?

Terminamos, e tive o prazer de observar que havia um caminhão de alimentos com opções veganas no evento. Mesmo sabendo que iria agora ao evento para o Projeto Liberdade para os Beagles e toda a comida seria vegana, pensei que poderia estar muito animada e ansiosa para comer lá, por mais que tivesse aprendido a amar restaurantes veganos e sua criatividade em fazer comida deliciosa. Almocei no parque, compartilhando pedaços com Daphne, naturalmente.

Eu tinha me ligado tão rapidamente a essa adorável e agradável cachorra. Perguntei-me, brevemente, se adicionar um segundo cão seria um erro – se eu era, como Chris tinha apontado, incapaz de simplesmente compartilhar minha vida com um cão de "baixa manutenção". Olhei para Daphne, seus olhos de vaca olhando para cima com devoção e adoração... para o meu sanduíche vegano, é claro. Não, eu não podia resistir a este beagle, ou a qualquer outro.

– Vamos, menina. Hora de pegar o seu noivo.

Dei-lhe o último pedaço do meu sanduíche e me levantei. Daphne me seguiu até o carro, balançando o traseiro pelo parque.

Ela pulou para dentro do carro e se acomodou, língua pendurada para o lado de seu rosto feliz.

E lá fomos nós.

O evento arrecadador de fundos do Projeto Liberdade para os Beagles era em um bar hipster em Los Angeles com um caminhão de comida vegana no estacionamento. Quando chegamos, quinze minutos antes, Shannon me disse que o gerente de plantão naquele dia tinha – inexplicavelmente, em um evento para levantar fundos para cães – declarado o interior do bar uma zona "sem cães". Parecia que iria haver uma festa no estacionamento. Não era um começo auspicioso para a cerimônia final da nossa menina.

Isso foi uma surpresa, por várias razões. Uma das coisas que eu tinha aprendido a amar nos restaurantes veganos é que eles são quase sempre receptivos aos cães, desde que tenham um pátio. Poucos meses antes, Chris, Seamus e eu nos encontramos para almoçar com Kelle, Manos e seu beagle, Bogart, em Los Angeles, num restaurante apropriadamente chamado de Café Gratidão. Nós nos sentamos no pátio, e os dois beagles esperaram pacientemente pelo almoço sob a nossa mesa. Nenhum dos cachorros fez qualquer barulho, exceto para beber da bacia de água que lhes tinha sido fornecida. Levou apenas alguns minutos para ouvirmos uma mulher na mesa atrás de nós resmungando para o garçom que havia cães por perto.

– Sim, senhora, nosso restaurante permite cachorros – disse o garçom.

– É nojento.

– Sinto muito, eles estão latindo? Eles fizeram alguma coisa?

– Eles são animais sujos. Não têm que ficar num restaurante. Quero falar com seu gerente.

Uma conversa quase idêntica ocorreu com o gerente. Ele se ofereceu para levar a família para dentro. Eles se recusaram.

– Eu deveria ser capaz de desfrutar de um pouco de ar fresco sem ter que estar perto de animais insalubres – disse ela.

Fiquei chocada. Mas não tinha certeza se deveria rir ou gritar de indignação – não havia nada de sujo naqueles cuidados, mimados e vacinados cães domésticos. Seamus tinha suas unhas feitas com mais frequência do que eu. E lá estava essa mulher, sentada em um pátio próximo a uma avenida muito movimentada de Los Angeles, com carros, escapamentos e poluição a cada respiração, acusando nossos cães de destruir seu ar "fresco".

O gerente sorriu e repetiu:

– Nosso restaurante permite cães.

Eu amei isso. Amei ele. *Vitória para os amantes de cães!*

Fiz um gesto para o gerente vir para a nossa mesa.

– Ficaremos com o maior prazer longe dela. Agradeço por defender os cães, mas será mais fácil para todos os envolvidos se movermos nossas mesas o mais longe possível.

– Você não precisa fazer isso.

– Está tudo bem. Ficaremos felizes em fazê-lo. E obrigada.

As refeições no menu do Café Gratidão tinham nomes como "Eu sou fabulosa" (lasanha de massa de abobrinha verde com tomates e massa de manjericão, tapenade de azeitonas, rúcula selvagem, espinafre, tomates secos, ricota com caju, parmesão e amêndoas) e "Eu sou pura" (salada de couve marinada com gergelim, gengibre, molho de tahine ao alho, abacate, palma, nori, pepino, cenoura, coentro, manjericão e cebolinha, com amêndoas teriyaki como cobertura). Parabenizei a mim mesma ao pedir a "Eu sou graciosa" (pesto de semente de cânhamo com arroz marrom local ou quinoa, couve picada, tomates-cereja e parmesão, regada com azeite de amêndoas e coberta com couve), embora eu provavelmente tenha perdido pontos quando perguntei ao garçom se a mulher tinha pedido "Eu sou narcisista". Ele apenas me deu um sorriso mostrando que de alguma forma concordava e me censurava ao mesmo tempo.

Mais tarde, porém, refleti que, de certa forma, a atitude da insatisfeita no jantar possuía uma certa coerência. Ela detestava animais; portanto, não jantava nem com eles nem perto deles. Embora eu discordasse dela em relação a animais, tinha que admitir que ela não era uma hipócrita – ao contrário de mim quando eu, como a maioria das pessoas, afirmava ser uma amante dos animais, enquanto os consumia várias vezes ao dia.

Seja como for, lá estávamos nós, em um evento de arrecadação de fundos para os beagles com um gerente de bar que concordava com a narcisista do Café Gratidão.

Shannon não estava feliz com a súbita decisão "sem cães", compreensivelmente. Enquanto ela trabalhava em seu celular para conseguir falar com o dono do bar, Vanessa e eu nos sentamos no estacionamento com Percival, Daphne e alguns outros apoiadores do Projeto Liberdade para os Beagles. Era um dia quente em Los Angeles, por isso nos reunimos sob a sombra de uma árvore num canto do estacionamento. Daphne e Percival estavam muito mais interessados nos arbustos e nas pessoas do que um no outro, mas não iríamos forçar.

Vanessa pegou Percival por alguns momentos, então beijou o topo de sua cabeça e colocou-o de volta no chão. Ele olhou para ela, checando, depois voltou imediatamente para os arbustos ao longo daquele lado do estacionamento.

– Ele faz muito isso – disse ela. – Ele adora se esfregar no meio dos arbustos.

– Ele está nervoso?

– Provavelmente. Ele se sente confortável lá.

Ela puxou suavemente sua coleira para trazê-lo de volta para nós. Percival se jogou para o lado contrário. Todas as quatro patas se endireitaram e ele fez peso para o lado oposto com todos os seus nove quilos. Vanessa e eu rimos.

– Ele também faz muito isso. Se ele não quer ir com você, ele faz isso. Então você tem que ter muito cuidado com a coleira dele. Vou te dar essa de presente. Ele conseguiu escapar de todas as outras que experimentei.

– Bom saber.

Fiéis à sua natureza de beagle, Daphne e Percival permaneceram ambos interessados na miríade de cheiros na árvore e nos arbustos – e, sem dúvida, naqueles que emanavam do bar e grill –, ignorando um ao outro. Nós os deixamos farejar. Logo juntaram-se a nós Laurie, outra abrigadora de beagles do PLB, e Caroline, que, soube depois, esteve presente em muitos dos resgates, incluindo o de Percival. Para minha grande felicidade, o próximo a chegar foi Rizzo e sua família.

Eu afaguei e abracei Rizzo todo, embora ele, como os outros dois, estivesse mais interessado em cheirar os arbustos. Os arbustos deviam cheirar como a comida do grill, pela maneira como aqueles beagles estavam obcecados por eles. Mas aqueles eram ex-beagles de laboratório. Cada aroma era um sopro de liberdade. Consegui fazer Rizzo se sentar em meu colo um pouco, enquanto eu admirava sua doce formosura. Daphne veio imediatamente, cheirando a fera que tinha rastejado para o colo de sua mãe. Ela balançou o rabo e latiu para Rizzo, que abanou o rabo e cheirou-a de volta. *Ah, claro, agora eles gostam um do outro*. Olhei para Percival, agora aninhado com Caroline. Os dois machos eram tão incrivelmente fofos; qualquer que tivesse sido a minha escolha, eu não tinha como errar.

– Você tem mesmo uma grande figura aqui. Todos nós simplesmente amamos esse cachorro – disse Caroline.

– Nós o amamos também. Ele vai ser bem cuidado e amado, prometo – eu disse.

Vanessa enxugou os olhos com o dedo indicador e, em seguida, colocou os óculos de sol. Caroline entregou Percival de volta a ela, que o abraçou firme.

Shannon voltou ao estacionamento.

– Tragam os cães. As únicas pessoas no pátio estão aqui para o nosso evento. Quem vai reclamar?

Nós mudamos nossa festa no estacionamento para o pátio fechado. Cinco beagles em um pátio com fartura vegana, os humanos desfrutando de coquetéis e boa companhia – é assim que se passa uma tarde.

O pátio tinha seis mesas para piquenique, bancos e uma pequena copa comandada pelo operador do caminhão de alimentos. O tempo estava lindo e o bar servia Mai Tais e Bloody Marys, que caíam muito bem com os quitutes veganos e os sanduíches com "queijo". (Sim, eu almocei duas vezes. Os sanduíches com queijo vegano estavam me chamando!) Não era uma má recepção para o nosso casal *Bachelorette*. A noiva, no entanto, passou a maior parte do tempo sob uma das mesas – não por causa dos drinques em excesso, como uma ou duas noivas que eu havia conhecido, mas por seu desejo por um pouco dos petiscos ou das batatas-doces fritas. Mais de uma pessoa a serviu disfarçadamente com a mão debaixo da mesa. Talvez eu tenha sido uma delas.

Percival passou seu tempo aproveitando a adoração de seus muitos fãs do PLB. Caroline segurou-o quando Vanessa conseguiu deixá-lo ir, e os pais de Rizzo conversaram com Percival um pouco enquanto eu segurava e afagava Rizzo uma última vez. Houve brindes e lágrimas, e, inevitavelmente, chegou a hora do casal partir.

Vanessa escondeu o rosto no pescoço de Percival e sussurrou. Eu me sentia terrível por levá-lo embora e, ao mesmo tempo, péssima por deixar Rizzo para trás (embora sua família parecesse bem apaixonada por ele). Mas, também, estava ansiosa para chegar em casa com Percival e Daphne e começar nossa nova vida juntos. Eu queria conhecer aquele cão. Queria começar a beijar o Percival também.

–Você vai ficar bem? – perguntei.

– Sim. Sim. Eu vou. Eu sei que isso é o melhor para ele. –Vanessa beijou o topo da cabeça de Percival e entregou-o para mim. Caroline colocou o braço em torno de Vanessa, e ninguém se preocupou em sufocar as lágrimas.

– Obrigada por cuidar tão bem dele. Você vai vê-lo novamente, eu prometo.

– Eu sei. Eu sei. Estou bem.

Coloquei Percival no chão ao lado de Daphne.

– Estamos indo.

Houve uma efusão de abraços, e Vanessa e Caroline me seguiram até o carro. Vanessa lembrou-me que Percival ficava enjoado em carros e depois me entregou uma sacola com um brinquedo, um pacote da comida que ele estava comendo e um cartão. Agora era a minha vez de piscar para conter as lágrimas enquanto dirigia para fora do estacionamento, com Percival enrolado em um cobertor no banco ao meu lado e Daphne em sua caixa no banco de trás. Os dois cães dormiram durante todos os cem quilômetros de viagem. Daphne roncava contente e Percival respirava fundo.

O sono pesado deles me deu tempo para pensar sobre o fato de ter dois cachorros na casa. Cresci entre muitos animais e como adulta sempre tive dois ou três beagles. Mas Seamus tinha preferido ficar sozinho. Assim, nos últimos nove anos, em minha nova vida nesse bairro, tinha tido apenas um cão. Um cão com uma personalidade gigantesca. E agora haveria dois. Imaginei-os correndo pela casa, perseguindo um ao outro e brincando de cabo de guerra com brinquedos, como eles tinham feito no escritório de Vanessa. Eu teria o dobro do gasto com comida, o dobro do gasto com veterinário, e Chris teria o dobro de cães para passear e duas vezes mais cocô para pegar (percebe como eu tinha organizado a divisão de tarefas?). Mas teríamos o dobro de carinho e fofura de beagle também.

Quando chegamos, soltei Daphne da caixa de transporte no banco traseiro do carro e ela correu imediatamente para casa pela porta de cachorro. Percival só levantou a cabeça. Pensei que ele tivesse dormido profundamente, mas a expressão em seu rosto dizia que ele não tinha gostado do passeio. E, claro, o pobre menino não tinha ideia de onde estava ou do que iria acontecer com ele agora. Ajoelhei-me ao seu lado.

– Está tudo bem, rapaz. Você está em casa agora. Esta é a sua casa e você está seguro.

Seus olhos escuros olharam para mim, mas ele não se mexeu.

– Vamos lá, menino, está tudo bem. Você pode sair do carro agora.

Nenhum movimento.

Oh, pobrezinho. Levantei-o do banco e o segurei junto de mim. Mantive-o ali até que senti que ele relaxou e inclinou a cabeça no meu ombro. Então, coloquei-o no chão da garagem.

– Aqui está, querido. Está tudo bem. Vamos lá. Você está em casa agora.

Ele se levantou, congelado no lugar. Fui na frente, chamando-o.

– Vamos, Percival. Comet... vamos entrar. Vem, garoto.

Ele olhou para mim, mas não se moveu.

Daphne voltou correndo para a garagem para ver por que estava demorando tanto. Ela correu para Percival, correu ao redor dele uivando, e virou-se de volta para casa. Percival a seguiu.

Certo, isso serve.

Acompanhei os dois pela garagem e vi uma parte do traseiro de Daphne deslizando pela porta de cachorro para dentro de casa. Percival parou apenas por um momento e, em seguida, foi atrás. *Menino corajoso!*

Uma vez lá dentro, porém, ele parou novamente. Dentro de casa, ficou olhando fixamente para a parede da lavanderia. *Opa... cenário diferente. Como isso aconteceu?*

Daphne cheirou-o e foi para a sala. Novamente, Percival a seguiu. Os dois cães se juntaram a mim no sofá para um pouco de carinho, mas logo eles estavam correndo pela casa perseguindo um ao outro. E quando Percival descobriu a caixa de brinquedos sonoros, bem, pouco importou se eu estava por perto. Ele apanhou cada um deles, delicadamente no início e depois freneticamente, como se eles fossem desaparecer se ele não tocasse todos. Ele os levou um por um para a sala de jantar e empilhou-os debaixo da mesa.

O dia de primavera ainda estava claro e quente, então Daphne ia periodicamente para o quintal da frente para tomar sol. Eventualmente, Percival a seguiu, carregando um macaco roxo na boca. Ele hesitou apenas um pouco antes de empurrar a cabeça pela aba da porta de cachorro, e depois de três ou quatro passagens de sucesso para dentro e para fora, ele acabou perdendo aquela reação de perplexidade do tipo "*eu atravesso paredes!*". Mas permaneceu em êxtase sobre poder correr para fora a qualquer hora que quisesse, e fez isso muitas vezes, como se precisasse verificar se o ar fresco e o sol ainda estavam disponíveis. Eu estava igualmente feliz que ele havia se adaptado fácil assim à porta de cachorro, já que esperava que a próxima coisa que Daphne o ensinaria era ir para as plantas e árvores para fazer suas necessidades.

Vanessa nos disse que Percival foi treinado para ir em uma almofada de xixi, mas não necessariamente sabia como ir para fora o tempo todo. Ela não tinha uma porta de cachorro. Isso significava que eu voltaria a dormir no sofá com um beagle, certificando-me que ele fosse para fora caso se levantasse no meio da noite. Não havia problema para mim, no entanto. Ele era um carinha tão meigo, e eu sabia que Chris e Daphne ficariam bem na nossa cama. Daphne iria ficar um pouco de tempo a sós com seu "pai", o que iria fazê-la feliz – e também a Chris. Chris adorava Daphne, mas nós dois percebemos que Daphne parecia preferir a mim. Ela adorava Chris, mas ficava doida quando eu chegava em casa todas as noites e insistia num afago constante por uns bons dez minutos. Esfregava sua barriga, afagava sua cabeça e abraçava-a, enquanto ela se inclinava para mim e lambia meu rosto. Geralmente só parava quando ela agarrava meu braço com suas patas dianteiras e tentava mesmo cruzar, algo que fazia só comigo. E ela me olhava carinhosamente toda vez. (Sim, eu a detia, mas só depois que terminava de rir. Você não tem ideia de como ela levava isso a sério.)

Preparei o jantar para ambos os cães e coloquei a tigela de Daphne no quintal, e a de Percival na cozinha. Daphne, eu sabia, iria terminar seu jantar em menos de dois minutos, mas eu não tinha certeza sobre Percival, então fechei a porta da lavanderia, impedindo Daphne de entrar na casa até que Percival tivesse acabado de comer. Eu não precisava arriscar uma briga por comida roubada na nossa primeira noite. Daphne olhou interessada pelas portas francesas enquanto Percival cheirava o seu jantar. Então, ele foi embora, de volta para a sala de jantar e sua pilha de brinquedos.

Peguei um pouco da comida – a ração de peixe e batata-doce que Vanessa tinha me dado, misturada com a The Honest Kitchen que eu estava dando a Daphne – e a entreguei a Percival. Ele cheirou, depois lambeu gentilmente. Seus olhos se iluminaram e ele engoliu o resto do que eu tinha em minha mão, depois facilmente me seguiu até a cozinha. Mas quando apontei para a tigela, ele apenas olhou para mim. Abanou o rabo, olhando para a minha mão, como se mais fosse magicamente aparecer. E foi o que aconteceu. Peguei outro punhado e ele comeu. Então, fiz isso de novo, mas tentei abaixar a mão para a tigela enquanto ele comia. Assim que minha mão ficou perto da tigela, Percival parou de comer. Que diabos? Ele estava com medo de uma tigela de aço inoxidável? Será que lembrava sua gaiola? Os equipamentos do laboratório? Terminei de alimentá-lo com a mão. Seja qual fosse seu problema, não era o apetite.

Quando Chris chegou, Percival ficou imóvel novamente na sala de jantar. Chris se abaixou e o chamou, e, embora isso ainda não tivesse acontecido quando eu o chamava, Percival foi pulando para perto dele. Chris o pegou e Percival inclinou-se sobre ele imediatamente.

– Hum. Ele não ficou tão relaxado comigo – eu disse.

– Ele lembra de mim, eu acho.

Daphne dançou ansiosamente aos pés de Chris, latindo para Percival, então eu a chamei para ficar comigo no sofá. Ela se aconchegou ao meu lado, e embora estivéssemos em casa já há algumas horas, ela mais uma vez exigiu seus carinhos na barriga, e depois fez seus movimentos amorosos, parecendo caprichar ainda mais em sua "atenção".

Quando chegou a hora de dormir, Chris chamou Daphne para que o seguisse até lá em cima. Percival pulou no sofá comigo imediatamente. Ele estava nervoso sobre sua primeira noite. Tentei me ajustar para que ele se enroscasse em meus pés, mas ele preferiu ficar sobre mim. Virei para o lado e tentei manobrá-lo em uma versão cão-humano de conchinha, mas ele não quis saber. Não era suficiente contato humano. Sabia que Vanessa tinha ficado com ele por quatro meses e claramente o amava. Ainda assim, foi surpreendente ver (e sentir) quão ávido por companhia humana esse cão estava. Daria pra pensar que ele ficaria aterrorizado com seres humanos. Contudo, foram os humanos, em sua maioria do sexo feminino, que lhe haviam proporcionado sua liberdade – essa nova vida.

Virei para dormir de costas e Percival subiu em minha barriga, com o rosto sobre o meu. Olhava para mim, abanando o rabo. No fim, ele se deitou estendido sobre mim. Esta era a sua própria versão de conchinha – na qual as conchas ficavam empilhadas uma em cima da outra. Ainda bem que uma das conchas pesava apenas nove quilos. Caímos no sono.

Nas primeiras horas da madrugada, Percival gritou e se levantou de repente. O grito foi tenso, rouco – o resultado horrível da operação nas cordas vocais. Ele estava tremendo. Sentei-me e o segurei. Afaguei sua pele macia e falei com ele.

– Está tudo bem, menino. Você está seguro. Está tudo bem.

Ele olhou para sala e depois para mim de novo, percebendo onde estava e se estava seguro. Eu só podia imaginar como isso era aterrorizante para ele. Depois de tudo o que ele tinha passado no laboratório – a vida em uma gaiola, seu contato com outros seres só resultando em dor –, finalmente estava seguro em uma casa pela primeira vez, desfrutando de uma cama macia, brinquedos, amor humano, e de repente ele se mudou novamente. Como seria este novo lugar? O que ele iria vivenciar agora? Com certeza era terrível para ele.

Abracei-o e conversei com ele. Precisou de vinte minutos para que relaxasse. Então, ele pulou do sofá e foi para a lavanderia, para um longo gole de água. Saiu pela porta de cachorro em nosso quintal e apenas ficou sob o luar, como que para se assegurar que ainda estava livre. Suspeitei que precisaríamos assegurá-lo disso ainda por algum tempo.

Capítulo 17

Briga de cachorro (nem tão) grande

De manhã, o sol entrava pelas portas francesas do quintal. Percival não acordou. Ele estava dormindo profundamente, embora de forma silenciosa, muito mais calmo do que Daphne Doodlebutt e seus roncos estrondosos. Desfiz-me da posição de conchinha malfeita que tínhamos executado durante a noite e fui para a cozinha fazer café. Quando me ouviu, Daphne desceu as escadas. Vi seu rosto feliz e então sua cauda balançando enquanto ela chegava do pequeno corredor para a sala, a caminho, supus, da porta de cachorro na lavanderia e do quintal, para fazer suas necessidades matinais. Se eu já tivesse bebido meu café, se já estivesse "funcionando", teria previsto o que aconteceria a partir daí.

Ouvi Percival gritando, tal como tinha feito no meio da noite. Antes que eu pudesse reagir, os cães tinham começado a brigar. Enquanto virava um canto, pude ver que Daphne estava agora no sofá também, em um emaranhado de pelos tricolores e dentes. A cacofonia de grunhidos, rosnados e latidos profundos (Daphne), gritos (Percival) e estranhos sibilos (provavelmente Percival) acordou Chris e o fez voar pelas escadas apenas com shorts de ginástica (ele tinha aprendido com Seamus que não se detém uma briga de cachorros pelado). Eu tinha conseguido agarrar cada cão pela coleira e separá-los, mas o rosnado não tinha parado e meus braços não pareciam suficientemente longos para criar uma zona de segurança.

– O que diabos aconteceu? – disse Chris, tomando a coleira de Daphne e puxando-a para mais longe.

– Eu acho que ela o acordou.

Coloquei meu corpo entre os cães e tentei acalmar Percival, enquanto Chris fazia o mesmo com Daphne. Eles colocaram a cabeça entre nossos braços e arremessaram alguns epítetos caninos um ao outro, mas por fim se acalmaram. Percival parecia confuso e aterrorizado, como tinha ficado no meio da noite, enquanto Daphne parecia igualmente confusa, mas também preocupada: "*O que foi, rapaz? Por que você age assim?!*" Ambos pareciam estar na defensiva.

Acabamos soltando os dois e eles rodearam um ao outro, conferindo e farejando, enquanto observávamos e, de vez em quando, soltávamos um enérgico "não" quando um deles rosnava ou arreganhava os dentes. Depois de alguns momentos eles ou se cansaram da animosidade ou resolveram o que precisavam resolver. Assim como era difícil saber o que ou quem começara a briga, era difícil saber a que conclusão eles tinham chegado. Daphne foi para fora, enquanto Percival deitou no colo de Chris no sofá.

Fiz o meu café enquanto explicava os acontecimentos da noite para Chris.

– Então ele tem pesadelos?

– Sim. Acho que é isso. Ele tem um pesadelo e acorda sem saber onde está, apavorado. Acho que provavelmente tem flashbacks de seu tempo no laboratório.

– Coitado. Isso é tão triste.

– Eu sei. Meu palpite é que ele teve esse problema na casa da Vanessa também.

Vanessa confirmou, mas me encorajou dizendo que os pesadelos já tinham deixado de ocorrer quando ela o entregou a mim, e por isso ela não tinha se lembrado de mencioná-los.

No dia seguinte, levei Percival comigo para o trabalho. O menino traumatizado começou a babar assim que viu meu carro. Cobri o banco com um cobertor e uma toalha e fiz o possível para explicar que seria apenas uma curta viagem de carro de dez quilômetros. Mas Percival não falava inglês nem calculava distâncias. Ele estava em um lugar que o amedrontava e em pânico em relação a isso. Eu ficaria diariamente compungida por esse cão, eu via isso agora. Mas ele merecia uma vida feliz como um cão despreocupado, e nós mais cedo ou mais tarde chegaríamos a isso, prometi a ele.

Ele vomitou no quilômetro cinco.

Estacionei na área de estacionamento mais próxima disponível do meu conjunto de escritórios e abri a porta traseira para deixar Percival sair. Ele estava de pé, com a pata direita apoiada na parte traseira do assento. Não se moveu quando eu coloquei sua coleira, nem se virou para olhar para mim. Não havia como dizer no que ele estava pensando. Eu o peguei e o segurei contra o peito. Ele não resistiu, mas também não se apoiou. Ficou apenas ali. Esperando. Confuso. Assustado.

– Está tudo bem, garoto. Chegamos. É seguro. – Eu coloquei minha bochecha contra o topo de sua cabeça e trouxe-o mais junto de mim. – Você está seguro, querido.

Talvez eu não devesse tê-lo levado para outro lugar ainda. Talvez ele precisasse de tempo para se ajustar à nossa casa primeiro. Mas deixá-lo sozinho em casa não parecia ser uma boa opção, e deixá-lo com Daphne parecia arriscado, considerando os eventos da manhã. Talvez eu devesse ter tirado mais um dia de folga, mas com a cirurgia de Daphne chegando, eu não podia me dar a esse luxo.

Depois de alguns minutos, ele se apertou contra mim, e eu senti sua cauda abanando, chocando-se contra o meu peito.

– Bom garoto, Percival. Bom garoto.

Coloquei-o no chão e peguei minha bolsa. Fechei a porta do carro, tranquei, e, segurando a coleira de Percival, virei-me para ir ao meu escritório. Percival endireitou as quatro patas e fez forcinha para o lado oposto. *Errrrrrr. Não tão rápido, moça. Só porque eu estou fora daquela câmara de tortura sobre rodas não significa que eu vá de boa vontade aonde quer que você invente de me levar agora. Em vez disso, vamos visitar aqueles arbustos bem ali. Sim, é isso. Arbustos. Preciso de arbustos! Arbustos! Arbustos! Arbustos!* Ele me puxou em direção ao jardim em torno do prédio do meu escritório e atirou-se nele.

A esse comportamento eu estava acostumada. Ele tinha feito isso durante toda a tarde na cerimônia final de união. Achei reconfortante ele voltar ao seu comportamento normal, embora obstinado. Anotação mental: acrescentar quinze minutos ao tempo que levo para chegar ao escritório de manhã quando Percival vem comigo. Deixei ele farejar um pouco, mas já sabia que, com seu amor por flores e arbustos, ele poderia ficar lá o dia todo. E quem poderia culpá-lo? Mas os brinquedos sonoros, a comida de primeira e as contas do veterinário não iriam ser pagos com flores e grama. Precisávamos ir até o escritório. Além disso, eu tinha vômito para limpar em meu carro.

Apanhei Percival – uma injusta, mas necessária vantagem que tinha sobre ele – e levei-o para o meu escritório.

A cama e os brinquedos de Seamus ainda estavam lá. Daphne tinha ido algumas vezes e certamente não parecia se importar com o cheiro de outro cachorro. Ela ainda não tinha usado os brinquedos, mas eu já sabia que Percival amava brinquedos – quanto maior, melhor. Trouxe de Vanessa alguns de seus brinquedos favoritos e joguei-os na cama no canto do meu escritório, em frente à minha mesa. Acompanhado dos assobios e "oohs" da minha assistente, Percival deitou na cama canina, a cabeça apoiada no sapo estridente verde e roxo de Seamus, e prontamente adormeceu. Ele não acordou quando eu saí para limpar meu carro ou quando voltei. Todo o tempo que ficara no trabalho com Vanessa estava valendo a pena.

Ele dormiu profundamente (embora muito quieto) a maior parte do dia. Tanto que eu comecei a me preocupar. Eu nunca tinha visto um beagle tão imóvel. *Devo acordá-lo? Levá-lo para fora um pouco? Ele está bem?* Deixei-o dormir, mas verifiquei regularmente, certificando-me que estava respirando.

Quando eu estava começando a sentir os efeitos da minha noite no sofá, bocejando e cochilando em minha mesa, Percival acordou. Sua cauda abanava entusiasticamente, e ele pegou o sapo estridente. Levou--o do meu escritório para a área de recepção, que passou a explorar, nunca deixando cair o brinquedo. Segui-o para fora e tentei brincar de jogar e pegar, mas ele não queria largar o sapo. Em vez disso, eu o afaguei e ele abanou o rabo. Empolgada, puxei seu brinquedo e ele imediatamente se inclinou para brincar de cabo de guerra.

Ok, então nenhum pesadelo dessa vez, e não havia nada de errado com ele. Tivera apenas um sono profundo. Talvez eu precisasse ter cuidado para não me preocupar demais com cada movimento seu.

Quando chegou a hora de ir para casa, Percival se refugiou em um canto no momento em que eu peguei a coleira, assim como tinha feito quando eu o levei para a área gramada do meu conjunto de escritórios para uma pausa à tarde. E, mais uma vez, quando percebeu que estávamos indo em direção ao carro, ele fez força. Num replay, precisei novamente usar meu tamanho como injusta vantagem para pegá-lo e levá-lo para casa. Ele manteve sua postura sobre três patas com a quarta apoiada na parte de trás do assento por toda a viagem, mas não ficou enjoado. De novo, porém, demorou alguns momentos para que ele saísse de seu transe e descesse do carro, quando chegamos à segurança da garagem. Quando ele finalmente pulou para fora da porta de trás, estava desconfiado e lento.

– Recomponha-se, amigo, estamos em casa agora.

Ele olhou para mim, mas não se moveu. Abaixei-me e o afaguei até que finalmente ele colocou suas duas patas dianteiras em cima de meu joelho, e seu rosto no meu.

– Está melhor? Está, menino? Vamos jantar.

Notei quão lentamente ele comeu – muito mais devagar do que Daphne ou Seamus, ou qualquer outro beagle que eu já tivera diante de mim. Ainda assim, ele parecia estar gostando, e não precisou que eu lhe entregasse a comida dessa vez. Subi, troquei de roupa e voltei. Percival não tinha me seguido como Seamus sempre fizera e como Daphne estava começando a fazer. Em vez disso ele tinha saído pela porta de cachorro e ido farejar o quintal. O ar fresco era uma boa ideia para ele. Podia ver por que pensava assim. Fiz uma salada e sentei-me no sofá em frente à televisão. Percival voltou para dentro da casa e sentou-se aos meus pés. Ele não pedia. Não tentava roubar comida do meu prato, mas ainda assim eu protegia minha comida – anos de treinamento com Seamus. Percival apenas ficava ali, feliz por estar próximo de mim, desinteressado na comida.

Terminei o jantar, coloquei minha tigela de salada na pia, peguei Percival e voltei para o sofá. Ele se inclinou para perto de mim. E novamente murmurei para ele, dizendo como era fofo, e assegurando-lhe que ele estava em casa e seguro. Nós ainda estávamos sentados juntos quando ouvi a porta da garagem abrir. O som não significava nada ainda para Percival. Ele não se moveu. Momentos depois, Daphne veio feliz pela porta de cachorro à frente de Chris. Um olhar em nossa direção e sua expressão mudou: *Ele ainda está aqui?*

Ela veio para o meu outro lado, mas seus pelos estavam eriçados e ela latiu para Percival. Ele mostrou os dentes, e foi o suficiente. Eles se engalfinharam em meu colo. Chris entrou pela porta para um emaranhado de pelos e gritos meus. Dessa vez, ele puxou Percival e eu agarrei Daphne.

– O que diabos aconteceu agora?

– Eles não são Trista e Ryan – eu disse, em referência ao único casal de *The Bachelorette* feliz que conhecia.

– Não, não são. São Jake e Viena, droga.

Fiquei impressionada por ele se lembrar do rompimento mais desagradável na história da franquia *The Bachelor* assim do nada, mas eu tinha um cão rosnando para controlar.

Era difícil dizer qual deles estava mais irritado, assim como era difícil dizer qual atacou primeiro. E acho que isso não importava. Eu só precisava que parassem. A lua de mel acabou sem nem ao menos ter começado.

E aquela não foi a única vez.

Capítulo 18

A tofu frio

A presença de Percival teve um impacto imediato na minha vida.

Estivera flertando com o veganismo, mas não estava totalmente comprometida. Comecei a seguir grupos de resgate de animais no Facebook e Twitter, e recebia vários boletins de notícias e até mesmo uma revista ou duas sobre o estilo de vida vegano, mas eu estava principalmente focada no aspecto sobre dieta à base de plantas. Não havia como negar que um estilo de vida vegano fazia sentido para mim – era condizente com a minha crença em mim mesma como uma amante dos animais, e condizente com meus gostos. E, sinceramente, eu estava cansada de pessoas zombando das minhas escolhas alimentares ao criticarem meus sapatos de couro (como se não mudar em um aspecto fosse motivo para eles para não fazer qualquer alteração que seja). Mas, para ser honesta, eu temia que as pessoas fossem pensar que eu era muito esquisita. E pensava que seria muito difícil (como se isso fosse uma desculpa). Agora, porém, com Percival na minha frente, e Daphne com tudo o que ela tinha sofrido pelas mãos dos humanos, eu sabia que era hora.

O veganismo não envolve apenas a comida, nem eu quero pensar apenas na comida. Veganismo é um estilo de vida de compaixão. Um estilo de vida que respeita *todos* os animais. Como isso poderia ser estranho? Assim como eu partira para uma dieta à base de vegetais "a tofu frio", escolhia agora mergulhar de uma vez no veganismo. Eu *precisava* ser vegana. Meus dias fingindo ser uma amante dos animais, enquanto contribuía para suas vidas miseráveis e mortes precoces, tinham acabado. Só esperava que existisse tal coisa como uma hippie chique.

O jeito mais fácil e mais óbvio de começar era eliminar produtos testados em animais.

Bem, eu *pensei* que era o jeito mais fácil.

Eu vagamente sabia que "eles testavam em animais", e, claro, ouvindo Shannon e conhecendo o Projeto Liberdade para os Beagles e seu trabalho, agora eu também sabia que "eles testavam em beagles". Mas eu não entendia realmente o que aquilo significava.

Eu tinha plena consciência de por que "eles" testavam em beagles. Beagles são cães muito dóceis; eu sabia disso em primeira mão. Eu podia ver como suas personalidades tinham levado aqueles cientistas a escolher essa raça para realizar seus experimentos, e saber disso me doía. Seamus, que infelizmente tinha sido paciente de médicos demais, tinha seus problemas, mas os veterinários universalmente elogiavam o grande paciente que ele era, e quão facilmente ele tolerava o que quer que precisasse ser feito. E muito precisou ser feito para ele. Seamus era um exemplo perfeito, nesse ponto, da personalidade dos beagles. Pensei também em Daphne, tão feliz lambendo o rosto do veterinário que ela acabara de conhecer, e os dois estranhos que a tinham salvo do abrigo. Ela estava feliz e confortável com todos eles, embora não soubesse o quanto eles tornariam sua vida melhor. Ela simplesmente, por instinto, confiava. E Percival! O doce Percival, libertado de um laboratório há apenas quatro meses e já disposto a ser pego, segurado, afagado por um ser humano. Por vários humanos!

Então, sim, eu entendia (embora discordasse veementemente) a parte "por que beagles", mas agora, enquanto me preparava para mais uma grande mudança em meu estilo de vida, e acalmava os terrores noturnos de Percival, eu tinha que saber: quem eram "eles", e o que estavam testando?

Eu sabia das minhas conversas com Shannon no Projeto Liberdade para os Beagles que nunca se descobriu especificamente o teste que havia sido feito em Percival. O Projeto Liberdade para os Beagles resgatava cães legalmente, em colaboração com os laboratórios. Com frequência são os técnicos do laboratório, aqueles que se importam com os cães e, ao que parece, conseguem vê-los como as criaturas amorosas que são, que buscam ajuda para os animais quando sabem que um experimento em particular está terminando e os saudáveis cães serão sacrificados se o resgate não for arranjado. As negociações entre o PLB e os laboratórios sempre incluem um acordo de confidencialidade, por insistência dos laboratórios. Eu nunca saberia o nome do laboratório, muito menos os experimentos feitos em Percival. Em um dos outros beagles resgatados pelo PLB, foram descobertos mais tarde fios percorrendo todo o interior de seu pequeno corpo. Ninguém tinha ideia do motivo, e nunca teria.

Qual a melhor forma de cuidar desses cães, se não sabemos o que foi feito? Por que Percival babava e paralisava em estado de transe dentro de um carro? Por que a lata de lixo sobre rodas o assustava tanto assim? Por que ele esticava a pata com tanta frequência, mesmo sentado com a perna da frente dobrada, quase oferecendo a pata mas não completamente? Se eu aprendesse sobre os testes com animais, poderia aprender a melhor forma de ajudar Percival, e ainda as inúmeras razões pelas quais eu precisava eliminar esses produtos da minha vida.

Falei novamente com Shannon e outros voluntários do PLB, reunindo o máximo de informações que pude. E então pedi para que Chris preparasse o aparelho de DVD para que, quando eu estivesse pronta, tudo o que precisasse fazer fosse apertar play para assistir ao documentário *Maximum Tolerated Dose*.[10]

– Sério? Mais documentários? Você tem certeza? – disse ele.

– Não. É por isso que eu só quero que você prepare o filme no aparelho. Vou encontrar um bom momento para desmoronar assistindo.

– Ótimo. Estou ansioso para isso.

Chris levou Daphne na manhã seguinte, e eu fiquei em casa com Percival, supostamente para trabalhar. E até fiz um pouco de trabalho legal. Mas o botão play estava me chamando. E não havia um nome menos adequado para um botão do que esse naquele momento[11]. Não havia nada de brincalhão no que aconteceu em seguida.

Segurei Percival ao meu lado enquanto eu ouvia o cardiologista, o biólogo e o ex-técnico de laboratório descrevendo o que eles faziam no passado, submetendo animais a testes cruéis e desumanos. Conforme o médico descreveu, todos foram treinados na medicina ocidental clássica e ensinados a acreditar que isso era necessário – cientificamente adequado, se não eticamente. Eles saíram quando souberam que os testes não eram nem científica nem eticamente adequados. Assisti à simulação da sala sem janelas e altamente protegida, onde pesquisas eram feitas. Vi o equipamento de retenção, os assustados animais amontoados, as gaiolas de aço. Chorei com as cenas de filhotes de macacos roubados de suas mães, seus braços torcidos por trás das costas, jogados em sacos de estopa e atirados em gaiolas no chão dos barcos no Laos. Escutei a descrição dos testes: um camundongo imobilizado, incapaz de virar ou se coçar, para que os mosquitos pudessem se alimentar dele a noite toda; cães injetados com material radioativo, seus corações arrancados e

10 Dose Máxima Tolerada.

11 "Play", em inglês, também significa "brincar" (N.T.).

dissecados; ratos utilizados em um estudo de nutrição da universidade por doze semanas, depois mortos só para o mesmo estudo ser repetido vez após outra, ano após ano, produzindo exatamente os mesmos resultados – e morte. Havia morte, sem parar.

E então, os beagles apareceram na tela. Percival já havia ficado entediado e saiu do meu colo para o conforto da luz do sol no nosso quintal. Sei que um cão não vê televisão e não compreenderia, mas ainda assim fiquei feliz de ele não estar no quarto para olhar a tela.

O narrador, um investigador disfarçado, descreveu um laboratório que tinha sempre mil e quinhentos beagles, tendo os cães sido "trazidos ao mundo para serem usados como recursos científicos". Olhei lá fora meu próprio "recurso científico", dormindo em uma espreguiçadeira, tomando sol e ar fresco. A tela mudou para beagles – adoráveis, tricolores e jovens beagles, de aparência saudável – amontoados no canto de uma gaiola no fim de um corredor escuro, em uma instalação que não parecia mais limpa, feliz ou "humana" do que os mais pobres "abrigos" municipais que regularmente sacrificavam milhares de cães por ano, como, aliás, aquela instalação também fazia. Não havia nada na gaiola, apenas aqueles cães tão gentis. Em seguida, o filme focou em um beagle fêmea, sua barriga enfaixada, um cone em torno da cabeça, seus olhos tristes e redondos olhando para a câmera, muito como Daphne tinha olhado na foto que tiramos, mas sem a esperança.

Ela foi morta no dia seguinte. Junto com os outros cães que tinham passado trinta dias sendo testados e não eram mais necessários.

Chris chegou do trabalho e me encontrou debaixo da pia da cozinha retirando todos os produtos de limpeza e detergentes que tínhamos. (Não se pergunte por que nós tínhamos quatro garrafas de detergente; esse não é o ponto!) Depositei os produtos sobre o balcão, fora do alcance de um beagle curioso e ao lado do meu iPad, com a tela mostrando o site LeapingBunny.org. Pelo site do Projeto Liberdade para os Beagles, encontrei o site do Leaping Bunny, e lá encontrei suas listas de produtos certificadamente livres de crueldade. Eu não reconheci muitos dos nomes, coisa que me levou a mergulhar sob nossa pia da cozinha para começar a verificar os rótulos.

– Você está realmente limpando a casa? – perguntou Chris.

– Não seja ridículo.

– Pensei por um momento que tinha entrado na casa errada.

– Bem, estou fazendo uma espécie de limpeza. Estou me *livrando* de algumas coisas.

Chris pegou uma garrafa de um spray de limpeza doméstica muito comum.

– Se livrando da limpeza?

– Algo assim. Estou me livrando de tudo o que foi testado em animais.

Ele ergueu as sobrancelhas.

– Tudo isso?

– Eu ainda estou verificando, mas até agora não encontrei um único produto aqui que *não seja* testado em animais.

– Vai ser meio caro substituir, não?

– Vai ser mais barato do que a terapia que vou precisar fazer se continuar a usar produtos de empresas que estão torturando e matando animais – mergulhei de volta para debaixo da pia. – Tudo! Juro por Deus, tudo em nossa casa é testado em animais.

– Por que eles iriam testar limpador de forno em um cachorro?

Emergi de debaixo da pia, limpa-vidros na mão.

– É assim que eles descobrem o que aconteceria se você engolisse limpador de forno. Como se já não soubéssemos disso. Então, eles forçam os cães a ingeri-lo em um processo conhecido como sonda oral, para descobrir a dose máxima tolerada.

– No caso de que algum idiota não saiba que não pode beber limpador de forno ou mantê-lo em algum lugar para que seu filho não beba?

– Exatamente. Ou xampu, água sanitária, detergente, sabão, seja lá o que for. É tudo tão estúpido e desnecessário. Não é nem exigido por lei. É feito por força do hábito – facilidade –, preguiça dos laboratórios e cientistas, que ainda recebem o dinheiro da concessão – nossa porcaria de impostos – para esse tipo de merda. E muitos dos animais morrem, é claro. É assim que descobrimos o "máximo". E às vezes eles fazem o procedimento de forma errada, o líquido entra nos pulmões dos animais – *dos beagles* – e então eles matam o pobre cão. Quero dizer, eles chamam de "eutanásia", mas isso não é eutanásia! – Eu jogava os braços ao ar, ainda segurando o limpador de janelas, e Chris, exageradamente, afastava-se devagar de mim, com um fingido horror. Ou talvez fosse real. – Isso é tortura e morte. E eu não vou mais participar disso. Sem contar que essa merda é toda tóxica mesmo. Eu devia ter jogado tudo isso fora há muito tempo.

– Bem, não é como se estivéssemos usando.

Olhei para ele e vi que estava sorrindo, um esperançoso, provocativo brilho nos olhos. Mais uma vez tentava me afastar do penhasco para o qual nós dois sabíamos que eu estava correndo. Dessa vez deu certo. Eu estava exausta e emocionalmente frágil, mas não podia discutir o fato de que nenhum de nós era exatamente exigente sobre uma casa limpa. Tínhamos uma faxineira, e às vezes essa era a única maneira de sermos capazes de encontrar nossa pia e bancadas.

– Bem, agora definitivamente não vamos usá-los – joguei o limpador de janelas no saco de lixo. – Lembra quando eu disse que estava começando uma dieta à base de vegetais e você perguntou se eu quis dizer vegana?

–Vagamente.

– Quero dizer vegana agora.

Chris foi para a geladeira e tirou uma garrafa de vinho.

– Não vou interferir.

– Boa ideia.

De manhã, acordei cedo e com a mesma determinação. Voltei para internet, dessa vez para esclarecer se meus produtos cosméticos eram testados em animais. *Todos* eram. Minha base, meu rímel, batom, xampu, condicionador, creme dental, desodorante... *tudo*. Eu estava chocada. Agora sabia que eles não estavam testando os produtos para alongar os cílios dos beagles e certificar-se de que cheiravam bem. Percival, como Seamus antes dele e de tantos outros beagles, tinha maravilhosos olhos com linhas negras que o faziam parecer usar um delineador pesado, mas que não haviam sido desenhados para ele em um laboratório como uma espécie de "teste". Não era isso o que eles faziam. Os beagles ou estavam ingerindo ou inalando os produtos químicos. E cães nem sequer suavam; assim, como e por que eles testariam desodorante em um cão? *Estariam eles obrigando esses pobres cães a ingerir até desodorante?*

O site listava empresas "livres de crueldade", e enquanto eu procurava as que tinham produtos que eu poderia comprar, me pareceu ridículo que a empresa tinha de observar e orgulhosamente proclamar "livre de crueldade".

"Livre de crueldade" era digno de nota, pois "crueldade" era a norma? Como "baixo teor de gordura" era digno de nota, porque "gordura" é a norma em nossos alimentos. De repente, tudo parecia tão errado, tão atrasado.

Eu não me senti somente uma hipócrita; eu também me senti enganada. Como é que eu não sabia disso? Como isso se tornou nossa norma aceitável? Eu pensava que era uma pessoa compassiva, especialmente quando se tratava de animais. No entanto, aqui estava eu gastando milhares de dólares com um beagle – meu beagle – e permanecendo alheia aos milhares de beagles testados todos os anos por toda a duração de suas curtas vidas. Eu não só tinha falhado em perceber isso, mas também estava usando os próprios produtos testados nesses pobres cães.

Peguei outro saco de lixo.

Mas jogar fora os cosméticos provou-se mais difícil do que jogar os produtos de limpeza. Eu não tinha me apegado ao meu sabão em pó da mesma forma que amava meus produtos para o cabelo. Eu não tinha passado tanto tempo procurando o limpador de janelas perfeito (não passei nenhum tempo) como para encontrar meu tom favorito de batom. Mas um cabelo brilhante e lábios macios de lavanda não valiam vidas de animais. Minha vaidade teria que superar isso. Com o tempo, tenho certeza que encontraria o tom certo de batom vermelho-sangue que não precisasse envolver sangue de verdade. O que me levou a outro pensamento – será que eles não deveriam dar nomes de produtos realistas? Será que alguém compraria batom "vermelho-sangue de beagle" ou "rosa de coelho morto"? Eu os *tinha* comprado – apenas embalado sob nomes falsos e enganosos, sem divulgação do sofrimento que ia junto com cada tubo.

Mas agora que todos iam para o lixo, eu até tentei separar quais eram os produtos em embalagens recicláveis e eliminá-los de acordo.

Em outro site, comprei maquiagem livre de crueldade, gloss labial, e alguns suplementos de ervas para beagles. Coloquei minha raiva para trabalhar.

Quando Chris acordou mais tarde, orgulhosamente lhe informei minhas realizações da manhã. Ele pareceu confuso e horrorizado.

–Você pediu alguns tambores tribais também?

– Eu só me preocupo com os animais. Não vou fazer nada irracional.

–Você meio que fez. Daqui a pouco vou estar vivendo com uma hippie vestida com saia de cânhamo?

–Você preferia namorar uma hipócrita de salto alto?

Ele parou e fingiu pensar.

– Posso responder isso depois?

Chris estava brincando. Eu esperava. Mas ele provavelmente viu mais claramente o que estava acontecendo do que eu. Ele vinha observando o quadro se formar há um ano.

Depois da minha diatribe da manhã que tinha (quase) arruinado os bifes para Chris, tentei suavizar um pouco as coisas com ele. Ele tinha assistido a alguns dos documentários comigo, e, é claro, me ouvia enquanto eu fazia minhas escolhas para um estilo de vida. Devo reconhecer que ele provava e gostava de muitos alimentos veganos, e estava sempre disposto a conhecer restaurantes veganos. Como seu repertório de piadas de couve já havia esgotado, não tentou demasiadamente encontrar novas – além disso, há apenas algumas piadas sobre húmus que se pode fazer. Ele não escolheu se juntar a mim em uma dieta à base de vegetais, mas começou a procurar por carnes certificadas como "criadas de forma orgânica". Eu não queria ser a hippie com saia de cânhamo que ele temia, mas me perguntava se a sua "carne criada de forma orgânica" não era o seu Adão Macaco – uma história que ele contou a si mesmo para fazer o seu estilo de vida com carne funcionar. Mas me abstive de discutir o assunto.

Como eu estava aprendendo sobre a verdadeira compaixão para com todos os animais, convinha que me lembrasse de ter compaixão para com os animais humanos também. Como Chris era o meu humano favorito no planeta, compaixão por suas escolhas parecia um bom lugar para começar. Afinal, era eu quem tinha mudado.

Eu estava, no entanto, perdendo a paciência com aquilo que os outros sentiam-se livres para me dizer. As coisas que eu ouvia regularmente de seres idiotas que descobriam que eu tinha virado vegana me davam quase tantos pesadelos quanto minha leitura.

– Ah, você não está preocupada com os sentimentos do brócolis? – *Claro, porque isso é uma coisa possível – brócolis tem sentimentos. Vou levá-lo muito a sério, se* é assim que *vai começar uma conversa comigo sobre comida. Ou qualquer outra coisa.*

– Eu cresci no Meio-Oeste e te digo uma coisa: as vacas precisam ser ordenhadas. – *Porque isso faz sentido. Evolução ou Deus ou alguma força superior (mas aparentemente estúpida) projetou um animal totalmente dependente da outra espécie para puxar suas partes íntimas ou ela iria... explodir? E fez todo mundo que cresceu no Meio-Oeste (a) viver em uma fazenda e (b) se mudar para a Califórnia, para que possam dar sermões em veganos?*

– Faz parte da cadeia alimentar. Estamos no topo da cadeia alimentar. É a natureza, meu bem! – *E os hormônios e antibióticos que injetam nesses animais para fazê-los crescer mais rápido e ficarem mais gordos, para que possamos matá-los mais cedo, isso é natural?*

– Olha, na selva, o leão mata a gazela. Todo animal faz o que tem que fazer para comer. – *O leão confina a gazela em uma caixa pela maior parte da sua vida antes de matá-la? Será que possui várias gazelas e as insemina artificialmente para ter um estoque fresco sempre à mão? Quero dizer, ele faz isso, certo? Portanto, sua comparação é totalmente legítima!*

–Você não pode comer queijo? – diz o chocado garçom do coquetel.

– Eu posso comer queijo. Assim como você pode comer couve. Eu escolho não comer queijo.

– Eu escolho não comer couve!

– E eu não estou tirando sarro de você ou fingindo que estou chocada.

– Isso é porque eu sou normal. Queijo é incrível.

E, ah, os comentários sobre bacon. Não deve haver um carnívoro vivo que consiga se abster de exclamar sobre o êxtase do bacon imediatamente após descobrir que alguém é vegano.

E o que eu faria quanto a isso? Como uma ex-fumante, minha tolerância estava baixa, e tudo o que eu queria fazer era explicar tudo o que eu estava aprendendo, lendo, vendo. Queria gritar para que todo mundo acordasse para essas atrocidades para as quais todos estávamos contribuindo. Mas por mais que eu quisesse, não era "educado" explicar em um restaurante, em um clube de campo, na mesa de jantar de alguém, mesmo em um bar, sobre a tortura sofrida pela vaca que produzia aquele queijo, ou sobre o porco que foi assassinado para obter aquela tira de gordura que agora você chama de êxtase. É muito conveniente para o agronegócio que a mesa de jantar, na verdade qualquer lugar onde comida for servida, seja um lugar livre de controvérsia e sagrado, no qual não se pode falar sobre qualquer coisa cruel ou forte ou nojenta... como de onde essa comida veio.

O melhor argumento, e que eu só soube a partir de leitura, e não de (surpresa!) conversas no jantar, era sobre como é quase impossível viver sem matar *alguns* animais – em particular as mortes de roedores e insetos quando os vegetais eram cultivados e colhidos com maquinaria pesada. Isso me fez estremecer, e me deixou triste e frustrada que a vida realmente funcionasse desse jeito (os animais morrem; os seres humanos morrem), mas mesmo assim... Eu estava mais incomodada com a tortura intencional e o abate de animais para obter carne do que com os danos colaterais causados pela horticultura. Uma coisa é um roedor de um ano, com uma expectativa de vida de dois anos, morrer rápida e acidentalmente em uma colheitadeira; e outra, bem diferente, é o abuso, tortura e, em seguida, assassinato de um porco de seis meses, com uma expectativa de vida de doze anos, em uma rotina horrível que visa somente o lucro, que não é mais gentil com as pessoas que trabalham nela do que com os animais.

E agora eu tinha mergulhado no horror da experimentação animal também. Minha frustração e minha raiva cresciam. Estava ficando cada vez mais difícil manter-me uma cidadã educada. Não tinha uma participação nisso? Se Percival não podia falar, eu não deveria? Não é educado falar sobre a comida, mas um animal realmente precisa ser torturado por causa do seu xampu? Eu posso falar sobre isso, *certo*?

Eu estava dormindo cada vez menos. Meu cérebro latejava cada vez mais. Eu me preocupava com o bem-estar dos animais em geral e com os na minha sala de estar especificamente. E esqueci um detalhe importante na minha própria vida.

Meu check-up oncológico havia vencido.

Capítulo 19

Noites de sofá e manhãs de café

Eu adiei marcar a consulta com meu médico para me concentrar em Daphne. Precisava levá-la para a cirurgia, mas me preocupava com sua recuperação, enquanto ela e Percival aparentemente ainda teimavam em ser cada um o único cão em nossa casa.

Eu tinha passado mais duas noites no sofá, e Chris tinha recorrido a fechar a porta do nosso quarto, com Daphne dentro com ele, para que evitássemos os confrontos matinais. Na quinta manhã, quando Daphne desceu as escadas e rosnou ao primeiro sinal de Percival, Chris se manifestou.

– Eu não tenho certeza de que isso vá funcionar.

Segurei com mais firmeza a coleira de Percival e puxei-o para perto de mim.

– Faz apenas cinco dias. Eles ainda estão se acostumando um com o outro.

– Eles não estão se acostumando um com o outro. Não mesmo. Eles se odeiam.

– Não é ódio. Os cães não odeiam.

– Seja o que for, não é amor.

Eu me deixei cair no sofá.

– Eu sei. Mas nós sabíamos que não iria ser fácil.

–Você não tem cães "fáceis". Mas *era* fácil com apenas Daphne.

Eu não tive resposta. Tinha sido fácil com Daphne, mas ser fácil não era o ponto. Eu queria Percival. Eu queria *ajudar* Percival. Sentia-me *obrigada* a ajudar Percival.

Nós soltamos os cães, e depois de se cheirarem em alerta por um minuto ou dois, eles alegremente trotaram para fora para fazer suas necessidades matinais.

–Veja, há esperança – eu disse.

Fiz o meu café da manhã, me perguntando se realmente havia esperança. Eu não me lembro, nem quando era criança, quando a nossa família tinha muitos, muitos animais de estimação, de ter problemas com a chegada de um novo. Mas também, eles corriam por um acre ou mais de terra e havia cinco membros da família para dar atenção, qualquer um deles provavelmente em casa. Já Daphne e Percival, por outro lado, tiveram vidas traumáticas antes de virem para nós, e agora eram animais suburbanos com caminhadas diárias e acesso livre ao sol e ao ar fresco, mas em um quintal que não era grande o suficiente para uma boa corrida. E eles estavam com medo. Tínhamos que nos lembrar disso. Eles precisavam de estabilidade, amor e um teto sobre suas cabeças. Todos nós não precisávamos? Eles precisavam ainda de tempo e paciência. *Sim, eu também.*

Naquela noite, Chris e eu chegamos em casa ao mesmo tempo – ele com Daphne e eu com Percival. Com exceção de uma sessão de farejamento mais longa do que o habitual, com pelos eriçados de ambas as partes, os cães não brigaram. Eles podem ter arreganhado um pouco os dentes, houve definitivamente algumas ameaças caninas rolando, mas nenhum ataque aberto. Eu gostava de pensar nisso como um progresso, e disse isso a um cético Chris. Afaguei ambos os cães e distribuí petiscos. Chris ganhou um beijo. Reforço positivo para todos!

Os cães se comportaram durante toda a noite, enquanto Chris e eu brincamos com eles, os alimentamos, e aninhamo-nos no sofá com os dois. Como eu sentia muita falta da minha própria cama, e numa tentativa de aliviar as preocupações de Chris (e talvez porque eu não aprendesse nunca), decidi testar nossa sorte. Subi para o quarto, ambos os cães me seguindo. Nós todos nos amontoamos na cama para assistir televisão, ler e dormir (Chris, eu e os beagles, respectivamente). Daphne ficou comigo, enrolada ao meu lado, a cabeça apoiada em minha barriga. Percival estava ao lado de Chris, esparramado, tendo sua barriga afagada até que adormeceu. Eu estava em êxtase. Era *isso* o que eu tinha imaginado!

Ao longo de uma hora, Percival se enfiou debaixo das cobertas e dormiu profundamente perto dos joelhos de Chris. Daphne desceu para a parte inferior da cama, contra meus pés, mas em cima das cobertas. Adormeci com meu livro no peito. Chris tirou e fechou o livro, apagou a luz, e se juntou a nós no sono. Uma família feliz.

Até que...

"*AR! AR! AR!*"

O latido rouco de Percival acordou todos nós às duas da manhã. Infelizmente, acordou Daphne mais rápido, e ela se lançou sobre o barulho estranho vindo de debaixo das cobertas. Percival se esforçava para sair de debaixo do peso de Daphne e do lugar escuro e estranho em que ele fora parar. Quando ele conseguiu, ficou cara a cara com uma Daphne assustada e rosnando, que obviamente acreditava que um bom ataque era a melhor defesa. Eles mostraram seus dentes brancos e afiados na noite escura, e lançaram-se um contra o outro. Chris e eu corremos para segurar cada um o máximo que conseguimos e os separamos.

Chris pegou e balançou Percival.

– Está tudo bem, cara, você está com a gente. Está tudo bem. Acalme-se. Shhh, amigo. Está tudo bem.

Eu segurei a coleira de Daphne com uma mão e estendi a mão para o interruptor de luz com a outra. Daphne fez força e rosnou na direção de Percival, seus pelos eriçados por toda a extensão da coluna. Coloquei os braços em volta dela e a abracei.

– Não, Daphne. Não.

Ela latiu em resposta, e Percival se encolheu em Chris. Eu podia ver em seu rosto que ele continuava desorientado e inseguro, ainda tentando descobrir onde estava, mas parecia sentir que Chris, pelo menos, era seguro. Saí da cama e peguei Daphne.

– De volta para o sofá.

– Não, você precisa dormir. Você fica aqui e eu levo Percival para baixo. – Chris se levantou e ergueu Percival da cama. – Só cuide dela enquanto eu enfio alguma roupa.

Segurei Daphne pela coleira enquanto Chris se vestia, com um nervoso e imóvel Percival colado ao seu lado.

Enquanto saía do quarto, Chris disse:

– Ainda acha que isso seja uma boa ideia?

Dormi melhor do que havia dormido por algumas noites, o que não era nada difícil. Eu tinha dezesseis quilos de beagle pressionados contra meu corpo, deixando apenas trinta centímetros de largura de um colchão king size para mim. Ainda assim, era mais confortável do que o sofá. Acordei com um ronco de beagle na minha cara, e tão rapidamente quanto meus olhos estavam abertos, os dela abriram também. Ela se virou de costas e bateu a cauda.

"*Afagos na barriga, por favor!*" Claro, obedeci. Podia ver seu sorriso e aquele olhar canino de puro êxtase e inocência até mesmo de cabeça para baixo.

– Menina, você não pode ser tão agradável e fofa com o nosso pequeno Percival também? Ele teve uma vida difícil e precisa de nós.

Daphne lambeu meu rosto e se contorceu para um lado e para o outro com suas costas. Gostaria de poder considerar esse gesto como um entendimento, mas parecia muito mais um "não".

Fui para baixo e Daphne seguiu logo atrás de mim. Eu tinha ensinado Seamus a esperar no topo da escada até que eu chegasse lá embaixo, porque originalmente ele tinha o enervante hábito de correr sob minhas pernas enquanto eu descia. Como não queria cair das escadas para a minha morte ou invalidez permanente, consegui ensinar a Seamus aquela pequena lição de bons modos desde cedo. Daphne não precisava desse treinamento. Ela sempre ia bem perto de mim, mas do lado, ou alguns passos atrás. Nunca corria na frente – ela queria apenas estar onde eu estava, não à minha frente. Ela mal olhou para Percival enquanto me seguiu até a cozinha, balançando o traseiro em modo turbo.

Percival bateu sua cauda contra a barriga de Chris, mas não se levantou. Ele abriu um olho.

– Será que esse sofá ficou menor?

– Descobri que isso acontece por volta das duas e depois novamente às quatro da manhã.

– Ele é um cão pequeno, mas certamente pode ocupar um monte de espaço. E insiste em ficar bem em cima de mim. Isso não é confortável.

– Eu sei. Obrigado por ter feito isso.

Moí os grãos de café e enchi o filtro.

– Eu vou dormir aqui esta noite.

– Não somos meio jovens para essa coisa de quartos separados? – ele se sentou, movendo Percival de seu peito para um espaço ao lado dele no sofá. Percival se encaixou na curva do cotovelo de Chris. – Quantas noites mais você está planejando fazer isso?

Liguei a cafeteira e me inclinei sobre o balcão da cozinha. Era uma boa pergunta. Eu não tinha planejado nada disso. Eu tinha um plano (ganhando mais força a cada dia) de parar de prejudicar os animais. Eu tinha um plano de resgatar dois beagles. Eu tinha um plano para um casal apaixonado e uma linda família de quatro membros. Eu não tinha um plano para o caso de os cães não se darem bem. Não, meu plano havia sido: *Ele é fofo e está indo para casa comigo.* Esse era o meu plano para Percival, tal como tinha sido para Seamus. Mais uma vez, não pensei em nada além disso.

O café gotejou na cafeteira – saboroso, perfumado, necessário. Haveria um monte de noites de sofá e manhãs de café no meu futuro próximo, eu podia ver isso agora.

– Bem, acho que nós vamos ter que fazer isso pelo menos até que Daphne faça sua cirurgia e se recupere – eu disse.

– Que vai ser quando?

– Certo. Hum... ela está agendada para amanhã.

Chris parou de afagar Percival e cobriu seu rosto com a mão, então olhou para cima.

– Ótimo. Então, ela estará sob o efeito de analgésicos, costurada e com um cone na cabeça enquanto estamos nesta situação. O que poderia dar errado?

Percival bateu a pata em seu rosto para redirecionar sua atenção.

– Acredite em mim, eu sei. Eu já pensei nisso. Mas estou preocupada sobre ficar adiando isso. Estou preocupada com aquele caroço. Além disso, e se ela entrar no cio?

– É verdade. Bem, talvez com a castração ela amadureça um pouco. E talvez o cone a impeça de brigar.

Peguei uma grande caneca branca do armário e coloquei café nela.

– Depois que eu deixá-la amanhã de manhã, vou comprar uma caixa de transporte grande na qual possa se recuperar em segurança. Do tipo que é mais fácil para ver de fora.

– Outra caixa? Outros cem dólares?

– Mais barato do que as contas do veterinário se eles se machucarem brigando.

Daphne desistiu de conseguir qualquer comida no momento e trotou para fora pela porta de cachorro. Pulou o muro de contenção e foi para o mato, onde se agachou para suas necessidades, olhando para nós pelas portas francesas de vidro.

– Está vendo aquilo, Percival? – disse Chris. – É assim que se faz.

Percival olhou para Chris e cheirou seu queixo, batendo continuamente a cauda. Percival usava a porta de cachorro para ir e vir de fora, algo de que ele claramente gostava, especialmente se pudesse se sentar ao sol. Mas não estava usando a porta para sair e fazer xixi. Não, para isso ele usava o tapete da sala (que tinha um tom de verde, mas que não chegava a ser verde gramado). Depois da primeira vez, colocamos almofadas de xixi ali. Vanessa o tinha treinado para usar as almofadas, mas esperávamos que Daphne lhe demonstrasse como usar o ar livre como banheiro. Sem sorte. Eu estava avançando lentamente as almofadas para mais perto da porta, mas infelizmente Percival tinha escolhido começar no ponto mais distante do lado de fora. E, francamente, tínhamos problemas maiores do que esse para lidar.

Trocamos de cães. Enviei Percival para trabalhar com Chris, na esperança de que uma forte dose de toda aquela fofura fosse ganhar Chris, embora eu não estivesse inteiramente certa de que ele considerasse ser golpeado no rosto por uma patinha de beagle tão fofo quanto eu achava.

No trabalho comigo, Daphne era o perfeito cão comportado. Dormia na cama em meu escritório, tomando o sol que entrava pelas minhas janelas, e periodicamente ia até a minha cadeira para um pouco de amor, embora inevitavelmente ela terminasse colapsando em uma bola de afeto peludo, querendo afagos na barriga. Ela não corria para a porta quando alguém chegava, e feliz e calmamente cumprimentava os visitantes e minha equipe. Ela era tão adorável e perfeita como Chris havia determinado que era nas primeiras vinte e quatro horas de sua chegada.

E exatamente o oposto do que era com o igualmente adorável Percival.

Chris tinha me mandado um e-mail dizendo que Percival estava dormindo profundamente. Muito profundamente. Ele não estava se movendo. Respondi.

Sim. Eu sei. É meio assustador, mas no final da tarde ele já vai estar acordado e bem.

Chris respondeu rapidamente.

Vou ter que confiar em você. Eu quero colocar um espelho na frente do focinho dele para ver se a respiração o deixa embaçado, você sabe, como os pais de primeira viagem fazem com os bebês?

Ah. Sim. Eu sei. E isso é muito bonito.

Mais tarde, Chris escreveu que Percival havia de fato despertado, e começara a mastigar a resma de papel no chão, perto da impressora.

Ah, certo. Vanessa tinha nos avisado que ele mastigava papel – revistas, livros, e, claro, por que não uma resma de papel que estava ali para pegar? Era possível que eu tivesse me esquecido de avisar a Chris sobre esse hábito.

Na manhã seguinte, Chris saiu cedo para levar Daphne ao doutor Davis para a cirurgia. Nós não podíamos dar a ela nenhum café da manhã – o que era sempre difícil com um beagle. Alimentei Percival depois que eles saíram e ele me seguiu ao redor da casa um pouco antes de subir em nossa cama e se enrolar no travesseiro de Chris. Suspeitei que era onde ele tinha estado toda a noite, e fiquei com mais do que um pouco de inveja. Ele parecia tão doce, no entanto. Como uma pequena corça, similar na cor, com pernas longas e finas dobradas quase até o nariz, e seus longos cílios bem visíveis. Era restaurador ter um momento de silêncio sozinha com Percival.

Chris voltou para casa para pegar o nosso precioso menino antes de ir para o trabalho. Nós ainda não pensávamos que deixá-lo sozinho em casa fosse sábio. Queríamos que ele se acostumasse conosco, e queríamos estar lá se ele ficasse com medo. Portanto, mesmo considerando o quanto ele odiava passeios de carro, decidimos mantê-lo com um ou outro de nós em todos os momentos. Felizmente, Chris e eu trabalhávamos perto de casa.

Fui para o meu escritório e ansiosamente aguardei pela ligação do doutor Davis dizendo que Daphne já tinha passado pela cirurgia. Ficaria em casa na sexta-feira para que pudesse estar com ela enquanto se recuperava. Se Chris e eu não tivéssemos ambos nossos próprios negócios, não sei como iríamos conseguir lidar com os cães que entravam em nossas vidas.

Pouco depois das três horas, recebi a ligação. Daphne estava ótima, e eu podia ir buscá-la a qualquer momento. "A qualquer momento" significava "imediatamente" para mim. Eu queria ver minha menina e levá-la para casa, confortável e horas antes de Percival chegar em casa e qualquer discussão começar – sendo *discussão* o termo mais suave em que eu podia pensar.

Vinte minutos após o telefonema, eu já estava esperando na sala de exame do doutor Davis. Ele apareceu pouco depois.

– A cirurgia correu bem. O caroço na lateral dela era mais profundo do que eu pensava, então precisei dar alguns pontos ali também. Estou um pouco preocupado, por isso o mandamos para a biópsia.

– Na lateral? Estava preocupada com o caroço no peito.

– Tiramos esse também, mas não era tão profundo. Então, ela está com pontos em três lugares, e um deles é bastante profundo. Você vai precisar mantê-la sem se movimentar muito. Prenda-a, se puder.

Oh, eu posso. Eu preciso.

– Ok. Mas ela está bem? Tudo correu tranquilamente?

– Sim, ela está bem. Saindo sem problemas da anestesia. Mas deixe-me mostrar uma coisa. – Ele colocou uma radiografia em cima de uma placa de luz. Com sua caneta apontou para manchas espalhadas por todo o tronco. Uma, duas, três, quatro... dez. Dez manchas. Meu coração, mente e corpo congelaram. *Mais manchas em uma radiografia, não!* É claro que eu estava pensando em câncer. Tentei me concentrar no que ele estava apontando, mas não conseguia. Só olhava para ele, incrédula.

– Ela levou um tiro – disse ele. – Como eu pensei.

– *Tiro?!* – Eu tinha quase esquecido que ele mencionara essa possibilidade antes.

– Isso é chumbo. Está profundo em seu tronco em todos esses pontos. Pode haver mais nas áreas que não estão na radiografia. Foi um tiro a distância, porque os estilhaços de chumbo se espalharam, não estão todos agrupados como estariam se o atirador estivesse próximo.

– Que diabos?

– Eu sei. Infelizmente, vemos muito isso com animais abandonados. Alguém pode ter atirado nela enquanto estava na rua. Ou quem quer que fosse o dono dela e obviamente a usasse como reprodutora – removi um útero grande e inchado, e você pode ver que ela tinha alguns litros de leite – pode ter atirado nela para fazê-la sair da propriedade quando terminou. Vai saber.

Eu estava fervendo e minha cabeça estava girando. Não era câncer, mas um ser humano fez isso intencionalmente? Infligiu isso a um *cão* indefeso?

– Você removeu os estilhaços?

– Não. Causaria mais dano fazer a incisão até lá e retirá-los. Está cicatrizando em torno deles agora. Melhor deixar correr naturalmente. Pessoas e animais sobrevivem com balas e estilhaços dentro deles. Isso acontece, infelizmente.

Certo. Os seres humanos eram horríveis com os seres humanos também.

Daphne foi trazida para mim, de olhos caídos e um pouco atordoada, mas ainda balançando o traseiro e feliz em me ver. Ela tinha um cone na cabeça, e a lateral direita, peito e barriga raspados.

Abaixei-me para afagá-la e ela lambeu meu rosto.

– Vamos, Doodlebutt. Vamos levá-la para casa para mimá-la bastante.

Levei-a para casa, lentamente, tomando cuidado para não frear ou virar bruscamente, enquanto proferia palavras de conforto em sua direção. Ela dormiu por todo o caminho. Já em casa, dei-lhe uma pequena porção de comida, sua medicação para dor, antibióticos e uma manta macia em cima de sua cama para que ela pudesse descansar enquanto eu montava a grande caixa de transporte. Feito isso, coloquei o cobertor na caixa, em cima da almofada, e a atraí com petiscos. Porta fechada e cão arrumado, ambos dormimos por duas horas seguidas, embora eu ainda estivesse no sofá.

Acordei a tempo de deixar Daphne sair, alimentá-la e dar-lhe um pouco de água e de amor antes de Chris e Percival chegarem e ela precisar voltar para a caixa. Ela estava à vontade com isso, pois estava claramente grogue ainda, e os medicamentos para a dor a mantinham sonolenta o suficiente para que nem mesmo a chegada de Percival pudesse incomodá-la.

Da sua parte, Percival estava feliz por estar em casa. Ele tinha entrado em transe e babara na viagem de carro. Parecia que só precisava se deitar em algum lugar familiar. Esse lugar era, naturalmente, o sofá ao lado de Chris, que se sentou ao meu lado.

Disse a Chris o que o doutor Davis tinha me mostrado na radiografia de Daphne.

– Minha cabeça está girando com toda essa crueldade com os animais. Tudo o que eu estou lendo, esses documentários, a vida do pobre Percival em um laboratório, e agora isso. Está me deixando louca.

Chris fez uma cara exagerada indicando seu medo de mim, e se afastou.

– É mesmo? Eu não tinha notado.

– Então você notou?

– Se eu notei que você não dorme durante a noite, antes mesmo de começar a ficar no sofá? Que você – que normalmente nunca chora – está sempre em frente à televisão aos prantos? Que você está jogando fora tudo o que possuímos? Que estamos comendo em restaurantes hippies? Que sua nova melhor amiga é a couve, com a levedura nutricional uma séria candidata ao segundo lugar? Que você está obcecada em salvar esse beagle de laboratório, apesar de que isso pode não ser o melhor para ele, para você, para Daphne ou para mim? Que mesmo isso tudo ainda assim não é suficiente, que você precisa salvar todos os animais do planeta também? Não, eu não tinha notado.

Minha garganta apertou. Levantei-me do sofá.

– Agora provavelmente não é o melhor momento para essa conversa.

– Certo, relaxa. Tudo bem. Você me diz quando for o melhor momento.

– Algum momento depois de eu ter oito horas de sono. – Tentei manter meu tom calmo, mas podia estar cansada demais para conseguir isso.

– Isso pode não acontecer tão cedo, se não fizermos alguma coisa sobre a situação. Você vê um círculo vicioso nisso, certo?

– Não, não vejo.

Bem, eu *via*. Mas eu não *queria ver*.

Percival se jogou no colo de Chris e olhou para ele com adoração, como se o estivesse vendo pela primeira vez durante todo o dia. Chris riu.

Boa jogada, Percival. Boa jogada.

Capítulo 20

Eu não fazia ideia

Os analgésicos de Daphne e seu confinamento na caixa tornaram a noite mais fácil. Eu tinha todo o sofá para mim e só acordei duas vezes, ambas para deixá-la sair para um pouco de água e sua visita aos arbustos do quintal. Ela parecia muito contente de voltar à sua caixa e roncava profundamente, o que fez voltar a cair no sono um pouco mais difícil, mas não impossível. Na sexta-feira, Chris levou novamente Percival para o trabalho e eu fiquei em casa cuidando de Daphne, alternando entre trabalho e sonecas. Sexta à noite em nosso emocionante lar pareceu muito com a noite de quinta. Até cerca de três horas da manhã.

Daphne me acordou, desta vez não com seu ronco, mas com sua respiração ofegante. Abri a porta da caixa para deixá-la sair, mas ela veio apenas até minha mão, que cutucou. Afaguei sua cabeça.

– Qual é o problema, garota?

Seus grandes olhos caramelo me olharam, e eu pude ver que ela não estava apenas ofegante, mas babando. Nós tínhamos mudado o cone de plástico para um inflável, mais confortável para ela, mas ela parecia qualquer coisa, menos confortável. Trouxe a tigela de água e ela deu alguns goles. Logo estava ofegando novamente. Eu cortei um de seus remédios para dor e dei a ela. Ela pegou e saiu da caixa com cuidado, caso houvesse outros petiscos a ganhar. Conte com um beagle para procurar petiscos, mesmo quando doente.

Eu estava no chão, encostada no sofá, e ela se sentou ao meu lado, apoiada em mim pela lateral esquerda – a única região sem ponto algum. Pobrezinha. Eu tinha certeza de que ela estava desconfortável, mas isso tudo me lembrava de minha última noite com Seamus, e eu me preocupei que houvesse algo muito pior acontecendo. Afaguei sua cabeça e seu lado bom e, eventualmente, ela pareceu relaxar. Por conta própria, andou de volta para a caixa, e nós duas voltamos a dormir.

Às seis e meia, porém, estávamos acordadas novamente. Ela estava sentada de novo, e a respiração ofegante tinha retornado. Embora de novo ela tivesse saído com suas próprias forças, bebido água, e até mesmo tomado o café da manhã, ela parecia muito mal e nunca parava de ofegar, exceto para engolir. Para um cão geralmente tão feliz, isso era um mau sinal. Quando Chris acordou, ele concordou que precisávamos levá-la para ver o doutor Davis. Embora nenhum de nós mencionasse, eu podia dizer que ele também se lembrava da última noite de Seamus.

Eu estava dividida. Queria ficar com Daphne e levá-la ao veterinário eu mesma, mas tinha me oferecido para ficar em um estande do Projeto Liberdade para os Beagles no resort Glen Ivy Day Spa, onde eles estavam lançando uma linha de produtos de beleza livres de crueldade com um dia de spa "Felicidade de Beagle". Uma parcela de cada taxa de admissão seria destinada ao PLB, e eles tinham pedido a Shannon para ter alguns dos beagles presentes. É claro que quando eu me ofereci não sabia sobre o cronograma de sono em que estaria ou que Daphne teria de ser levada às pressas para o veterinário naquela manhã. Mas eu não queria falhar com o Projeto Liberdade para os Beagles.

Mais uma vez, eu e um cão (Percival) fomos em uma direção, e Chris e o segundo cão (Daphne) em outra. Chris prometeu que ligaria no momento em que tivesse qualquer notícia, e eu mandei uma mensagem para Shannon dizendo que eu chegaria atrasada, mas estaria lá.

Dirigi para o resort, comendo uma maçã no caminho e tentando assegurar a Percival que o passeio de carro iria terminar em breve, enquanto assegurava a mim mesma que Daphne ficaria bem.

Chris ligou enquanto eu entrava no estacionamento do spa.

– É só impressão, ou te faço um bocado de ligações sobre diagnósticos caninos?

– Isso não é engraçado. Ela está bem?

– Está agora. Eles lhe deram uma injeção para a dor. O médico acha que a dor pós-cirúrgica está causando a respiração ofegante, então estamos ajustando seus analgésicos.

A notícia foi melhor do que aquilo que eu temia. Pelo menos era algo fácil de resolver. Mas eu tinha seguido as instruções que havíamos recebido, e nossa pobre menina ainda estava com dor. Algo tão facilmente controlável, e tínhamos falhado com ela.

Chris sabia no que eu estaria pensando, que eu estaria me culpando a essa altura.

– Ela está bem agora. Está relaxada, dormindo na caixa. Fizemos exatamente o que nos foi dito.

– Eu deveria saber.

– Como? Como você saberia mais do que o veterinário?

– Eu não sei – senti uma onda de exaustão apoderando-se de mim. Exalei. – Estou tão cansada de tudo que está acontecendo de errado. Estou cansada. Ponto.

– Certo. Vou encher a hidromassagem. Vamos falar sobre isso esta noite.

Isso não ia ajudar. Eu sabia sobre o que ele queria falar, e estava me sentindo derrotada, mas ainda não disposta a admitir uma derrota permanente. Aqueles cães *precisavam* de nós.

Estendi a mão para o beagle com medo e babando ao meu lado e dei-lhe um pedaço de maçã. Ele lambeu a fatia gentilmente, levou-a à boca, e depois colocou-a de volta no banco. Ele cheirou e olhou para mim com aqueles olhos amendoados escuros. *O que é isso?*

– É uma maçã, amigo. É bom para você. Vá em frente.

Peguei o pedaço e entreguei a ele de novo. Desta vez, ele mastigou, e dava para ver a alegria enquanto registrava "doce" e "saboroso". Ele abanou o rabo e me olhou pedindo mais, seus olhos agora menos desconfiados e arregalando-se com a esperança. Eu mordi mais um pedaço e entreguei a ele. Sentou-se, mastigando alegremente. Beijei seu rosto.

– Quase faz valer a pena um passeio de carro, hein? Ok, amigo, mas temos que ir. Você vai conhecer seus fãs. Hoje, você é o rosto da campanha anticrueldade.

E que rosto.

Passei a manhã deixando os convidados conhecerem e afagarem Percival. Mostrei-lhes o número tatuado no interior de sua orelha (1800192) e expliquei que aquilo era tudo o que sabíamos sobre os primeiros dezoito meses de sua vida, enquanto vivia em uma gaiola, vítima involuntária de testes farmacêuticos.

Uma jovem de short e top na fila com dois amigos afagou-o e colocou seu rosto próximo ao dele.

– Ele é tão doce. Como alguém poderia fazer isso?

– Infelizmente, é a regra. É por isso que é importante comprar produtos livres de crueldade. – Ela provavelmente tinha seus vinte e poucos anos, então fui para o óbvio. – A maior parte da maquiagem vendida em lojas de departamento e de marcas grandes, comuns em farmácias, é testada em animais. E não quero dizer que eles colocam rímel nos beagles. Eles pingam a coisa em seus olhos, fazem com que comam isso à força, e que inalem os vapores dos produtos químicos. Um monte de procedimentos desnecessários e dolorosos.

Ela arregalou os olhos, assim como seus amigos. Eles se aproximaram e afagaram Percival.

– Isso é tão horrível! Por que eles precisam testar maquiagem em animais?

– Eles não precisam. Os testes em animais não são exigidos por lei. É isso que é importante lembrar. Muitos países e empresas desistiram de testes em animais. Quando você comprar, certifique-se de procurar por produtos livres de crueldade. Eles dizem isso na embalagem, ou você pode procurar pelo logotipo do Leaping Bunny, a imagem de um coelho saltitante no produto.

Estava ciente de que eu soava como um comercial mal escrito, mas não me importei. Eu era nova nessa pregação, mas estava sendo sincera.

– Eu vou fazer isso – a jovem disse. Ela estava olhando diretamente para Percival enquanto falava, então eu tive grandes esperanças de que mantivesse a promessa.

Um de seus amigos disse a frase de costume:

– Eu não fazia ideia.

Eles começaram a citar nomes de várias empresas de cosméticos grandes e populares, perguntando se elas testavam em animais. Todas testavam. Eu havia ficado tão desapontada quanto eles pareciam agora.

– Existem algumas marcas muito boas que não testam em animais. Vocês só precisam fazer uma pequena pesquisa antes de comprar. Entrem no BeagleFreedomProject.org para saber mais. Espero que todos vocês comprem produtos livres de crueldade, agora que sabem. O Percival agradece. – Para deixá-los com um sorriso, em vez dos olhares atônitos em seus rostos agora não mais ingênuos, levantei a pata de Percival em um cumprimento.

Andei pela fila, introduzindo Percival a mais clientes do spa. Ele parecia gostar de sua nova fama enquanto abanava o rabo e recebia os carinhos. Eu esperava que todos que o conhecessem aquele dia se lembrassem de seu doce rosto de beagle quando fizessem suas escolhas de compras. Demandava um pouco mais de tempo e esforço fazer compras livres de crueldade, mas proteger esses cães valia a pena. (Comprei a linha Primavera de produtos para cuidados da pele que o resort tinha promovido durante todo o dia no evento; isso foi fácil, pelo menos.)

Andar com Percival no terreno do resort me deu a chance de conhecê-lo um pouco melhor. Eu dei a ele liberdade e deixei-o farejar e ir aonde quisesse. Nas raras ocasiões em que tentei dissuadi-lo de ir em uma direção em particular, ele usou seu sistema patenteado de freios nas quatro patas e fez peso na direção oposta. No fim, eu tinha que pegá-lo e carregá-lo. Ele amava ser carregado, então isso era quase tão bom quanto apenas deixá-lo seguir seu caminho. Em determinado momento, a direção que ele queria seguir era para perto de um pequeno lago com cascata. Puxei a coleira para trazê-lo de volta para a grama, mas ele nem ligou para isso. Sabendo que os beagles não são grandes fãs de água, parei e deixei-o andar até a beira da lagoa. Para minha grande surpresa, ele não parou na beira. Entrou direto na lagoa e se molhou até a barriga. Virou-se para olhar para mim, primeiro com surpresa e, em seguida, puro deleite. Estava cerca de trinta e três graus ali fora, e a lagoa era sem dúvida refrescante, mas se ele fosse muito mais longe, estaria nadando, e aquele não era um spa canino. Puxei a coleira para trazê-lo de volta.

– Vamos, Percival. Aí já está longe o bastante.

Não, não estava, aparentemente. Ele fez peso para o lado oposto de novo e rapidamente submergiu até o pescoço na água. Então, convenceu-se de que eu tinha razão. Voltou e saltou para a segurança da grama com um movimento ágil. Seu olhar era de emoção, alegria e um pouco de incerteza. Ele estava orgulhoso de si mesmo, sem dúvida. Sacudiu-se e começou a rolar sobre a grama, criando sua própria versão de fragrância botânica do spa para todo o corpo.

Voltamos ao grupo e Percival posou para muitas fotos enquanto eu me sentava e conversava mais com Shannon sobre o trabalho do Projeto Liberdade para os Beagles. Para minha felicidade, Rizzo também estava lá naquele dia. Ele ainda não tinha sido adotado, mas parecia que mais do que um dos funcionários do spa tinha se apaixonado pelo doce menino. Tive certeza de que não demoraria muito até que fosse adotado.

Eu estava cansada, mas me sentia bem com relação ao dia. Esperava que tivéssemos ajudado a divulgar sobre a experimentação animal, Percival teve a chance de sair e se aventurar um pouco e Daphne iria ficar bem. Chris tinha mandado uma mensagem de que ela dormira confortavelmente em sua loja de vinhos por toda a manhã, sem ofegar em nenhum momento.

Mas quando Chris chegou em casa naquela noite, era óbvio que ele não estava se sentindo bem. Ele ainda queria ir para a hidromassagem. Eu concordei, porque devia isso tanto a ele como ao meu corpo cansado e dolorido.

Quando fomos para o nosso quintal nos fundos, Daphne descansava na caixa e Percival dormia na cama de cachorro não muito longe dela. Uma trégua tinha sido alcançada – pelo menos entre os cães.

Afundei nas quentes e suaves bolhas e fechei os olhos.

– Me dê alguns minutos.

– Não há pressa. Me diga quando puder falar.

Acontece que não é tão relaxante ficar em uma banheira de água quente com alguém esperando para lhe dizer coisas que você não quer ouvir. Sentei-me.

– Ok. Diga.

–Você vai ouvir?

–Vou tentar.

– Está certo. Eu tenho duas preocupações. Em primeiro lugar – e não é o que você está esperando, tenho certeza –, mas você já fez o agendamento para o seu check-up?

– Hein?

–Você não tem um check-up oncológico em abril? Abril está quase no fim.

Por algum motivo eu tinha esquecido de que, como Chris tinha ido às consultas comigo por anos, ele sabia sobre o calendário tão bem quanto eu. Tinha sido pega.

– Eu não agendei a consulta.

–Você não acha que isso é meio importante?

Mais ou menos. Talvez. Mas pra que a pressa em descobrir que meu câncer está de volta também?

– Eu não liguei para agendar porque não sei quando eu iria. O que faríamos com os cães?

Chris se inclinou para a frente e colocou as mãos em meus joelhos sob a água. Não havia vapor suficiente na banheira para bloquear a preocupação tensa em seu rosto.

– O que me leva ao segundo ponto. Eu acho que talvez você precise considerar que isso seja mais do que podemos dar conta. Talvez só estejamos destinados a ter um cachorro. E talvez devêssemos ficar com o cachorro descontraído, já domesticado, que ama andar em carros.

– Faz apenas duas semanas.

– Foram duas semanas terríveis.

– Ele está se adaptando. Já está melhor.

– Só porque ela está medicada e em uma caixa. Isso não vai durar muito mais tempo.

– Não é culpa dele. Eu não vou desistir dele. Não agora.

– É disso que eu tenho medo. – Chris soltou meus joelhos e recostou-se na água, passando a mão pelo seu cabelo espesso. – Você nunca vai desistir. Não importa o que aconteça ou quão ruim a coisa fique, você vai continuar a tentar salvar esses cães, e agora vacas. E porcos. E galinhas. E mais beagles. Não vai parar. E, veja só, isso já está afetando sua saúde.

Minha cabeça se ergueu.

– Não, não está. – *Pesadelos não eram um problema de saúde, certo?*

– Os check-ups fazem parte da sua saúde. Você teve câncer, lembra? Não gripe.

Eu não tinha energia para discutir, e nenhum arsenal de fatos ou lógica com o qual lançar um ataque defensivo. Eu sabia que precisava agendar a consulta. Eu só não *queria*.

– Ok, tudo bem. Eu vou agendar a consulta. Mas vamos dar aos cães mais tempo. Eles vão se adaptar. Não podemos levar as coisas um dia de cada vez? Assim como com Seamus e todos os seus problemas? Ele precisou de tempo também.

Seamus precisara de bastante tempo. E energia. E babás. Sinceramente, eu não tive certeza de que meu relacionamento com Chris fosse sobreviver a Seamus, e acabamos como uma família muito unida.

– Ok. Mas você também precisa manter a mente aberta. Essa pode não ser a melhor situação para o Percival também.

Quando voltamos para casa e tiramos nossas roupas de banho molhadas, Chris se sentou no sofá. Percival saltou imediatamente em seu colo e colocou as patas dianteiras sobre os ombros de Chris, olhando-o bem no rosto e abanando o rabo. Chris afagou Percival, enquanto eu ficava no chão ao lado da caixa de Daphne e coçava suas orelhas, esticando meus dedos pelas grades da lateral da caixa.

Minhas têmporas latejavam, meu cérebro estava vibrando, e eu sentia o impulso irresistível de chorar – mas não pensava em nada especificamente nem estava com capacidade para me concentrar em qualquer pensamento. Não havia nada. Eu estava vazia.

Fiquei apenas sentada, olhando pelas barras da caixa de Daphne.

Capítulo 21

Yappy hour

Virei de um lado para o outro, depois de volta de barriga, na esperança de encontrar uma posição que aliviasse a vibração, o sentimento pulsante na minha cabeça. A parte de trás do meu crânio doía, e quando eu ia começar a cair no sono, imagens em preto e vermelho e pesadelos violentos de animais enjaulados e chorando me acordavam novamente.

Ao contrário dos sonhos que eu tinha durante o tratamento para o câncer, meus novos sonhos macabros de animais vítimas de abuso não se incomodavam em ter a sutileza de simbolismos.

Adormeci por volta das três da manhã. Chris e Percival me acordaram às sete horas, quando desceram as escadas. Escolhi não mencionar que não tinha adormecido até as três. Em vez disso, decidi me recompor. Para o meu bem e o dos cães, tinha que encontrar uma maneira de acalmar nossas vidas.

Daphne tinha seu check-up pós-cirúrgico naquela tarde. Era difícil não perceber como Percival estava se afeiçoando a Chris, embora eu me perguntasse se ele percebia isso. Então, novamente, levei Daphne comigo e deixei Percival com Chris.

Assim que eu cheguei ao meu escritório, liguei para agendar a consulta com meu oncologista – o primeiro passo para me recompor. *Ou, pelo menos, convencer Chris de que estava fazendo isso.* O centro de câncer tinha um horário na semana seguinte. Mandei um e-mail para Kelle e planejei um almoço logo após o check-up. Outra lição que aprendi bem com Seamus foi ter sempre algo bom para esperar depois dessas consultas. No caso dele, eram petiscos caninos de ossinhos verdes. No meu caso, encontraria algo verde para comer no Native Foods Café com Kelle, e ansiava por falar mais com ela.

Então mergulhei no trabalho, me enterrei nos assuntos dos meus clientes, quase febrilmente assumindo o controle de tudo o que era possível assumir o controle. Embora estivesse cansada, era agradável retomar um sentido de normalidade. Eu tinha um escritório de advocacia para tocar, clientes que precisavam de mim, e, bem, contas para pagar. Exercer o Direito era algo que eu precisava fazer.

Daphne dormiu profundamente até a tarde, quando fomos visitar o doutor Davis para seu check-up. Chegamos à sala de espera em um instante, e com a mesma rapidez o doutor Davis se juntou a nós.

– Eu recebi o laudo da biópsia. – Ele permaneceu do lado oposto ao meu na mesa de exame, Daphne aos nossos pés. – O caroço na lateral, com o qual eu estava preocupado, não é nada... apenas um lipoma. – Então, ele respirou fundo. – Mas o do peito, eu... nem posso acreditar... era um tumor de mastócitos.

Não haveria segundo passo para me recompor. Pelo menos não hoje.

Suguei o ar, mas ainda me sentia incapaz de respirar. Um tumor de mastócitos foi o que Seamus teve na primeira vez. A vez que me disseram que com cirurgia e quimioterapia ele viveria talvez um ano. Eles estavam errados, é claro, mas foi um ano de luta, milhares de dólares em contas de veterinário, nervosismo constante, angústia e ansiedade. *Puta merda.* Será que o câncer algum dia vai sair da minha vida? Já no momento em que perguntava *Posso fazer de novo?*, sabia que o faria. Na minha mente, eu já estava alocando recursos e pensando no que desistir até que tudo se encaixasse em nosso orçamento.

– Ok. O que eu preciso fazer?

– Bem, a boa notícia é que dessa vez eu consegui margens limpas. A patologia não mostra células cancerosas nas bordas do tumor que tirei, então isso é bom. Eu devo receber o relatório completo ainda esta semana para ver se algum outro tratamento é recomendado.

– É possível que não haja mais tratamento?

– Sim. Inteiramente possível. Vou avisá-la assim que receber o relatório.

Em casa naquela noite, minha decisão de me recompor já uma nota de rodapé, despejei minha raiva em Chris. Amaldiçoei o câncer com tudo o que eu tinha (e, com a minha ascendência irlandesa, isso quer dizer muito).

Chris assumiu o papel de adulto racional.

– Ele disse que tem margens livres. Nós sabemos como isso é importante. E você já sabe que alguns cães têm tumor de mastócitos e só precisam de cirurgia.

– Eu não tenho essa sorte.

– Você não sabe disso. E Daphne é sortuda. Ela tem sorte de estar conosco e estarmos cuidando dela. Imagine o que teria acontecido se você não tivesse visto a foto dela naquele dia?

Fiz uma pausa. Não havia a hipótese *e se eu não a tivesse visto* em minha mente. Eu a tinha visto. Nós a tínhamos resgatado. Ela era nossa. Tinha quase esquecido de que era para ela ser um cão adotivo temporário.

– Seja o que for, você sabe que eu vou lutar contra isso. O que quer que precisemos fazer.

– Oh, eu sei. Acredite, eu sei.

– E eu *marquei* meu check-up hoje. Então, tenho certeza que todos podemos adivinhar o que vai acontecer.

Chris colocou os braços à minha volta e me puxou para perto.

– Eu sei que isso deve ser assustador para você, mas tudo vai ficar bem. Vai, sim.

Deixei as lágrimas caírem até minha cabeça doer e eu precisar assoar o nariz. Quando saí do sofá para pegar um lenço de papel, Daphne me seguiu. Percival pulou e tomou meu lugar ao lado de Chris.

Pelo resto da semana, as coisas pareceram melhorar, pelo menos entre os cães. Eles não rosnavam regularmente um para o outro e não tinham brigado há mais de 48 horas. Começamos a brincar que era como aquelas placas nas fábricas, "Há X dias sem acidentes" – só que para nós era "incidentes". No entanto, quando Chris e eu decidíamos ficar no sofá juntos e os cães se juntavam a nós, eventualmente os rosnados começavam (entre os cães, não entre nós). Eu sabia que isso era muito normal para os cães – eles precisam estabelecer sua posição em nosso bando. Mas Daphne parecia não querer que Percival estivesse no bando de jeito nenhum, e Percival parecia aterrorizado e talvez demasiado agressivo para uma simples "discussão" territorial.

Por isso, instituímos a regra "nenhum cão no sofá" e trouxemos uma segunda cama de cachorro para baixo, para que eles não tivessem que compartilhar. Nenhum deles ficou feliz com a medida, mas o velho ditado legal de que um bom acordo é aquele em que nenhuma das partes fica satisfeita parecia aplicar-se aqui.

As noites eram mais difíceis. Depois de mais de uma semana dormindo separados, com um ou outro de nós no sofá, estávamos cansados, e eu desesperadamente queria nossa cama. Tentamos ambos dormir na cama com cada cão em sua própria cama no quarto conosco, mas fomos rapidamente acordados com os sons, agora familiares, da briga entre eles. Tentamos deixar Daphne sozinha na biblioteca com uma cama, um cobertor, um travesseiro, e a porta fechava. Ela arranhou maniacamente a porta. Tentamos deixar Percival na biblioteca em vez disso, mas dentro de instantes seu hábito de mastigar papel foi mais uma vez demonstrado nos pobres livros nas minhas prateleiras inferiores. Trouxemos os dois de volta para o quarto, mas colocamos Daphne em sua caixa. Ela uivou, rosnou e grunhiu pela grade. Aparentemente, até mesmo o cheiro de Percival no mesmo quarto com ela bastava para deixá-la em frenesi. Voltei para o sofá e levei Daphne comigo. Não importava. Mais uma vez, fiquei pulando e me virando, inutilmente tentando bloquear as imagens horríveis e acalmar minha mente inquieta. O sono fugia, não importava onde eu estivesse.

Finalmente, na sexta-feira, o doutor Davis ligou. O laudo médico revelou margens limpas, indicadores bem baixos das inumeráveis outras coisas que eles testaram e relatórios que eu não conseguia entender. O que eu entendi foi a última parte de sua declaração: "Nenhum outro tratamento é necessário ou recomendado". *Nenhum outro tratamento é necessário.*

– Sério? Sem quimioterapia? Nenhuma cirurgia adicional?

– Não. Vamos monitorar a região, é claro. E quaisquer outras saliências ou protuberâncias que aparecerem.

– Eu sempre monitoro saliências e protuberâncias.

– Eu sei. Então, sem mudanças. Ela está bem. E vamos esperar que continue assim.

Liguei para Chris imediatamente.

– Eu não posso acreditar que finalmente conseguimos um descanso.

Ele riu.

– Estou tão feliz por Doodlebutt. E sim, precisávamos de um descanso. E quanto à Beaglefest neste fim de semana?

Ah, sim, e quanto à Beaglefest neste fim de semana?

Nós tínhamos participado da Beaglefest – um encontro anual de fanáticos pela raça beagle em um parque canino em Huntington Beach – nos últimos dois anos, e até mesmo da Phoenix Beaglefest, na semana seguinte à minha primeira sessão de quimioterapia. Eu tinha tantos planos para esta próxima, quando eu tolamente pensei que poderia simplesmente resgatar dois cães e viver feliz pra sempre. Eu tinha feito reservas no hotel Shorebreak – um hotel que permitia cães, na praia, perto do parque onde a Beaglefest seria realizada – para que eu pudesse levar os cães e participar da "*yappy hour*" no bar do pátio do hotel na noite anterior. Tinha ficado tão aliviada com a notícia sobre Daphne que eu pude quase... quase... rir da minha ingenuidade. Eu não tinha lembrado de cancelar as reservas do hotel; eu ainda não tinha nem *pensado* sobre o evento.

– Oh. Certo. Bem... acho que eu poderia ir e levar apenas um dos cães.

– Então você e Daphne ficam num hotel legal desfrutando da *yappy hour* enquanto Percival e eu ficamos em casa?

Fazia sentido. E eu tinha ansiado tanto por essas agradáveis minifférias. O Shorebreak parecia fabuloso, e eles tinham até mesmo um menu canino de *yappy hour*. Em minha mente (que continuava delirante), quando eu fiz as reservas, todos nós quatro aproveitaríamos os aperitivos (dois de nós beberíamos alguns cocktails) com companheiros amantes de beagles, então jantaríamos e passaríamos uma noite relaxante em um quarto de hotel de luxo, com vista para o mar da varanda, café da manhã no quarto e um dia de excessos na Beaglefest. Como eu pensava que isso iria funcionar com não apenas um, mas dois novos beagles resgatados, está além da minha compreensão. Era como se eu nunca tivesse tido cães antes.

– Bem, hum. Que tal se eu for e levar Percival para a parte *yappy hour*, já que ele é um pouco mais sociável com outros cães, e aí você e Daphne nos encontram lá depois de fechar a loja? Dessa forma, teremos dois carros, e se os dois maníacos se pegarem ou forem expulsos do hotel por rosnarem, grunhirem e uivarem, um de nós pode levá-los para casa.

– Parece ótimo.

– Não é?

– Não. Não mesmo. Mas talvez eles nos surpreendam.

– E talvez você possa trazer a caixa da Daphne no carro. Só por precaução.

Cheguei no hotel Shorebreak mais tarde do que eu tinha planejado, mas não havia como apressar Percival. Ele ainda precisava desembarcar do carro devagar e ter alguns momentos para se recuperar do trauma do transporte antes que voltasse a ser o cachorro contente que era. Caminhei com ele até um pequeno canteiro com uma palmeira no meio e deixei-o cheirar. Os aromas do ar salgado e do restaurante nas proximidades inundaram aquele famoso nariz de beagle e tiraram Percival do seu transe de carro. Ele farejou a árvore, urinou e se virou para mim, abanando o rabo. Estava pronto para ir.

– Ok, garoto, vamos fazer o check-in e levá-lo à *yappy hour*!

O Shorebreak era lindo – contemporâneo, praiano e totalmente permitido para cães. Eu não era a única no check-in com um cachorro, e imediatamente percebi que dois dos outros quatro cães na fila também eram beagles, sem dúvida aqui também para a *yappy hour* da Beaglefest, que, agora me ocorria, certamente seria barulhenta. Ou, perdoe-me a expressão, boa pra cachorro. O funcionário do hotel me ofereceu uma cama de cachorro para levar para o quarto. *Claro, por que não!* Eu não imaginava como ou onde Daphne e Percival iriam dormir, mas uma cama extra não podia ser uma má ideia.

Empurrei minha mala até o elevador, carregando minha bolsa, a cama de cachorro e a coleira de Percival. Por sorte, ele me acompanhou alegremente. Esse teria sido um momento terrível para um de seus movimentos de frenagem, fazendo peso para o lado oposto e suspendendo as quatro patas. Quando a porta do elevador se abriu, eu me virei para ele. Talvez devesse pegá-lo? Um elevador podia ser uma coisa assustadora para qualquer cão, mas um que tinha sido um experimento científico e mantido em um pequeno espaço fechado por dezoito meses? Enquanto a minha preocupação (ok, sejamos realistas, meu pânico) aumentava, Percival trotou para dentro do elevador, ainda cheirando. Segui-o e apertei o botão para o nosso andar. Ele sentou-se e observou as portas se fecharem.

– Bom garoto! Você é corajoso, menino! Quem vai receber aperitivos hoje à noite, hein?

Percival abanou o rabo. As portas se abriram e saímos como se fôssemos hóspedes regulares. Até agora, tudo bem. Encontrei nosso quarto facilmente, do lado da praia e não muito longe do elevador, o que era bom caso precisássemos levar os cães para fora rápido. Enfiei o cartão no slot e empurrei a maçaneta. E foi *aí* que Percival decidiu que fazer peso para o outro lado suspendendo as quatro patas era apropriado. O elevador, claro, mas aparentemente ele não estava indo para qualquer suíte com vista para o mar, com uma porta pesada e sabe-se lá o que por trás dela. Se a porta não abria automaticamente, de jeito nenhum ele ia passar por ela. Ele puxou e eu deixei cair a cama de cachorro, depois minha bolsa, e quando vi que ele estava tentando escapar do cinto da coleira, dei um passo e derrubei minha mala. O barulho fez Percival ganir e pular para o lado, o cinto agora já quase sobre sua cabeça. Agachei-me e tentei dar alguma margem de manobra para o cinto, para reduzir a resistência e não deixar que ele escapasse.

– Está tudo bem, garoto. É seguro. Venha aqui, amigo.

Ele parou de puxar, mas não avançou. Aproveitei essa oportunidade para ficar de pé e erguê-lo em meus braços. Abri a porta novamente e, segurando Percival e sustentando a porta com meu traseiro, usei um braço para puxar minha bagagem e a cama de cachorro para o quarto.

E ele valia o esforço.

Havia uma sala de estar com um sofá de dois metros e meio de comprimento e espaço de sobra. As paredes estavam decoradas com as fotografias deslumbrantes do mar, surfistas e suas pranchas, e, claro, um pôr do sol. A cama king size ficava em um quarto separado, com uma varanda pequena, mas convidativa, com vista para o mar de verdade, e, o melhor de tudo, o banheiro era espaçoso, branco e bem equipado com uma irresistivelmente grande e convidativa banheira. Eu não tinha visto uma banheira tão grande desde a da casa que eu alugara quando tinha adotado Seamus. A em que Chris e eu, nos nossos primeiros dias de namoro, frequentemente passávamos noites românticas à luz de velas, champanhe na mão (e Seamus uivando em outro quarto... se ele não estivesse ocupado roubando comida da cozinha enquanto estávamos ocupados). Ah, como eu sentia falta daquela banheira! Nossa hidromassagem era maravilhosa, mas havia algo diferente em uma verdadeira banheira à moda antiga.

– Percival, se você e Daphne conseguirem ficar juntos tempo suficiente para Chris e eu tomarmos um muito necessário banho romântico bem longo esta noite, eu vou lhe comprar brinquedos, dar petiscos, o que quiser durante todo o dia amanhã. Acha que podemos acertar isso, companheiro?

Percival pulou na cama e me bateu com a pata. Afaguei sua cabeça e ele caiu sobre o macio edredom branco, expondo sua barriga para mais carinho.

– Vou tomar isso como um sim, ok?

Ele bateu a pata na minha mão para mais. Ou, você sabe, para fechar o acordo. Tenho certeza.

Nós nos juntamos a outros festeiros no bar do pátio. Eu estava tão atrasada que havia apenas cerca de dez pessoas ainda lá, mas prefiro uma pequena aglomeração a uma multidão grande e barulhenta em qualquer ocasião. E, para Percival, pequenas aglomerações eram provavelmente melhores também.

Cumprimentei o grupo, mas como é o caso com os amantes da raça beagle, o importante eram realmente os cães. A maioria do grupo tinha conhecido Seamus e lera nossa história – seja no livro ou em meu blog. E a maioria sabia da nossa adoção de Percival. Havia uma grande interação entre os patrocinadores da Beaglefest e do Projeto Liberdade para os Beagles. Então, todo mundo estava animado para conhecer e começar a beijar Percival. E Percival, tive o prazer de observar, estava igualmente animado para saudar os seres humanos. Ele imediatamente pulou no sofá do pátio para se apresentar.

Eu adoro um bom *happy hour*, mas estava muito mais animada para ver o menu de cachorro. Ele tinha guisado de frango, tiras de bacon mergulhadas em iogurte, um hambúrguer grelhado com molho, e até mesmo petiscos com um sorvete sem lactose e uma colher de manteiga de amendoim para sobremesa. Tão adorável! Mas então eu tive um momento de ansiedade, enquanto era confrontada com o dilema da acompanhante do cão vegana. Enquanto examinava o menu de *happy hour* humano, também examinava minha consciência sobre o que pedir para Percival. Mesmo não alimentando-o com refeições veganas, tentava manter seus petiscos veganos. Quando olhei em volta, pude ver que meus colegas estavam alimentando seus beagles com frango, hambúrguer, bacon. Eu só podia imaginar como seria tentar contentar Percival com brócolis.

Eu pedi pita e húmus para mim, e bacon e iogurte para Percival. Eu não deveria, e me senti horrível imediatamente após fazê-lo – tudo o que eu podia ver era o rosto adorável de um porco que dera a vida para isso. *A vida para que o meu cão pudesse desfrutar de um lanche no yappy hour em um hotel à beira-mar?* Oh, Deus, o que eu tinha feito? Quem era eu? Virei minha cadeira e procurei o garçom que já tinha partido. *Não! Meu cachorro comeria brócolis! E cenouras! E brotos! Traga-lhe brotos! Espere! Manteiga de amendoim e sorvete sem lactose é uma opção! Por que eu não pedi isso?* Percival deve ter percebido o que estava prestes a acontecer – como suas iguarias gastronômicas estavam prestes a mudar –, porque de imediato acionou o sistema de freio e fez peso para o lado oposto com toda a força. E dessa vez ele escorregou para fora do cinto com uma manobra fácil. Sua prática constante tinha funcionado. Antes mesmo que eu tivesse tempo de gritar seu nome, ou "Não!", ou qualquer comando que ele possivelmente fosse reconhecer, ele se virou e saiu correndo, tão surpreso com sua instantânea liberdade quanto eu. Ele correu para a área interior do restaurante e foi direto para a cozinha, se por medo, sorte, ou pela habilidade olfativa de beagle, que sempre identificava o cheiro de comida, eu não sabia. E não importava.

Pulei da cadeira e corri atrás dele. Meu longo e esvoaçante vestido laranja e as sandálias douradas, enquanto sem dúvida tornavam a cena bastante extravagante, não me permitiam ganhar muito terreno atrás do apressado beagle. Os casais do restaurante, casuais mas bem vestidos em seu encontro noturno e a uma distância segura da cacofonia canina no pátio, todos se viraram e olharam, primeiro para o borrão de um cão passando, depois para a lunática mulher vestida de um laranja reluzente perseguindo o borrão. E se alguma vez houve uma ocasião em que era mais necessário um nome curto, bonito e nem um pouco embaraçoso para gritar chamando seu cachorro, era essa. Em vez disso, estava correndo pela área de jantar de um restaurante elegante à beira do oceano, em uma noite de sexta-feira movimentada, berrando:

– Percival! PER-CI-VAL!!!

Eu podia muito bem estar gritando: "Percival Ramonce, meu jovem, volte aqui. Volte aqui agora. Eu vou contar até três!" da minha varanda, com uma túnica, bobes no cabelo e girando no copo um uísque com soda.

Felizmente, o *maître* (sim, é claro que havia um *maître*, e é claro que ele viu tudo acontecer) impediu a passagem de Percival para a cozinha, e embora o cão, fiel a seu sobrenome tirado de um atleta do futebol americano universitário, tenha feito uma ágil curva de noventa graus, ele estava perdido quanto a qual setor do "campo" ele podia correr. Em vez disso, felizmente, ele parou.

– Percival, fica! – eu disse, desculpando-me enquanto contornava uma mesa e seus confusos ocupantes para chegar a Percival.

Aparentemente, meu comando foi traduzido na linguagem dos beagles para "Por favor, apresente-se para os clientes", porque Percival foi até a mesa mais próxima e colocou as duas patas da frente no colo da mulher para se firmar, enquanto cheirava seu prato. Eu só podia esperar que o vermelho no meu rosto combinasse com o laranja do vestido.

Peguei Percival e o levantei.

– Sinto muito.

– Oh, não se preocupe, ele é adorável – disse a muito paciente, muito gentil, muito admirável mulher.

Eu estava preparada para usar o passado dele num laboratório experimental como arma para angariar simpatia por ele (e por mim) se fosse necessário, mas essa mulher era a epítome da turista de praia descontraída e legal. *Percival, você é um cão de sorte.*

– Obrigada! E mais uma vez, sinto muito.

Carreguei Percival de volta para o pátio e pedi para alguém de nosso grupo segurá-lo enquanto eu apertava o cinto da coleira. Bem quando eu tinha acertado o cinto e Percival estava seguro de volta nele, o garçom chegou com minha bebida (oba!) e o bacon mergulhado em iogurte de Percival (gemido).

Perdoe-me, belo porco. E perdoem-me, todos os treinadores de cães no universo. Eu dei uma tira de bacon para Percival.

Alheio ao meu dilema moral, ou talvez percebendo-o, ele deixou cair o bacon no chão e em vez disso virou-se para brincar com sua nova amiga, uma beagle adorável chamada Daisy. A irmã de Daisy, Jaxie, devorou a tira de bacon.

Chris e Daphne chegaram bem depois da *yappy hour*, mas enquanto alguns de nós ainda continuávamos nos divertindo no pátio e deixando os cães brincarem. Daphne, naturalmente, começou a latir para os outros cães e cheirou Percival freneticamente. Ela sabia que um pouco da diversão, e talvez da comida, tinham sido apreciados sem a sua presença, e isso era obviamente intolerável. *Contra. As. Regra*s. Ela latiu.

Levei Daphne para um pequeno passeio e deixei Chris degustar seu coquetel em paz, embora com Percival no colo. Percival estava visivelmente fora de si de alegria com a chegada de Chris, e tinha imediatamente reivindicado ele. Não havia risco de Percival correr para lugar algum agora que Chris tinha chegado. Percival não queria nada a não ser aproveitar Chris. E lamber seu rosto.

Fomos para o quarto por volta das dez naquela noite. Tínhamos bebido coquetéis suficientes para não nos preocuparmos sobre andar por um lobby de hotel, elevador e novos ambientes com dois beagles resgatados que estavam conosco há apenas algumas semanas. E os cães pareciam contentes em meramente nos seguir. Um viva para a *yappy hour*!

Chris e Daphne estavam tão entusiasmados com o nosso quarto quanto Percival e eu ficamos. Daphne deu uma farejada e logo sentiu-se em casa no sofá. Para nossa surpresa, Percival pulou e se juntou a ela. Claro, ele estava a um metro de distância e é provável que isso só tenha acontecido porque o sofá era tão longo, mas mesmo assim – *eles estavam no mesmo sofá!* Aproveitei o momento.

– Espere até você ver isso! – agarrei a mão de Chris e conduzi-o até o banheiro. – Veja essa banheira!

– Uau. Nossa. Eu não via uma banheira assim desde a sua antiga casa!

– Exatamente! Então... será que devemos usar?

Nós dois enfiamos a cabeça de volta para a sala. Os beagles estavam dormindo. O ronco de Daphne era alto e profundo.

– Ah, sim. Vamos entrar – disse Chris.

Os cães não acordaram enquanto enchíamos a banheira. Não acordaram quando abrimos a garrafa de vinho que Chris trouxe com ele. Não acordaram quando apagamos as luzes na sala, escurecemos a luz do banheiro, tiramos a roupa e entramos na banheira.

Até onde sabíamos, eles não acordaram pelo resto da noite. Não que estivéssemos prestando muita atenção neles...

Mas quando o sol entrou pelas janelas do nosso lindo quarto, os beagles estavam de pé e prontos para o café da manhã. Usaram sua mútua tolerância recém-descoberta para conspirar contra nós. Percival pulou na cabeça de Chris e começou a bater a pata em seu rosto, enquanto Daphne tomou a abordagem mais sutil de se deitar ao meu lado, a cabeça compartilhando meu travesseiro e a língua lambendo meu rosto – apressando-me para acordar. Eu estava tão feliz de eles estarem felizes e não brigarem que negligenciei minha dor de cabeça e o pouco tempo de sono. Levantei e tirei o café da manhã da sacola que tínhamos embalado e guardado no alto de uma prateleira no armário. Alimentei

Daphne no banheiro e Percival na sala, fechando a porta do banheiro entre eles. Não havia sentido em testar nossa sorte.

Cerca de uma centena de beagles e quase o dobro de pessoas se reuniram no parque canino em Huntington Beach naquela manhã. Você podia ouvir o uivo a quarteirões de distância. *Aaarrroooooooo!!! Aaarrroooooooooooooo!!! Aaarrrooooooooooooooo!* Daphne se juntou ao barulho já do banco de trás do meu carro, enquanto Percival se concentrava em não vomitar. Encontramos vaga a várias quadras do parque e tiramos os cães, junto com nosso cobertor, garrafa de água e lanches caninos, e partimos para as festividades.

Beagles com suas caudas de pontas brancas invadiam o gramado, muitos reunindo-se, não era absolutamente de se espantar, perto das mesas de piquenique e da área da churrasqueira. Daphne uivou e puxou a coleira, esforçando-se para se juntar à multidão. Percival estava um pouco mais interessado em farejar a grama e ir com calma antes de encontrar as massas. Andei na frente com Daphne enquanto Chris deixava Percival com seu momento pare-e-cheire-as-flores – ou, no caso, as folhas de grama.

Encontramos alguns de nossos amigos on-line facilmente (que eu conhecia da Beaglefest do ano passado). Com outros bastava ouvir o nome do beagle para ser capaz de identificar o humano. Era como caminhar com os cães em nosso bairro. Podíamos não saber os nomes dos vizinhos, mas sabíamos os nomes de seus cachorros. Uma das melhores partes da Beaglefest é que ninguém pode ficar de mau humor com aquele tanto de cães palhaços uivando por todo lado. Nem mesmo aqueles de nós que tínhamos apreciado a *yappy hour* um pouco demais. (Não vou citar nomes.)

Levamos Daphne e Percival para uma área cercada que não necessitava de coleira, imaginando que gastar um pouco da energia deles com a corrida não seria ruim. Percival estava empolgado por ser solto e, para nossa surpresa, imediatamente começou a perseguir e brincar com os outros cães – beagles, poodles, corgis, shelties, raças misturadas de todos os tipos, não importava. Percival estava feliz por estar livre e correndo solto. E foi isso que ele fez. Daphne, por outro lado, meteu o focinho no chão e muito metodicamente começou a varrer o local, identificando cuidadosamente cada perfume. "*Sim, xixi de beagle. Sim, esse é de poodle. Ooh, dachshund, e aquele ali é de um pug. Sim, sim, muita coisa acontecendo neste lugar.*" Chris e eu sentamos em um banco do parque com alguns amigos. Daphne se juntou a nós depois de cerca de vinte minutos farejando sem parar. Até mesmo um focinho de beagle precisa de uma pausa de vez em quando. Ela pulou ao meu lado no banco e observou o parque de seu novo ponto de vista.

Vigiávamos Percival, que parecia alegremente feliz por correr. Avistei-o em um canto de frente para dois cães que estavam agachados em posição de brincar. Ou pelo menos eu esperava que fosse posição de brincar. Mais dois cães correram, e depois um quinto. Percival parecia perdido no amontoado de cães, e eu estava prestes a me apressar na direção de Percival, oferecendo ajuda, quando Daphne pulou, soltou um alto uivo, e correu para Percival. Assisti maravilhada enquanto ela se jogava entre Percival (agora totalmente recuado contra a cerca) e os outros quatro cães e uivava. Não havia como confundir a sua mensagem: *Deixem ele em paz! Ou vão ter que se haver comigo! Para trás!*

Chris virou-se para mim.

–Você viu o que acaba de acontecer?

–Vi! Estou tão orgulhosa dela!

– Ela foi em sua defesa! Está cuidando dele!

– Eu acho que é realmente como uma família. Os membros da família podem atormentar uns aos outros, mas ninguém mais pode.

Juntos, Daphne e Percival vieram correndo de volta para nós, língua para o lado, olhos arregalados e cauda abanando. *Essa é a melhor hora!*

– Eu acho que eles vão ficar bem – eu disse, afagando Daphne enquanto ela lambia meu rosto.

Chris respondeu da melhor forma que pôde, dado o banho de língua que Percival agora dava em sua cara:

–Você pode *mmfphtfmmm* estar certa. *Pffmhphhmmm* ver.

Chris estava tendo um vislumbre de esperança, enquanto eu já estava imaginando nossa foto de Natal familiar, que envolvia beagles treinados se abraçando, sorrindo e posando. Eu nem gosto de Natal, mas por que isso deveria interferir com minhas alucinações? Se eu ia ter problemas cerebrais, pelo menos uma parte disso podia ser agradável.

Capítulo 22

Um pouco de paz de espírito

Esperei na mesa de exame, com meu habitual e fashion vestido de toalha de papel. Pratiquei como ia mencionar sobre a minha síndrome do cérebro inquieto e considerei não dizer absolutamente nada. Eu não tinha tido o problema nos últimos tempos, então talvez fosse apenas o estresse. Normalmente, eu nunca gostava de culpar o estresse pelas coisas – parecia muito uma desculpa esfarrapada. Mas, veja só, uma desculpa era o que eu estava procurando agora. Quando a alternativa é câncer com metástase para o cérebro, o estresse é meu amigo. Bem, talvez apenas um falso amigo.

Denise, a assistente do médico, entrou na sala de exame. Quanto mais distante eu estava do meu diagnóstico, menos eu via o próprio oncologista. Gostava do oncologista, mas eu estava feliz em ver a assistente – gostava dela e gostava de pensar que eles não estavam tão preocupados com meu estado de saúde agora. Eu não era mais uma paciente DEFCON 1.[12] Talvez algo como 4.

Ela fez o exame de costume e começou a lista habitual de perguntas. Como eu estava me sentindo? Ótim*a, estou bem. Tudo está caminhando.* Dores? *Não. Sem dor.* Problemas digestivos ou intestinais? *Não. Sem problemas aí também.*

– Ótimo. Alguma queixa especial? Alterações?

Beeemmmm…

– Hum. Bem. Eu tenho tido dores de cabeça. Bem, não realmente dores de cabeça, mais como vibrações na cabeça. Chamo de síndrome do cérebro inquieto.

Sua sobrancelha esquerda subiu, mas fui em frente, esperando que fosse só por causa do nome que eu tinha dado aos meus sintomas.

– Realmente não dói; apenas parece que meu cérebro está latejando. Não consigo me concentrar e não consigo dormir.

---

12 Sigla para "defense readiness condition" (em português, condição de prontidão de defesa). Trata-se de um alerta de estado utilizado pelas Forças Armadas dos Estados Unidos e serve para identificar o estágio de prontidão para a guerra do país. A escala do DEFCON vai de 5 a 1, sendo o nível 5 o menos sério e o 1, o mais sério.

– Isso não é bom.

DEFCON 3.

– Não, eu sei. Isso não acontece o tempo todo, no entanto.

Porque está tudo bem se o seu cérebro só treme de vez em quando, certo?

– Com que frequência?

– Hã. Hum. Talvez umas duas vezes por semana? Geralmente à noite, mas às vezes no trabalho.

– Isso não é bom. – Ela fechou meu arquivo. – Deixe-me chamar o médico.

DEFCON 2.

– Eu estava com medo que você dissesse isso.

O doutor Glaspy se juntou a nós alguns minutos depois e eu repeti minha história.

– Eu não acho que seja algo sério. Não estou preocupado que se trate de uma recorrência de seu câncer – disse ele.

Não é MEU câncer! Retire isso! Eu não aceito!

O médico continuou:

– Mas é algo que devemos checar. Apenas pela paz de espírito.

Ele não era o tipo de médico que fazia trocadilhos, mas entendi assim de qualquer maneira – *sim, definitivamente, eu quero meu espírito em paz*. A zona de guerra na minha cabeça não estava funcionando para mim.

– Checar como?

– Eu vou pedir uma ressonância magnética do cérebro para você.

Chegáramos a DEFCON 1.

– Uma ressonância magnética *do cérebro*?

Durante o almoço, expliquei a coisa para Kelle. Pelo menos ela entendeu o trocadilho sobre a "paz de espírito", embora não tenha achado muita graça.

– Isso é assustador – ela disse.

– Bem, sim e não. Quero dizer, não é como se doesse nem nada.

– Mesmo assim. É o seu cérebro. Isso é meio sério.

– Eu uso ele mesmo para algumas coisas.

Ela riu. Pausamos enquanto o garçom colocou nossos cheesebúrgueres de "bac-un" vegano e batatas-doces fritas.

– Você acha que pode ter a ver com estresse?

– Estresse? Que estresse? – imitei uma expressão de surpresa.

– Certo. Bem, parece que talvez as coisas não estejam indo tão bem com os cães. Eu tenho certeza que isso está te estressando.

Ela não começou com meu trabalho, coisas de família, nem mesmo a minha condição de "paciente com câncer". Não. Eram os cães. Ela entendia o que eles significavam para mim. E como àquela altura ela já estava com Bogart há mais de um ano, entendia o que significava ter um cão do Projeto Liberdade para os Beagles também. Então, finalmente, eu tinha alguém para conversar sobre Percival.

– Bem, tem ficado muito melhor. Muito. Acho que eles só precisam de tempo para se adaptar. Percival tem esses pesadelos horríveis, é doloroso e assustador. E, claro, isso assusta Daphne. Mas ele está ficando melhor com o tempo. Como Bogart se adaptou quando você o pegou? Ele e Jack se deram bem de imediato?

– Eu não sou a melhor pessoa para você perguntar. Acabou que tivemos muita, muita sorte com Bogart. Ele foi fácil desde o momento em que foi resgatado, por isso nunca tivemos quaisquer problemas. Sei que isso nem é justo, e Shannon brinca comigo sobre pegar o cachorro mais fácil, mas só aconteceu assim.

– Quer trocar?

– Oh, você não trocaria o Percival!

Eu dei uma grande mordida em meu hambúrguer e considerei.

– Não, não trocaria. Ele é realmente adorável, e eu adoro sua personalidade. Mas Chris talvez gostasse da ideia.

– Não! Não posso acreditar nisso. Por todas as fotos que você posta no Facebook, parece que eles são totalmente apaixonados.

– Pode ser um amor não correspondido de Percival no momento. Ele está obcecado pelo Chris. Ele se senta comigo e fica por um tempo, mas no momento em que Chris aparece, Percival se ejeta do meu colo e voa para ele como um foguete. Sobe por cima dele todo. É como se quisesse ser absorvido por Chris.

– Caramba.

– Pois é. Mas Chris me garante que é mais bonito de assistir do que de experimentar. Ele pode ter sido arranhado mais de uma vez. Especialmente porque Percival continua a bater a pata no seu rosto.

Comemos em silêncio por alguns momentos até que Kelle falou novamente.

– Não esqueci dessa coisa de ressonância magnética do cérebro. Quando é o exame?

– Eu não tenho uma data ainda. Eles têm que obter a aprovação do convênio antes, só então vamos agendar.

– Se quiser, vou com você.

Eu não conhecia Kelle há tanto tempo, por isso era uma oferta generosa. Tínhamos nos conhecido apenas há alguns meses, no Palavras, Vinho e Sacudidas que Chris, Seamus e eu fizemos em prol do Projeto Liberdade para os Beagles. Era fácil ver que não compartilhávamos apenas uma paixão por beagles, mas também um senso de humor muito parecido.

– Não, só me encontre para um drinque depois.

– Estou dentro. Sempre pronta para isso.

– Eu não acho que realmente vai aparecer qualquer coisa. As coisas têm melhorado com os cães e, por isso, também com meu cérebro, então isso significa algo. Se eu pudesse apenas parar os pesadelos e dormir um pouco, ia ficar bem.

Ela desceu o hambúrguer no prato.

– Pesadelos?

Desci meu hambúrguer também.

– Eu não te contei que estava assistindo a todos esses documentários e lendo sobre pecuária industrial, testes em animais, e todos os motivos para ser vegana? Tipo, você sabe, salvar o mundo e tudo o mais?

– Eu me lembro.

– Acontece que isso é meio estressante.

– Você pensa? Em talvez, não sei... parar?

– Eu sei, mas sinto que preciso saber disso. Eu fiquei em estado de negação todo esse tempo sobre o que eu estava comendo, sobre o que estava acontecendo com literalmente bilhões de animais, sobre o que isso estava fazendo com o meu corpo. E eu disse que finalmente assisti a *Maximum Tolerated Dose*?

– Não, você não fez isso. Eu não consigo assistir.

– Eu não consigo tirar as imagens da minha cabeça.

– Daí as dores de cabeça, talvez?

– Bem, os pesadelos, pelo menos. O máximo que eu conseguia fazer antes era me impedir de descrever a todos com quem eu jantava de onde sua refeição tinha vindo... o que aconteceu com a vaca, o porco, a pobre galinha que eles estavam comendo com tanta voracidade. Mas agora quero falar sobre experimentação animal constantemente. Eu preciso dizer a todos... até mesmo a estranhos.

– Oh, não, não se torne essa pessoa. Chris é vegano junto com você?

Eu tinha me acostumado a responder a essa pergunta. Estava acostumada, mas não confortável com ela.

– Ele é um terço vegano. Toma smoothies veganos no café da manhã comigo. E está comendo muito melhor. Muito. Mas não, definitivamente não é vegano.

– Então você realmente não pode adquirir o hábito de discutir sobre os animais que sofrem a cada refeição.

– Não, eu não posso. Eu quero. Mas não posso.

– Conheço pessoas que fazem isso. Não funciona. Só vai fazer com que todos se indisponham sobre algum dia jantar com você novamente. E, você sabe, eu já vi um monte de gente completamente esgotada por se lançar de cabeça no resgate ou defesa de animais – seja resgatando beagles, indo a abrigos, ou protestando. Você simplesmente precisa ter muito cuidado para não se estressar demais. Quer dizer, eu sei que isso tudo é horrível. Eu sei. Mas você precisa cuidar da própria saúde também.

– Eu cuido. Sou vegana!

– Você sabe o que eu quero dizer.

Eu sabia o que ela queria dizer. Eu *queria* parar de ler sobre animais criados e abatidos em massa. Eu não queria mais ler ou ver imagens da depravação do homem contra os animais. Mas sentia que precisava fazer o sacrifício de olhar. Precisava compreender real e profundamente as coisas que eu tão cegamente ignorara no passado. As pessoas sempre me perguntavam se eu "ainda" era vegana. Como se fosse uma tendência de moda que eu estava experimentando. E era, originalmente. Mas agora eu sabia que iria continuar vegana. Sabia disso porque tinha meticulosa e dolorosamente me educado. Teria pesadelos, claro, mas continuaria vegana.

– Eu sei. Mas, você sabe, eu tenho esse pequeno e lindo beagle em casa me olhando bem na cara e me lembrando diariamente dos horrores que humanos infligem a animais. Eu não consigo desviar o olhar. Nenhum de nós deveria.

– Só seja gentil consigo mesma – disse ela.

De volta para casa, contei a Chris sobre a ressonância magnética e minha conversa com Kelle. E então, na manhã seguinte, eu fiz algo realmente idiota. Postei no Facebook mencionando a ressonância iminente.

Isso foi idiota por dois motivos: o primeiro, naturalmente, é que estranhos aleatórios (também conhecidos como "amigos" do Facebook que não conheço na vida real) começaram a postar conselhos médicos, incluindo conselhos úteis como "ressonâncias magnéticas causam câncer". E o outro é que, embora meu pai não esteja no Facebook, sua esposa está. Ela contou a ele sobre meu encaminhamento para a ressonância magnética cerca de 0,4 segundos depois de eu postar. Três quintos de segundo depois disso meu celular tocou.

– Você não pode sequer ligar para o seu pobre e velho pai e contar que está indo para um check-up? E preciso descobrir nesse Face-sei-lá-o-quê que você precisa de uma ressonância magnética?

Meu pai não era nem pobre nem velho, mas era sarcástico.

– Desculpe. Tudo bem. Sim, eu fui fazer meu check-up e tudo parece bem, mas eles querem fazer a ressonância para garantir.

– Certo, mas, por quê? Deve haver uma razão.

Ah. Isso. *Certo*. Expliquei sobre minha síndrome do cérebro inquieto.

– Quando isso começou?

– Há uns seis meses talvez?

– Quando você se tornou vegana?

Eu tinha pensado que era estranho meu oncologista não ter perguntando sobre mudanças na dieta – nem mesmo quando minha pesagem mostrou que eu estava pelo menos dez quilos mais leve. (Eu posso ter ganhado um pouco do peso inicial que perdi. Vinho.) Mas agora não queria o meu veganismo responsabilizado por nada.

– Não, isso foi bem mais de um ano atrás. – *Ou, você sabe, treze meses atrás. É mais do que um ano.*

– Quando você descobriu que Seamus era terminal?

Lágrimas brotaram dos meus olhos. Sabia onde meu pai estava querendo chegar... aquele velho e preferido motivo de estresse.

– Fevereiro. Três meses atrás.

– Você precisa de magnésio. Aposto que é isso.

– Magnésio?

– O magnésio é um mineral, o estresse o drena do seu corpo, e você podia nem estar produzindo o suficiente em primeiro lugar. Quando o magnésio fica baixo, você pode sofrer de depressão e espasmos musculares. E insônia.

Um espasmo era uma boa maneira de descrever o que meu cérebro estava fazendo, mas "espasmo cerebral" não soava melhor do que síndrome do cérebro inquieto. Por outro lado, "tome suplemento de magnésio" soava muito, muito melhor do que "ressonância magnética do cérebro" ou "recorrência do câncer".

Meu pai é um quiroprático, e tem sido há mais de quarenta anos. Ele acredita em vitaminas e suplementos, comer direito, e métodos de saúde holísticos. Prestou muita atenção quando passei pelos tratamentos de câncer, me deu excelentes conselhos sobre como lidar com os efeitos colaterais da quimioterapia, e acreditava no meu cirurgião e em meu oncologista, mas seguia de perto o que estavam fazendo. Puxei minha lógica dele. Minha propensão a desmaiar ao ver sangue ou à menção da palavra "pont..." eu não puxei dele. Não sei de onde veio isso; só sei que não está indo embora para lugar nenhum.

– É interessante. Eu não sabia disso. Estou tomando vitamina B12 e vitamina D, mas não tinha lido que eu também precisava de magnésio.

– Bem, você tem estado sob estresse ultimamente?

Essa era provavelmente uma pergunta retórica. Meu pai tinha ocupado esse cargo de "pai" na minha vida por, bem, toda a minha vida (e o período de nove meses imediatamente anterior). E ocupava lugar de destaque nessa função. Dizer-lhe que eu não estava estressada teria funcionado tão bem quanto dizer isso a Chris, que testemunhava meu estresse todos os dias. Normalmente achava discussões sobre o estresse ridículas. Que adulto com idade superior a, digamos, vinte e cinco anos não tem estresse na vida? A vida é estressante.

– Talvez um pouco, sim.

– Você ainda está fazendo ioga?

Assumi a Postura da Criança Emburrada:

– Não.

– Tem caminhado?

Assumi a Postura do Adulto na Defensiva:

– Às vezes. Talvez. Bem, Chris é que está caminhando com os cães. Ele usa aquela coleira dupla que eu comprei na Expo Pet... – *Fugindo do assunto! Fugindo do assunto!* – Ele está fazendo um bom trabalho em fazê-los cooperar um com o outro. Está ajudando-os a se unirem e eles estão brigando menos.

– Você tem que fazer alguma coisa para deixar o estresse sob controle. – É como se ele sequer tivesse visto a isca que eu joguei! *Cachorrinhos! Andando juntos! Com outra pessoa...*

Se pessoas que eu respeitava – Chris, meu pai, Kelle, basicamente qualquer pessoa que eu respeitasse o suficiente para falar sobre o meu problema – estavam todos chegando à mesma conclusão, minha lógica acabaria me conduzindo para lá também (gentilmente, sempre muito gentilmente). Talvez, apenas talvez, eu não estivesse conseguindo lidar bem com meu estresse. E talvez, é apenas uma possibilidade, isso tenha me feito um tanto mal. Ser agendada para uma ressonância magnética no cérebro traz uma certa clareza à vida de alguém.

Talvez eu estivesse abordando meu veganismo incorretamente. Lembrei-me de algo que eu disse na Índia: "Pare de dizer que a Índia é difícil quando você está *tornando-a* difícil!". Precisei rir. Tinha sido tão dura e egocêntrica. E, no entanto, talvez eu estivesse tornando a minha própria vida como vegana difícil. Talvez houvesse uma maneira melhor de fazê-lo. Uma maneira que não precisasse envolver pesadelos de pequenos leitões assassinados.

Talvez eu estivesse tentando controlar demais. Fazer demais. *Eu não pude salvar Seamus, então, por Buda, salvarei todos os animais do mundo!* Era contra isso que minha raiva se dirigia – ao que acontecera com Daphne, com Percival, e ao câncer que havia levado Seamus antes disso? E o que eu tinha conseguido mudar? Que bem toda a minha raiva trouxe? Trouxe exame em um aparelho de ressonância magnética.

Tinha que haver uma abordagem melhor. Algo mais pacífico.

Lembrei-me de outro momento na Índia – meu momento favorito lá. Aquele verdadeiro momento de completa paz com meu cão dourado no Taj Mahal. Naquele momento, eu estava em silêncio – sem controlar o que iria acontecer, sem tentar "ajudar" ou mudar as coisas, sem me preocupar com o que tinha acontecido com o cachorro antes ou o que aconteceria depois. Eu estava apenas presente. Estava "no momento" (minhas desculpas a quem quer que na viagem teve esse "nome"). *Ah*. Essa é uma coisa em que nunca fui boa, mas se pudesse ter um momento de paz como aquele de novo, certamente valeria a pena tentar. E parecia que o lugar para começar era com os meus próprios cães. Eu poderia tentar o quanto quisesse, usar toda a minha energia, todas as fibras do meu ser para mudar o que havia acontecido com os dois, e nada iria mudar o passado. Nada. Melhor ficar no presente.

Eles estavam saudáveis agora, Daphne e Percival. Estavam no caminho para serem felizes. Eu vinha tentando forçar essa bizarra história de amor *Beaglerette* quando, na verdade, isso sequer funcionava no próprio programa. Provavelmente os cães tenham captado minha ansiedade e minha raiva. Não era de admirar que Percival tão claramente preferisse Chris! Eles eram cachorros, com diferentes personalidades, diferentes origens e diferentes necessidades. Talvez, se eu relaxasse, eles relaxariam. Talvez fosse hora de deixá-los em paz. Deixá-los "beber da fonte", por assim dizer.

Compartilhei meus pensamentos com Chris.

– Então percebo que estive meio maluca. E acho que isso está afetando não só a mim, mas você, os cachorros, todos.

Chris sorriu concordando.

– É mesmo?

– E sim, talvez eu estivesse tentando fazer demais. Mas eu amo esses cães. Eu te amo. Quero fazer tudo funcionar, mas não vou forçar isso a acontecer.

– Está ficando muito melhor – com os cães, pelos menos. Sua coisa do cérebro, nem tanto.

– Vou admitir que essas duas coisas podem estar conectadas. O que eu estou pensando é isto... vamos deixar os cães seguirem seus instintos. Vamos deixá-los juntos em casa, em vez de separá-los e levá-los para trabalhar conosco. Percival odeia o carro e ambos amam a luz do sol, então por que não deixá-los em casa?

– E se eles brigarem?

– Eu não acho que eles vão. Nós não estaremos em casa para que eles briguem por nós. Ou, mais precisamente, você não vai estar em casa para que eles briguem por *você*. Eu não acho que Percival esteja preparado para brigar por mim. E eu posso voltar para casa na hora do almoço e checar como eles estão. Você sai às dez e meia. Eu volto para casa à uma e meia para o almoço. Se estiver tudo bem – você sabe, os dois cães vivos, sem manchas de sangue ou feridas abertas –, volto para o trabalho.

– Com certeza Percival vai ficar mais feliz em casa.

– Nós ainda podemos levá-los para trabalhar conosco depois, mas vamos deixá-los resolver as coisas entre si por enquanto.

– Caminhar com os dois na coleira conjunta que você arranjou realmente ajuda, embora Percival ainda queira parar e cheirar cada folha de grama. Daphne vive puxando-o pra frente.

Eu ri. Daphne havia emagrecido um pouco, mas ela definitivamente tinha uma vantagem de peso sobre o pequeno Percival.

– Bem, isso é provavelmente parte da batalha pela dominância. Daphne parece estar ganhando.

– Eu acho que deixar os cães resolverem as coisas entre si é uma boa ideia. Eles se saíram muito bem juntos na Beaglefest. E vai ajudar com os horários de nós dois se não precisarmos mais ser motoristas dos cães.

– E eu vou parar de ler meus livros sobre tortura e abate de animais.

– Isso faz muito sentido.

– Vou tentar uma abordagem mais calma.

– Ceeeeeerto...

– Vou conferir como outros lidam com o veganismo... sendo um defensor dos animais em um mundo que realmente não parece se importar muito com os animais.

Chris estava na cozinha preparando seu jantar – o jantar de frango. Ele olhou para a panela e de volta para mim.

– Como isso é diferente do que você tem feito?

– Há pessoas que defenderam os animais por toda a sua vida, ou pelo menos sua vida adulta. Tenho que supor que elas foram capazes de encontrar alguma perspectiva, uma maneira de viver sabendo de todo o horror sem ficarem loucas. Ou, você sabe, ter espasmos cerebrais. Então, acho que preciso ir encontrar minha turma. Ver como é que se faz.

– Fascinante.

– Para começar, vou a uma exposição de culinária vegana neste fim de semana. É no Animal Advocacy Museum em Pasadena.

– Eu não tinha ideia de que havia algo assim.

– Uma exposição de cozinha vegana ou um museu em defesa dos animais?

– Ambos, na verdade.

– Eu também. Estou um tanto animada sobre isso.

Eu estava.

Capítulo 23

Totalmente vegana

Convidei minha amiga Leela a me encontrar no evento. Leela foi outra pessoa que conheci pela Beaglefest, e na verdade ela tinha organizado e sido a principal responsável por aquela que tinha acabado de acontecer. Ela também ajudava a resgatar cães, principalmente beagles, e era uma fanática sobre os cuidados e alimentação de seu beagle, Chloe. Também era uma ex-vegana, o que me intrigava. Eu sabia de algumas pessoas que tinham tentado o veganismo por um curto período, mas nenhuma era uma amante dos animais tanto quanto eu sabia que Leela era.

A exposição estava programada para acontecer das duas às quatro da tarde. Encostei no estacionamento às duas e meia. Ou pelo menos pensei que fazia isso. Havia uma faixa onde se lia "Animal Advocacy Museum" pendurada no segundo andar de um prédio de dois andares, de modo que esse tinha que ser o lugar, mas o primeiro andar e os jardins eram de uma pré-escola Montessori. Hummm... Olhei em volta procurando uma entrada para o museu e um estacionamento no local, apesar de não ser provável que essas coisas estivessem próximas. Havia vários carros em fila dupla, e era difícil dizer se o setor em que eu estava pertencia à escola, ao museu, ou à igreja no lote adjacente. Notei uma vaga de estacionamento vazia bem na frente da escola e rapidamente parei ali.

Andei ao redor do prédio à procura de um elevador, escadas, uma placa... qualquer coisa que indicasse que havia uma entrada para o museu a ser encontrada. Não havia nada. Dava para ouvir conversas, vindas do segundo andar, então algo estava acontecendo, mas não conseguia encontrar o acesso para o andar de cima, pelo menos não sem caminhar pelo playground, e isso não podia estar certo. Voltei para a frente do edifício, depois circulei pelos lados, mas não encontrei escadas. Por fim, arrisquei a me aventurar pelo playground e finalmente encontrei a escada. Dois jovens com jeans apertados e camisas de flanela, com cabelo comprido e amplas tatuagens estavam sentados no topo da escada. Pode alguém parecer vegano? Bem, pensei que eles pareciam, então subi a escada. Foram para o lado para me deixar passar, e notei que eles estavam comendo macarrão com "queijo". Esse devia ser o lugar.

A mulher por trás do que eu assumi ser o balcão de check-in me olhou, mas não falou.

– É aqui a exposição de culinária vegana? Para o Animal Advocacy Museum? – perguntei.

Ela finalmente sorriu.

– Seu nome?

Então este era realmente o "museu". Uma espécie de exposição itinerante, imaginei. *Tinha um banner, viajava.* Como uma autora que tinha estado em muitos eventos sobre cães ou câncer, com meus cartazes e pilhas de livros ao longo dos oito meses anteriores, eu certamente não era estranha ao assunto.

Deram-me cinco vales e instruções cuidadosas de que eu poderia ter ou amostras de cinco diferentes pratos de macarrão com queijo ou três porções um pouco maiores. Também recebi um vale de bebida.

O museu era na verdade uma sala – uma sala de aula. Havia cerca de vinte e cinco pessoas no atendimento, todas vestidas com alguma versão do veganismo hipster de Los Angeles: tons de preto e cinza, couro sintético, camisetas com mensagens, moletons, tatuagens e piercings. Eu estava com muita roupa e pouco piercing. Eu também tinha cerca de oito tatuagens a menos que o mínimo, e isso contando com minhas tatuagens de radiação. Leela não estava entre os presentes.

Voltei minha atenção para a mesa de comida. Havia quinze bandejas de macarrão vegano com queijo, e nenhuma delas estava quente. Quinze bandejas de comida à temperatura ambiente para vinte e cinco pessoas, e eles estavam preocupados com o tamanho das amostras? No entanto, precisava seguir as regras do local. Eu era uma convidada.

Selecionei cinco das bandejas para experimentar. Não havia uma metodologia envolvida – tudo parecia macarrão com queijo, e eu não tinha um padrão de "macarrão com queijo vegano" para usar como referência. O único que eu sabia que queria experimentar era o que incluía "bacon" – bacon falso, é claro. Com minha amostra em uma mão e um copo de plástico de limonada com lavanda na outra, procurei por uma cadeira na sala. Ou alguém para conversar. Ou uma pista de por que pensei que essa seria uma boa ideia. Sem encontrar nenhuma dessas opções, escorreguei para fora. Agora entendia por que os meninos de flanela haviam jantado na escada.

Sentar na escada não era nem confortável nem reconfortante. Eu me senti ridícula. Tinha me vestido para um *museu* – um museu em Pasadena, cidade do Norton Simon Museum, o Huntington Gardens and Library, bons restaurantes, compras urbanas. Pasadena também era um lugar bastante hipster (pelo menos do meu ponto de vista de meia-idade), e eu tinha esquecido dessa parte. Pelo menos usava calças, mesmo estando com uma vistosa blusa e saltos. E onde diabos estava Leela?

Experimentei o macarrão. Não era ruim. Não muito cremoso, mas o que eu esperava de um prato que não tinha queijo? As amostras provavelmente ficariam melhores – muito melhores – aquecidas. A limonada com lavanda, contudo, estava deliciosa.

– Olá! – Leela veio saltitando pela escada. Ela conseguia fazer isso porque, sabiamente, estava vestida com legging, um top de algodão longo e tênis. Como se ela soubesse aonde estávamos indo.

– Olá. Como você sabia que podia se vestir assim? E chegar uma hora depois de começar?

Ela riu.

– Eu te disse. Fui vegana uma vez. Fui a um monte de eventos como esse. É sempre casual, barato, e mais longo do que precisa ser.

– Ah. Bem, o macarrão com queijo não é ruim, embora esteja à temperatura ambiente.

– Que nojo.

– Bem, pegue seus vales e suas amostras. Você está limitada a cinco.

Agora foi a vez de Leela revirar os olhos.

– Por favor.

Segui-a de volta e observei, impressionada, como ela quebrou as regras, pegando colheradas cheias de mais de cinco dos pratos.

– Há espaço no chão ali, e é isso. Vou arranjar um lugar para nós. As bebidas estão mais naquele canto. – Apontei para a mesa do outro lado da sala. Leela assentiu e se dirigiu para as bebidas.

Sentada no chão à espera de Leela, tive tempo para analisar as peças de arte no museu. A maior parte era de cores vivas, um pouco infantis, e, pelo que percebi, não tinham absolutamente nada a ver com animais ou "defesa". As obras tinham a ver principalmente com seres humanos, partes do corpo e sexualidade. Havia um casal nu entrelaçado que eu tentei não ver como uma imitação de Klimt, um torso masculino em tons de rosa (bem bonito), uma paisagem estilo Van Gogh ou duas, e vários nus – em grupo, sozinhos ou em pares. Todos estavam em cores vivas e não naturais. Não havia um animal não humano entre eles.

Leela voltou com sua bebida e seu prato.

– Então, o que está acontecendo?

– O melhor que posso dizer é que os cozinheiros estão aquecendo seus pratos um de cada vez e depois levando as amostras para os juízes. Aqueles na mesa da frente são os juízes.

– E isso vem acontecendo há quanto tempo?

– Desde que eu cheguei aqui. Então, provavelmente desde o início.

– E o que são essas peças de arte? O que é isso?

– Eu não... Oh, Deus...

– O quê?

– Eu não consigo ouvir mais nada do que você diz. Estou muito distraída com o que está pendurado acima de sua cabeça.

Leela virou para olhar para a parede sobre sua cabeça, talvez não o melhor ângulo para ver a pintura da vagina azul de sessenta centímetros pendurada ali.

– Meu Deus. Isso é o que eu acho que é?

– É. É como se Georgia O'Keeffe encontrasse o período azul de Picasso. Sob drogas.

Leela riu.

– O que isso tem a ver com defesa animal?

– Hum... talvez seja uma mensagem do tipo "somos todos animais"?

– Duvido.

– Uma interpretação bem forçada, eu sei. – Inclinei-me para o casal sentado no chão ao nosso lado. – Vocês sabem alguma coisa sobre a exposição? Qual é a conexão com a defesa animal?

A jovem olhou para as paredes.

– Eu não sei, na verdade. Mas ouvi dizer que o artista é vegano – ela sorriu.

Ok, então. Bom saber que eu tinha todos os requisitos para ter minha própria exposição de arte.

Leela balançou a cabeça enquanto eu me concentrava em não rir. Talvez isso não fosse ser tão instrutivo para mim quanto eu esperava.

Uma jovem mulher, vestida de preto, usando batom vermelho e parecendo uma pin-up de Betty Page, caminhou até a frente da sala para falar para o grupo.

Ela anunciou primeiro os vencedores do concurso macarrão com queijo – a versão com bacon ganhara (viu só, veganos *são* como pessoas normais!). Em seguida, uma a uma, cada pessoa se levantou e informou sobre os próximos eventos. Escutei, estupefata.

Eu já estava sobrecarregada com a forma como minha dieta à base de plantas me levou a explorar o estilo de vida vegano, o que abriu meus olhos para os horrores enfrentados por animais de "fazenda", e como o meu amor por beagles me levou ao Projeto Liberdade para os Beagles, o que me levou a adotar Percival, e então me chocou com a consciência das crueldades dos testes em animais. Mas agora, enquanto escutava cada apelo apaixonado, percebi que havia muito mais. Portanto, muito mais estava *errado*.

O foco principal do grupo era impedir a UCLA de testar em animais. A UCLA. *A minha UCLA?* Meu amado centro médico onde conheci o meu bom e grande cirurgião, doutor Karam, onde eu tinha tratado com sucesso uma forma agressiva de câncer de mama? Onde ia religiosamente para o Festival de Livros anual? *Essa* UCLA? *Eles* faziam experimentos com animais?

Faziam. E este grupo regularmente protestava em frente ao *campus*, nas ruas de Westwood.

Alguém mais se levantou e falou sobre o protesto no zoológico. Outro informou sobre o próximo protesto no circo e os abusos sobre elefantes que haviam sido fotografados. Outra mulher, ainda, falou sobre o Sea World e a estreia em breve do filme *Blackfish – Fúria Animal*, que ia, segundo ela, expor o Sea World como os abusadores de animais que eram. E mais um convidado se levantou e falou de uma instalação nas proximidades que criava animais e os vendia para laboratórios. Eles estavam tentando fechar o estabelecimento. Ouvi sobre o Dia Internacional da Consciência sobre Elefantes – a cada quinze minutos um elefante é abatido por causa de suas presas. Ouvi sobre funerais simulados encenados para os animais.

Essa parte do evento durou talvez vinte minutos, mas pareceu mais. Jamais havia pensado, em um período tão curto, nas inúmeras maneiras pelas quais os seres humanos usam e abusam de animais para o nosso "entretenimento". Estava tocada pela paixão dos palestrantes, mas ambivalente sobre sua abordagem. Fiquei imaginando quantos motoristas, vizinhos, pedestres, ao ver esse grupo com seus cartazes, suas mensagens, e sua raiva justificável, iriam realmente vê-los ou ouvi-los. Poderiam eles mudar a mente de alguém? Acordar alguém? *Eu poderia?*

A jovem que parecia estar no comando tomou a palavra novamente.

– Sei que alguns de vocês têm grandes dificuldades com a defesa doméstica, mas vamos falar sobre isso. Se você ainda não está pronto, eu entendo. Mas saiba que funciona e é necessário.

Defesa doméstica? Assinar petições on-line? Mandar e-mails da segurança de seu computador doméstico? De todos os protestos e planos que eu os ouvi discutir, defesa doméstica parecia ser a atividade mais básica. Por que alguém iria ter dificuldades com isso?

– Quando aparecemos em seus bairros, em suas ruas, e mostramos a seus vizinhos o que eles fazem – quem são esses monstros; quando nós mostramos que seu vizinho tortura animais e é pago para isso, há um efeito. Ninguém quer viver ao lado de um abusador de animais.

Ah, esse tipo de defesa doméstica. Eles apareciam do lado de fora das casas dos cientistas pesquisadores e protestavam contra sua investigação... ou sua existência. Como os manifestantes antiaborto, que iam pessoalmente até os médicos.

Ah.

Olhei para Leela. Ela olhou de soslaio para mim.

Quando o evento terminou, Leela e eu ficamos no estacionamento.

– Então é por isso que você não é mais vegana? Muito exagerado? – perguntei.

– Não, não. Concordo plenamente com tudo isso – Leela disse. – Foi a parte da dieta. Depois de ser vegana por cerca de quatro anos, de repente comecei a ter um desejo interno por carne... a literalmente sonhar com isso. Não era um esforço para mim ser vegana – mesmo no Dia de Ação de Graças ficava feliz em comer apenas os acompanhamentos. Foi uma decisão orgânica ser vegana, e quando todo o meu corpo começou a querer carne, também foi uma decisão orgânica deixar de ser. Foi como se fosse a melhor coisa que eu já tinha comido quando comi carne novamente. Poucas semanas depois de comer carne de novo fui ao médico e meu hemograma mostrou que eu estava gravemente anêmica, por isso meu desejo por carne fazia sentido.

– Posso dizer honestamente que eu nunca ansiei por carne. Não antes de me tornar vegana e não depois – eu disse.

– Certo, então seu corpo é diferente. Mas também fui diagnosticada com tireoidite de Hashimoto – um problema de tireoide autoimune –, e por isso tive que evitar produtos de soja. Evitar soja limitou minhas opções veganas.

– Ah, sim. Isso dificulta bastante. Tento limitar a soja, mas principalmente tento encontrar soja que não seja geneticamente modificada.

Estava fascinada pela experiência de Leela. Tanto ainda a aprender.

– Eu compartilho das preocupações éticas do veganos. Mas sinto que preciso procurar outras alternativas. No início, decidi me tornar pescetariana. Mas um ano mais tarde eu estava sofrendo de envenenamento por metais pesados, com níveis superperigosos de mercúrio e arsênico. Então, adicionei carnes, junto com peixe em quantidades reduzidas, e me senti muito melhor.

– É tudo tão complicado! Eu fico sobrecarregada. Acho que isso é parte do que tem feito a minha cabeça girar.

– Trata-se de descobrir o que funciona para você – para o seu corpo, para a sua ética. Eu sigo o Projeto Genoma Humano e pesquisas relacionadas, e está claro para mim que não há "tamanho único" no que diz respeito a medicamentos, alimentos, exercícios, ingestão de sal, e tantas outras coisas. Nem todas as pessoas se sentem melhor e se beneficiam fisicamente de uma dieta vegana, mas todas as pessoas, animais e o planeta são beneficiados por uma cadeia de alimentos mais natural, responsável e humana, no que concerne a produtos animais e vegetais.

– Definitivamente.

Fomos em direção ao meu carro.

– Então, o que fez você vir aqui? – perguntou Leela.

– Eu queria conhecer alguns veganos. Alguns defensores. Acho que só queria encontrar alguém para conversar sobre como lidar com tudo isso. Estou tão horrorizada com tudo que estou aprendendo sobre os animais em nossa produção de alimentos, e é tanta coisa para lidar que acabei arranjando para mim mesma pesadelos e dores de cabeça. Estou tentando ver como os outros abordam o estilo de vida vegano, sei lá, no mundo real.

– E como foi a experiência?

– Bem, por um lado, eu os admiro. Quero dizer, muito. Sua paixão. Sua vontade de fazer alguma coisa. Qualquer coisa. Tudo. E como você disse, eu concordo com praticamente tudo o que disseram e tudo o que eles representam. Mas não sei se concordo com seus métodos. Ou se eu poderia participar. Esse não parece ser o *meu* mundo real. Eu vivo com um não vegano. Trabalho com não veganos. Quase todo mundo que conheço, com exceção das pessoas do Projeto Liberdade para os Beagles, vestem couro, glorificam o bacon, nadam em queijo e são carnívoros sem remorso que compram produtos sem procurar por um símbolo de coelhinho. E eles vão a zoológicos! Se eu estivesse fazendo o que essas pessoas estão fazendo, não teria amigos nem família.

– Certo. Essa não é a sua tribo.

– Minha tribo. Eu gosto disso.

Pensei sobre a expressão por um momento – um grupo que vivia como eu vivia. Que poderia me orientar. Ajudar-me a crescer. *Isso era uma tribo, certo?*

– Sim, eu preciso encontrar a minha tribo.

O problema era que eu não tinha ideia de como seria a minha tribo. E, como minha viagem para a Índia tinha tão vivamente me lembrado, eu era terrível com grupos.

(Mais tarde eu vi um vídeo desse mesmo grupo em um protesto de "defesa doméstica" em frente a uma casa de vivissecção da UCLA. Eles estavam em paz, calmos e respeitosos, segurando velas e placas e permanecendo em silêncio, cuidando para não pisar em propriedade privada. Também estavam sendo agredidos verbalmente, insultados e ameaçados pelos cientistas da UCLA e seus amigos, que estavam se comportando de forma horrível. Os defensores dos animais permaneciam quietos e dignos enquanto os "cientistas" lhes arremessavam impropérios. Então, eu descobri que ainda não sou digna dessa tribo. Ainda não sou corajosa ou forte o suficiente.)

A tribo à qual eu pertencia, e há mais de vinte anos, era a tribo dos advogados. Meu escritório de advocacia ainda era o que pagava nossas contas (médicas e veterinárias, principalmente) e ainda era aonde eu ia de segunda a sexta-feira (a menos que um cão precisasse de mim) e às vezes no sábado. Eu ainda precisava cuidar do meu negócio.

Fui a um seminário jurídico, e como os advogados da Califórnia são obrigados a ter um certo número de cursos de educação continuada em ética (*pare de rir!*), compareci a um curso chamado "Quando Pessoas Boas Fazem Coisas Ruins". Você pensaria que era uma aula sobre marketing para o seu escritório de advocacia, mas não foi. A oradora era uma psicóloga e uma advogada, e estava discutindo sobre como escândalos como os da Enron, WorldCom e Lehman Brothers aconteceram. Seu foco era sobre como e por que tantas pessoas, que geralmente seriam boas, tinham feito tais escolhas antiéticas. (Ela estava se referindo às pessoas abaixo da cadeia de comando, não aos homens do topo, que, para começar, não se qualificam como "boas pessoas".) Ela falava sobre um conceito chamado "dissonância cognitiva".

Ergui o olhar das minhas anotações. Eu tinha ouvido esse termo. Tinha ouvido isso em *Maximum Tolerated Dose*, mas não cheguei a compreender direito o que significava. Era difícil compreender completamente entre lágrimas e um cobertor cobrindo meu rosto. Mas agora eu podia ouvir. Ouvi enquanto ela descrevia "a presença de pensamentos e ações incongruentes que frequentemente resultam em estresse mental excessivo e desconforto".

Estresse mental? Desconforto? Sim, estou ouvindo.

– Assim, a mente faz ajustes. Por exemplo, um indivíduo de sucesso e honesto, trabalhando para crescer em uma grande empresa de contabilidade, é convidado a preparar o que sabe que são demonstrações financeiras fraudulentas. Ele possui dois pensamentos em sua cabeça. Um, ele é um bom e ético contador. Dois, elaborar demonstrações financeiras fraudulentas é errado. A ação que está sendo solicitado a fazer é incongruente com suas crenças. Isso é, obviamente, estressante para ele. Para piorar seu estresse, ali está seu patrão fazendo o pedido, assegurando-lhe que é só dessa vez. Ele pode ou se recusar e arriscar perder o respeito de seu chefe e, possivelmente, também seu emprego, ou pode agir para reduzir a dissonância cognitiva que está causando o estresse.

Enquanto ela falava, desenhava um diagrama. Desenhou um círculo e escreveu no seu interior "contador ético/padrões elevados". Fez um segundo círculo e escreveu "produz demonstrações financeiras falsas".

Então, ela desenhou dois círculos sobrepostos e rabiscou a intersecção entre eles, sombreando-a. Fez uma seta e escreveu "dissonância cognitiva".

– Há três maneiras pelas quais a dissonância pode ser reduzida. Primeiro, o indivíduo pode mudar sua ação – não elaborar as demonstrações fraudulentas. Isso exige uma quantidade enorme de coragem. Em segundo lugar, pode mudar suas crenças – ele *não* é uma pessoa ética. É algo muito difícil de fazer. Ou, terceiro, ele pode justificar seu comportamento de modo que as crenças já não estejam em conflito: preparar as demonstrações como está sendo pedido irá salvar milhares e milhares de postos de trabalho dentro da empresa; elaborando as demonstrações, ele está sendo um "jogador de equipe" – está nadando com os peixes grandes, enquanto ajuda os pequenos. "É assim que funcionam os negócios", ele diz a si mesmo. Racionaliza. Assim, reduz a dissonância e justifica o seu comportamento. Ele é, em sua mente agora pacificada, tanto uma pessoa ética como uma que produziu uma declaração financeira "incorreta" – por uma "boa" razão.

Ela desenhou um terceiro círculo e abaixo dele escreveu "racionalização". Então, listou as maneiras como o contador justificou seu comportamento para resolver sua própria dissonância cognitiva – o motivo de pessoas boas fazerem coisas ruins.

Será que as pessoas podiam ver a lâmpada acesa acima da minha cabeça?

Isso resumia minhas crenças conflitantes em Adão e Eva e na evolução, com a racionalização infantil que eu tinha criado. Resumia também o estado do meu cérebro no ano passado.

Dissonância cognitiva era um termo *muito* melhor do que síndrome do cérebro inquieto.

Desenhei meus três círculos. Embaixo de um escrevi "Eu amo animais". Embaixo do segundo escrevi "Eu como animais" e "Eu compro produtos testados em animais". Sob o terceiro, o que conectava os dois primeiros círculos, escrevi "Preciso da proteína. Carne é gostoso. Estamos no topo da cadeia alimentar. Se eu não comer carne, o mundo será invadido por vacas. Eu só como carne de gado 'criado de forma humanizada'. Só como criação extensiva. E é só uma galinha". Então, eu risquei o terceiro círculo. E escrevi "Eu não sabia de nada. Mas agora sei".

Eu também entendia agora por que ouvia os tipos de respostas ao meu estilo de vida vegano que escutei de muitas pessoas, mesmo as que eu sabia serem amantes dos animais. É por isso que não veganos precisavam zombar das minhas escolhas alimentares, de modo a não confrontar as suas próprias. É por isso que pessoas que se dizem amantes dos animais não assistem a documentários sobre de onde vem sua comida e o que acontece com os animais. É por isso que as pessoas que compram roupas e brinquedos para seus cães ainda pagam dinheiro para serem "entretidos" por animais em jardins zoológicos, circos e parques marinhos, sem qualquer pensamento sobre como suas ações contribuem para o cativeiro e o abuso dos animais selvagens. Eles precisam manter sua própria dissonância intacta. Eles estão se protegendo. Mas estão fazendo isso à custa dos animais.

Eu fiquei ao mesmo tempo aliviada e horrorizada ao perceber isso. Compreendia agora o propósito da minha jornada. Tinha aberto mão de minhas racionalizações. Tinha mudado minhas ações e honrado minhas crenças. E continuaria a fazê-lo. Mas ainda havia muito trabalho a ser feito, e os esforços necessários na luta pelos direitos dos animais e pelo respeito por todos os seres sencientes pareciam monumentais.

Capítulo 24
Superpoderes

As coisas começaram a ficar mais fáceis em casa. Se porque o tempo cura todas as feridas ou porque minha dissonância cognitiva tinha se resolvido, eu não sei. Talvez ambos. Nossa decisão de deixar os cães se entenderem durante uma parte do dia começou a valer a pena. Eles pareciam ter se ajustado não na ligação amorosa que eu tinha em mente, mas mais como uma relação irmã mais velha/irmão mais novo. Percival provocava e incitava Daphne, e Daphne em troca tanto comandava como protegia Percival. Havia até sinais de que poderiam um dia brincar juntos, embora também fosse óbvio que nenhum deles tinha muita experiência nesse departamento. Percival se curvava em posição de brincar e Daphne latia para ele. Pegava um brinquedo e balançava-o, mas quando Daphne agarrava o brinquedo, Percival simplesmente soltava e corria para pegar outro, ao invés de jogar o cabo de guerra que ela tinha em mente. Então, Daphne soltava o brinquedo que tinha roubado e voltava para o sofá para dormir.

Percival, no entanto, estava contente de brincar sozinho. Ele rasgou a caixa de brinquedos de cachorro, estripando-os um por um. Sempre que Seamus rasgava um brinquedo, ele removia seu guincho e o jogo terminava – vencido por Seamus, é claro. Não para Percival. Ele arrancava o dispositivo que produzia o som, e o carregava com ele, acionando a buzina, a sirene, o chocalho, o guincho, ou, o mais irritante, as canções de Natal, em momentos aleatórios. Ele também rasgava até o último fio do enchimento, deixando montes de estofo branco e verde por toda a nossa sala, escadas, quarto, e – seu lugar favorito – a sala de jantar. Então, ele carregava a "pele" do brinquedo com ele – pedaços de tecido de cores vivas que não mais se assemelhavam aos alces, patos, castores, cães ou esquilos que uma vez tinham ficado pendurados entre suas bochechas. Ele até carregava as peças da carnificina com ele para fora para fazer suas necessidades, ainda segurando o brinquedo na boca.

Daphne ainda não se divertia com os brinquedos, a menos que estivesse tomando um de Percival, o que não parecia tanto "brincar" mais do que "mostrar quem é que manda". No entanto, escolheu um brinquedo para carregar – um hidrante vermelho. Ela o segurava na boca suavemente, nunca mastigava ou rasgava-o, apenas apertando o suficiente de vez em quando para que o ruído estranho que supúnhamos ser de uma sirene fosse acionado. Fora isso, ela simplesmente usava o brinquedo como um travesseiro. Percival acabou escolhendo um favorito também: um cordeiro que já fora redondo (originalmente chamado de "Lambie")[13] que tinha sido rasgado e esvaziado no topo de sua cabeça, mas que ainda mantinha partes do corpo suficientes para se assemelhar a um cordeiro. Ele foi eleito seu brinquedo favorito para carregar, dormir, e, em uma oferta regular para expressar o seu amor, depositar no rosto de Chris.

Porque, enquanto os cães não estavam mais tentando matar um ao outro, agora parecia que Percival estava determinado a matar Chris. Morte por amor e devoção obsessiva.

No momento em que Chris voltava para casa todas as noites, Percival corria para ele e se lançava para cima como um foguete de afeto. Chris tem mais de um e oitenta de altura. As chances de Percival acertar um de seus beijos no pretendido alvo do rosto de Chris eram pequenas, mas isso não impedia seu zelo em tentar. Atirava-se sobre Chris até que ele se sentava no sofá e "aceitava" a selvagem demonstração de paixão de Percival. Se Daphne se atrevesse a chegar ao sofá antes de Percival, testemunhávamos a única situação em que Percival era o chefe. Ele usava seu tamanho pequeno e ágil para mergulhar entre Chris e Daphne e depois usava suas patas traseiras em conjunto para afastar Daphne para o lado, enquanto suas patas dianteiras pousavam sobre cada lado do rosto de Chris e ele lhe dava um banho de língua como se Chris tivesse usado molho no lugar de creme para barbear... e depois se esquecesse de fazer a barba. Se Daphne ou eu tentássemos interferir ou cumprimentar Chris de alguma forma, Percival novamente arremessava todos os seus agora onze quilos entre nós e iniciava o seu processo de "lamber o molho", desta vez com mais sentimento. Se Chris tentasse se mover, Percival o golpeava com as patas. Daphne e eu nos contentávamos com nossos próprios carinhos no sofá; então, enquanto Percival batia as patas e lambia, Daphne grunhia e batia a cauda em sua própria felicidade satisfeita.

– Para, Percival! – Chris pegou sua pata direita.

---

13 Cordeiro, em inglês, é "lamb".

– Fala "não" pra ele. Ele entende "não".

– Não – disse Chris. Em resposta, Percival lambeu seu rosto e bateu nele com a pata esquerda. Depois as duas patas juntas, deixando uma marca em sua bochecha direita.

– Para! Não, eu não acho que ele entenda "não".

– Bem, não temos usado muito. Mas talvez esteja na hora. Ele parece obcecado com você.

Percival, ao ouvir que eu estava tentando conversar com seu amado, se jogou com todo o corpo em volta do pescoço de Chris e mordiscou sua orelha o melhor que pôde, para evitar que ele ouvisse qualquer coisa que alguém mais tivesse a dizer.

– Você acha? – disse Chris. E Percival golpeou sua cabeça. *Eu! Preste atenção em MIM! Apenas em MIM!*

Eu ri. Daphne bateu sua cauda.

– Temos a Cauda do Trovão e o Patas Poderosas.

Foi a vez de Chris rir – em meio à dor. Repetiu os apelidos instantâneos na voz de um locutor de desenho animado:

– *Cauda do Trovão! E Patas Poderosas! Ativar superpoderes!*

Funcionou. A cauda de Daphne bateu mais forte e rápido e Percival recuou para atacar o rosto de Chris com as duas patas enquanto tentava subir em sua cabeça – o melhor caminho para entrar em seu cérebro, creio eu. Chris o levantou e o levou de volta para seu colo. Percival se virou e pulou do sofá, correndo para a sala de jantar. Daphne seguiu-o, latindo em seu modo irmã mais velha: *Devagar! Não na casa!*

Olhei para Chris. Ele estava rindo, e embora seu rosto tivesse um arranhão rosa escuro, ele não parecia se importar.

– Então. Percival – eu disse.

– Sim?

– Acho que eles estão bem. Acho que ele pode ficar.

– Você sempre achou que ele podia ficar.

– Sim. Mas agora acho que você acha também. E, na verdade, não vejo como você poderia dizer não a ele.

– Droga.

– É o charme dos beagles. – Sorri. Chris era quase tão suscetível ao charme dos beagles quanto eu. Tivera que bancar o durão somente daquela vez na hidro para contrabalançar com a minha abordagem emotiva e permissiva.

– É. E sim. Ele vai ficar.

Percival veio a toda de volta para a sala, Daphne perseguindo-o. A um metro e meio de distância, Percival saltou por cima de mim no colo de Chris. Daphne, menos ágil mas duas vezes mais forte, saltou sobre o sofá e pousou ao meu lado, proclamando sua vitória e encurralando o garoto contra nós.

Chris olhou Percival diretamente naqueles olhos amendoados escuros – algo fácil, já que o cão tinha novamente colocado suas patas poderosas dianteiras em cada um dos ombros de Chris.

– Ok, você venceu, Patas Poderosas. Você é da família agora.

Percival lambeu o rosto de Chris com sua lambida rápida de lagarto e abanou o rabo. Daphne se virou e olhou para mim, olhos grandes caramelo prontos para tentar conseguir de mim o que quisesse. Mas eu podia jurar que havia um pouco de *Ah, sério? Pensei que você estivesse brincando sobre isso* em seu olhar.

Na manhã seguinte, acordei e desci para o meu café. Daphne e Percival me seguiram, Percival correndo à frente e Daphne bem ao meu lado. O xixi na casa tinha melhorado, mas nossa placa X DIAS SEM INCIDENTES ainda não estava pronta para ser retirada, então eu estava me esforçando para levantar cedo e levá-los ambos para fora imediatamente. Tínhamos a grande suspeita de que não era mais Percival que insistia em usar a almofada de xixi na sala de estar. Ele parecia sair satisfeito e de forma regular. Daphne, por outro lado... bem, nossa menina já tinha sido flagrada na sala bem na hora duas vezes. Provavelmente estava tentando armar para ele.

Fiz meu café e preparei a refeição dos cães, esperando os cinco minutos de aeróbica matinal, enquanto eles pulavam e dançavam me encorajando a dizer "Tempo!" e baixar suas suficientemente hidratadas tigelas de comida. Deixei-os com a comida e voltei para cima, ao meu escritório. Um pouco depois, já estava acompanhada por Percival, que se aproximou de minha cadeira e bateu a pata em minha perna.

– Olá, amigo. Quer subir?

Às vezes, eu o levantava e deixava-o sentar em meu colo enquanto escrevia. Dessa vez, porém, ele correu para fora da sala imediatamente.

Dois minutos depois estava de volta batendo em minha perna novamente. Virei para pegá-lo, mas ele correu para fora novamente. Então correu de volta para me olhar ainda em minha cadeira no escritório e saiu novamente.

Imaginei que ele queria que eu o acompanhasse. Seamus se comportava da mesma maneira quando queria que eu o seguisse (geralmente para a cozinha), então foi o que fiz.

Percival me levou para o quarto, onde dançou pra lá e pra cá ao pé da nossa cama. Ele olhou de mim para a cama, e de novo, lambendo os lábios com a ansiedade.

Quando se tornou óbvio que a maioria das brigas entre os cães aconteciam na cama no meio da noite – para não mencionar o jeito como os dois cortavam nosso momento de carinho humano –, Chris inventou um método para mantê-los fora da cama. Nós permitíamos que ficassem na cama quando as luzes estavam acesas e estávamos lendo ou assistindo televisão. Mas quando era hora de "luzes apagadas", eu os levava para um lanche enquanto Chris levantava a tampa da calçadeira que ficava ao pé da cama. Embora ambos os cães fossem certamente capazes de saltar para a cama pela lateral, nenhum deles tinha feito isso. Eles sempre usavam a calçadeira como degrau, pulando primeiro nela e depois na cama. Quando a tampa estava aberta, eles não podiam, ou não queriam, subir na cama. Agora, porém, Percival achava que era hora de a tampa descer. Estava cansado de esperar.

– Você já está acordado?

– Estou – disse Chris.

– Está pronto para a massagem do Patas Poderosas? Porque ele está morrendo de vontade de subir até aí.

Chris sentou-se, cobriu-se com cobertores e colocou as duas mãos em frente ao rosto, como um apanhador de beisebol por trás da base.

– Ok. Abaixe a ponte levadiça.

Mal baixei a tampa da calçadeira e Percival já estava saltando sobre ela para cima da cama. Em dois saltos ele estava sobre Chris, como se tivesse acabado de ser resgatado de uma ilha deserta e Chris fosse a fonte de água potável. Lambeu-o como se ele fosse isso também.

– Esta é uma mmmmhhhfffppphhhh mffphffff – disse Chris.

– Não tenho certeza se entendo o que você está dizendo. Parece que tem um beagle colado à sua boca.

Ele colocou Percival para o lado, virou-o de costas e afagou sua barriga.

– Esta é uma boa maneira de acordar.

– Sinto muito. Ele precisava desesperadamente estar com você. Veio me procurar para baixar a ponte levadiça duas vezes.

– Bem, o que Percival quer...

– Exatamente.

Eu tinha que admitir, eu estava com um pouco de ciúme. Chris frequentemente comentava que Daphne – o cão mais fácil do mundo, com sua doçura calma e seu amor por afagos –, contra todas as probabilidades e, certamente, contra o tipo de personalidade, parecia preferir a mim, o humano menos calmo e doce na casa. E não importava o que Chris fizesse, ou quantas vezes eu lhe salientasse que foi ele quem primeiro quis adotá-la, Daphne era a menina da mamãe. Ela amava Chris e certamente trocava carinhos com ele também, mas sua preferência era óbvia. Não tão óbvia, porém, quanto a preferência de Percival. Em questão de meses, eu tinha passado da pessoa que lutava para mantê-lo e que o amava incondicionalmente a um mero meio para um fim. O fim era Chris. Chris era o início e o fim do mundo de Percival. Ele o venerava, clara e simplesmente.

Quando saí do banho, ouvi Chris cantando para Percival e ri. Percival tinha sua primeira música-tema.

Seamus tinha muitos apelidos e músicas-tema.

E Daphne tinha logo cedo ganho uma apropriada e clássica música-tema inspirada em "New York, New York",que era simples:

Doo-Doo-Doodlebutt,
Doo-Doo-Doodlebutt,
Start spreading the news...
This beagle's in town...[14]

Na maioria das vezes, nós apenas afagávamos seu rosto bonito enquanto cantávamos "Doo-Doo-Doodlebutt, Doo-Doo-Doodlebutt", e ela nos recompensava com pancadas de sua Cauda do Trovão. Eventualmente, seus olhares de amor foram recompensados com

14 Espalhe a notícia / O Beagle está na cidade.

uma segunda música-tema, dessa vez cantada com a melodia da canção "Chitty-Chitty-Bang-bang":

Oh. You. Pretty, pretty Daphne,
Pretty, pretty Daphne,
We love you.[15]

Mas agora Chris estava com Percival de costas, espremido entre seus joelhos, enquanto cantava, ao som de "La Cucaracha".

Percival Taco!
Percival Taco!
Silly beagle in the bed![16]

Percival parecia se divertir e alegremente aprovar.

– Combina perfeitamente. Um cão com tanta exuberância precisa de uma rápida e bizarra música-tema como essa – eu disse.

– Precisa mesmo. – Chris pegou duas das Patas Poderosas e começou uma pequena dança no ar com elas. – Percival Taco! Percival Taco! Louco, estranho, cachorrinho!

Sim. Percival ia ficar. Todos tínhamos nossas idiossincrasias – cães e humanos –, mas parecia que estávamos nos entrosando muito bem. Parecia que nossa família estava completa.

Isso tudo seria muito bom se também descobríssemos que eu não estava morrendo.

Minhas dores de cabeça, cérebro inquieto e insônia tinham parado, mas minha ressonância do cérebro estava agendada. Até o convênio achou que eu precisava de paz de espírito. Considerei cancelar. Estava tomando o magnésio, as vitaminas B e D, e até mesmo os extratos de ginseng, gingko biloba e valeriana que meu pai tinha enviado. Também dei uma pausa nas leituras intensas que estivera fazendo, já que agora eu sentia que tinha resolvido minha dissonância cognitiva. E os cães

15 Oh. Você. Linda, linda Daphne / Linda, linda Daphne / Nós te amamos.

16 Beagle bobo na minha cama!

estavam se dando bem. Então, talvez tivesse sido estresse o tempo todo. Talvez eu estivesse bem. Quem precisava dirigir por toda a Los Angeles para fazer um exame caro quando alguns frascos de suplementos e dois cães fofos poderiam dar conta do recado?

Aparentemente, eu.

A consequência do ato precipitado de ter despreocupadamente postado no Facebook que eu tinha sido encaminhada para uma ressonância magnética do cérebro foi que meus amigos e minha família, e até mesmo alguns estranhos, não podiam esquecer que eu tinha sido *encaminhada para uma ressonância magnética do cérebro*. Parecia que todos haviam levado isso bastante a sério e estavam esperando para ouvir os resultados.

A última vez que passei meia hora parada em um tubo de ressonância magnética foi um dia depois de eu ter sido diagnosticada com câncer. Fiquei me distraindo durante esse tempo planejando o blog que Chris tinha sugerido e imaginando como explicar aos meus amigos e minha família que me fora dito havia duas semanas que eu tinha um nódulo na mama que era "altamente suspeito de malignidade" (isso eu não coloquei no Facebook). Desta vez, eu estava determinada em não pensar sobre as coisas que tinham me levado a espasmos cerebrais... ou, hã... dissonância cognitiva. Ou seja, não ia funcionar pensar sobre o tratamento cruel dos animais que se tornou a norma em nossa sociedade e para o qual eu tinha contribuído involuntariamente. Isso me faria chorar, e é difícil manter a cabeça (para não falar do cérebro) parada enquanto se está chorando.

Pensei em vez disso sobre o que eu tinha aprendido sobre dissonância cognitiva, e as maneiras pelas quais as pessoas racionalizam comer animais. Pensei que precisava ver o outro lado do argumento. A advogada em mim, caramba, a *humana* em mim, sabia que havia dois lados, no mínimo, em qualquer história. Então, qual era o outro lado do estilo de vida vegano e compassivo? Qual era o argumento? Havia uma racionalização *para* matar e comer animais que fazia sentido? Havia um jeito certo para fazê-lo, como Leela tinha sugerido? Eu tinha até escolhido um livro (é claro que sim!) especificamente para ver as coisas pelo "outro lado" – o lado do criador familiar (não havia como uma fazenda industrial ser racionalizada, e meus dias de ler sobre isso tinham terminado). Peguei *Folks, This Ain't Normal* de Joel Salatin, o criador familiar que aparece no documentário *Food, Inc.* e no livro *O dilema do onívoro*.

O Criador Salatin construíra um argumento convincente e cuidadoso para a fazenda familiar. E ele até me fez perceber que ainda existem algumas fazendas familiares. A produção de alimentos não foi de todo entregue ao agronegócio, que trata os animais como meras peças em uma linha de produção sem compaixão, onde apenas importa o lucro, não a saúde, não a humanidade, nem mesmo a decência comum. Droga, ele até me fez pensar que, se eu soubesse que meus ovos, ou frango, ou bacon estavam vindo de sua fazenda, eu os comeria. Mas com a mesma rapidez eu *vi* (na minha mente entubada) o rosto de uma galinha e de um porco muito adorável. Então, hã, não, eu não iria comê-los. Talvez o ovo... se eu soubesse que a galinha, como as que minha mãe tinha em seu quintal, tinha vivido uma vida "normal", com o bico e os pés intactos, capaz de abrir suas asas, socializar com outras galinhas, andando, ciscando e fazendo o que as galinhas fazem, então talvez eu comesse o ovo que ela pôs sem ser obrigada por um humano, e sem hormônios ou doses maciças de antibióticos. Talvez esse ovo eu pudesse comer. Talvez. E, tive o prazer de observar, o Criador Salatin protestava contra a máquina que é o agronegócio também.

Seu livro me fez querer criar galinhas. O que, tenho certeza, minha associação de moradores adoraria – como se a minha insistência em ter beagles não fosse suficiente para afastar permanentemente meus vizinhos.

Talvez eu encontrasse minha tribo com ele. Com o fazendeiro familiar. Eu tinha aplaudido (na minha cabeça) e respondido: "Eu também! Eu acho" quando lia suas declarações, tal como:

> *O que aconteceu com o princípio da precaução científica? Aparentemente, como cultura, paramos de prestar atenção a esse princípio há muito tempo. Andamos por este mundo de aditivos alimentares impronunciáveis como um bando de piratas de capa e espada, à procura de lucros e enchendo nossos baús de tesouro com milhões de dólares para nos manter vivos com remédios e médicos, enquanto destruímos a nós mesmos com produtos químicos artificiais. Alguém além de mim acha que isso é loucura?*

Mas ele começou a me perder como um potencial membro de sua tribo quando pareceu zombar dos veganos e se referiu a eles, a nós, como *inimigos* dos animais, quando nada poderia estar mais longe da verdade. E me perdeu de vez, uma advogada de planejamento imobiliário, quando explicou de forma vaga e imprecisa nosso sistema de imposto sobre a propriedade – deixando de fora os fatos mais evidentes – para reforçar um argumento. Isso, é claro, fez com que eu me perguntasse quais outros fatos ele poderia ter visto por uma lente de cor diferente do que eu usaria. Quais outros fatos tinham sido relativizados para reforçar um argumento ou servir a um propósito? Ele me fez pensar, no entanto, admito isso.

Talvez se os alimentos, incluindo produtos de origem animal, fossem produzidos da forma como o Criador Salatin fazia em sua Fazenda Polyface, estaria tudo bem para mim. Sua opinião era em linhas gerais a mesma que Leela me havia dado. Da minha parte, eu duvidava que fosse comer animais novamente, mas talvez ficasse mais confortável que outros comessem animais. Pelo menos estaria mais confortável sabendo que havia menos tortura de animais no mundo. E talvez estremecesse menos cada vez que olhava para uma embalagem atrativa e enganosa, com hipérboles como "alimentados com grãos" ou "de criação extensiva" nos rótulos, que não significavam nada e de nenhuma maneira eram monitoradas, mas permitiam que as pessoas comessem sem pensar e sem culpa os restos de animais torturados, criados em massa e drogados. (Ou, hã, desculpe – permitiam que racionalizassem e resolvessem sua dissonância cognitiva.) Mas isso simplesmente não estava acontecendo. A grande maioria dos nossos alimentos ainda nascia da tortura. Então, mesmo gostando de seu ideal, eu não me juntaria à sua tribo.

Ele me deu uma ideia, porém.

Mais uma vez, um projeto nasceu do interior de um tubo de ressonância magnética. Dessa vez, não era um blog que eu estava planejando. Não, dessa vez eu iria visitar uma fazenda. Em Los Angeles.

Capítulo 25

Santuário

Planejar minha visita à fazenda era preferível a pensar nos resultados da minha ressonância. Eu pensaria nesses resultados quando chegassem, e simplesmente não conseguia me preocupar com isso. Estava me sentindo confiante de que o meu cérebro inquieto tinha se acalmado. Tinha limitado minhas leituras a livros que me davam sugestões construtivas, como *Living Cruelty Free: Live a More Compassionate Lifestyle*, de Jennifer Thompson, e *The Imperfect Environmentalist*, de Sara Gilbert. (Sim, veganos se preocupam com o meio ambiente também. Nós e os animais vivemos nele, afinal; ah, e sim, *aquela* Sara Gilbert, a de *Roseanne* e *Big Bang: A Teoria*, e, você sabe, do planeta Terra.) E, principalmente, *Farm Sanctuary*, de Gene Baur. Acabou que havia uma Fazenda Santuário nos arredores de Los Angeles, e não muito longe também do Gentle Barn, que eu tinha descoberto por meio dos meus amigos veganos no Facebook e no Twitter, que, por sua vez, tinham descoberto pela Ellen DeGeneres. Então, eu iria para não apenas uma, mas duas fazendas além de Los Angeles, mas, obviamente, não *muito* além de Los Angeles.

Eu encontrei o site do Gentle Barn e li que eles faziam excursões particulares por quatrocentos dólares, o que imaginei que não era tão caro se pudesse arranjar outras nove pessoas para se juntarem a mim. Quarenta dólares por pessoa parecia razoável. O tour particular me atraía, porque, embora eu ame animais, abomino seres humanos que agem como animais... o que eles tendem a fazer quando em multidões.

Enquanto os passeios em grupo públicos do Gentle Barn e da Fazenda Santuário provavelmente não envolviam bebida ou farra ou qualquer uma das coisas que me deixam desconfortável em grandes grupos, provavelmente envolviam multidões, uma vez que eles estavam abertos ao público apenas aos domingos. Também deviam envolver crianças, dada sua ênfase na interação com os animais como uma forma de ensinar as crianças. E, verdade seja dita, se pudesse evitar crianças que não fossem parentes meus, eu preferia – especialmente sabendo que eu queria aprender e conversar com as pessoas que trabalhavam no Gentle

Barn. De modo algum elas iriam preferir falar comigo tendo alguma criança impressionável, bochechuda e de olhos arregalados no grupo.

Infelizmente, não consegui encontrar outras nove pessoas dispostas a dirigir cem quilômetros e gastar quarenta dólares em uma excursão, que poderiam conseguir por dez dólares se apenas se juntassem com seres humanos baixinhos e fofos. Malditos veganos e sua compaixão por todas as criaturas. Eu ia ao passeio público mesmo.

Leela mais uma vez concordou em entrar na aventura comigo, ansiosa ela mesma para conhecer os animais. Outra participante da Beaglefest e vegana, Karal, também nos encontrou no Gentle Barn. E Michelle, uma amiga amante de animais e "simpatizante" vegana de Riverside, concordou em ir comigo. A irmã de Michelle e, ironicamente, seus dois filhos também se juntaram a nós.

O dia foi cheio de nostalgia para mim. Primeiro, porque o Gentle Barn é em Santa Clarita, anteriormente conhecida por mim como "O lugar ao lado da Montanha Mágica". Quando menina, vivi por um tempo em Sylmar, não muito longe da Montanha Mágica... Quer dizer, Santa Clarita. Vivíamos ao lado de uma estrada de terra, montávamos em nossos cavalos sobre campos de romã, e tínhamos meio hectare de oliveiras onde os cães (e as crianças) podiam correr. Quando morávamos em Sylmar tínhamos cavalos, cães, gatos, hamsters, e um papagaio.

E eu odiava.

Minha mente pré-adolescente acreditava ser uma sofisticada garota da cidade, e fui arrastada de North Hollywood sob protesto. North Hollywood não era nem sofisticada nem uma cidade (um subúrbio, com certeza), mas tente dizer isso para uma garota precoce de oito anos de idade que preferia vestidos, bibliotecas e lojas a... bem, a Sylmar. Eu odiava ficar suja (embora não tivesse problemas para deixar meu quarto uma bagunça) e passava a maior parte do meu tempo ganhando todos os distintivos de Girl Scout[17] possíveis, ou enfurnada na biblioteca esperando ter idade suficiente para deixar aquela cidade de caubóis para uma vida mais glamourosa que, eu sabia, devia existir em algum lugar. Essa fuga ocorreu apenas alguns anos mais tarde, quando nos mudamos para La Habra Heights e trocamos as oliveiras pelas árvores de abacate, a estrada de terra por uma sinuosa estrada de colina pavimentada, e um

17 Uma organização para meninas semelhante aos escoteiros, no Brasil (N.T.).

estilo de vida rural por um de classe média suburbana. Os cavalos, cães, gatos, hamsters e papagaio vieram conosco.

A outra razão pela qual meu dia nas fazendas foi nostálgico foi que, quando cheguei no Gentle Barn, para minha surpresa, a irmã mais nova de um dos meus (agora há muito perdidos) melhores amigos do colegial também se juntou a nós (ela tinha visto o meu post no Facebook, é claro!). Shelley tinha sido a "irmã mais nova" que nos acompanhava ou se divertia conosco em festas na piscina, eventos de Girl Scout e outros passeios da sexta série e escola secundária, quando éramos muito mais legais do que qualquer outra pessoa um ano e meio mais nova. E, ironicamente, eu sempre vou me lembrar de seu pai como o chef cujos churrascos à beira da piscina primeiro me fizeram gostar de bife de uma maneira que eu nunca fizera antes (e, agora, jamais faria novamente). Apenas uma dessas memórias de infância aleatórias que eu tive depois de todos esses anos, e agora lá estava Shelley, pronta para conhecer as vacas comigo.

Nós tínhamos chegado cedo – muito incomum para mim –, tal era a minha excitação. Vários voluntários também foram chegando, com suas camisetas e moletons verdes com o logo do Gentle Barn. Fiquei impressionada com a quantidade deles, mas, pensando bem, que ótima maneira de passar o dia. Eu poderia lidar com trabalho voluntário envolvendo afagar, conversar e agir como cuidadora e guarda-costas de animais de fazenda. Presumi que os visitantes fossem pessoas respeitosas, curiosas, com um interesse genuíno pelos animais. Caso contrário, por que estariam aqui? Havia uma placa na frente (eu tinha visto a mesma mensagem em seu site) pedindo que os convidados não trouxessem qualquer tipo de carne, aves, laticínios ou peixe para as instalações, como forma de respeito aos animais. Provavelmente era pedir demais que os hóspedes não usassem couro também, mas eu estava usando minhas botas veganas e carregava uma bolsa vegana. (Soa muito melhor do que "couro sintético", não é mesmo? Certo. Mas é a mesma coisa. E não, não dá pra diferenciar.)

Eles abriram os portões pontualmente às dez e entramos, com a crescente multidão de visitantes. Felizmente para mim (e para os animais) o Gentle Barn tem três hectares, e os visitantes podem se dispersar para os currais de cavalos, o celeiro de vacas, ou o cercado de cabras antes de se reunirem novamente sobre uma colina, em uma área de estar sombreada para conhecer e ouvir a fundadora, Ellie Laks.

Fomos primeiro para as vacas.

O voluntário no portão para a área das vacas permitia a entrada de algumas pessoas de cada vez para visitar e afagar quatro das cinco vacas presentes. Um voluntário acompanhava cada vaca para explicar sua história e, tenho certeza, garantir que os visitantes fossem respeitosos em sua abordagem com os animais. Algumas das vacas eram bastante amigáveis. Uma grande vaca preta e branca estava deitada, aproveitando o sol. Ela de bom grado nos permitiu afagar seu rosto e seu amplo corpo, e certamente parecia gostar de uma coçada atrás das orelhas. Seu cuidador nos disse que o nome dela era Crystal. Tinha sido tirada de sua mãe e enfiada em uma caixa de vitela, destinada ao abate, com oito semanas de idade. Quando o Gentle Barn a resgatou, ela estava tão fraca e doente que não conseguia ficar de pé. E agora aqui estava ela, satisfeita ao sol, apreciando a companhia humana. Mais uma vez, fiquei impressionada com a capacidade dos animais para o perdão. Assim como Percival parecia ter deixado no passado seus dias em uma gaiola, submetido a violentos e dolorosos procedimentos, e agora desfrutava de ar fresco, brinquedos, sol e tempo com os seres humanos (Chris! Principalmente Chris!), essa vaca tinha se recuperado o suficiente para confiar em estranhos aleatórios que se aproximavam. Tirei uma foto com ela.

Outra vaca – uma fêmea grande e loira chamada Buttercup – não estava apenas confortável em nos deixar afagá-la, ela começou a lamber nossos braços e até o rosto de Karal. Beijos de vaca precisam ser valorizados, e nós gostaríamos de nos vangloriar disso, mas tornou-se óbvio que Buttercup era fã do óleo de coco que todos nós usávamos como hidratante (o favorito dos veganos, por isso, sem dúvida Buttercup tinha se acostumado a buscar os visitantes veganos embebidos em óleo de coco). Buttercup havia sido resgatada de um açougueiro de fundo de quintal. Ela estava grávida na época, mas como não era bem cuidada, seu bezerro não sobreviveu. No entanto, com tempo e carinho, Buttercup havia se tornado, o voluntário nos disse, a mãe adotiva dos filhotes resgatados trazidos para o Gentle Barn.

Distante dos grupos de seres humanos e até mesmo das outras vacas, mas olhando um pouco curiosa, estava uma vaca vermelha e branca chamada Aretha. Aproximei-me dela em silêncio e ouvi enquanto o voluntário me contava sobre Aretha. Ela era um dos resgates mais recentes, e estava desanimada, embora se curando. Ela ainda não confiava que seres humanos fossem gentis com ela, então não estendi minha mão para afagá-la. Só fiquei perto, desejando que se recuperasse, olhando em seus grandes e belos olhos tristes, com talvez apenas o menor vislumbre de esperança.

Visitamos os cavalos a seguir. Comprei um saco de cenouras e, como resultado, acabei ficando muito popular com todos os cavalos e burros. Meu tempo em Sylmar havia pelo menos me ensinado a maneira correta de alimentar um cavalo sem perder nenhum dedo, e eu também aprendi como cavalos, assim como cães, podem ter personalidades muito distintas. Isso também valia para esses cavalos. Alguns haviam sido maltratados, privados de abrigo, comida ou água adequada; alguns haviam sido espancados; um foi resgatado de um açougueiro de fundo de quintal (sim, um açougueiro... de cavalos); e dois eram filhotes de uma égua infeliz cuja urina era utilizada na produção de Premarin, uma droga que as mulheres tomam durante a menopausa e apenas pode ser feita da urina de uma égua grávida. A égua é impedida de se mover e fica ligada a um cateter durante toda a sua gravidez. Os bebês são eliminados. Esses dois, Lazar e sua irmã Zoe, eram os sortudos – salvos e criados pelo Gentle Barn. Um dos burros, agora satisfeitamente comendo cenouras dadas por todos nós e alegremente abaixando a cabeça para que coçássemos atrás das suas orelhas, tinha sido espancado por seu "proprietário" quase até a morte. Burros empacam quando estão assustados ou com dor, e ao invés de compreender seu comportamento, o homem simplesmente continuou a bater em Addison, esse lindo burro agora tão amigável e cheio de personalidade.

Os voluntários depois conduziram a multidão humana para o alto de uma colina, o chamado "curral superior", para uma discussão em grupo com Ellie. Eu estava interessada nessa discussão, mas não sentia necessidade de me apressar para a colina e pegar um lugar na primeira fila. Esse não era um dia para correr; era um dia para aprender e contemplar. Além disso, onde quer que me sentasse certamente eu poderia ver por cima das cabeças das numerosas crianças presentes.

Quando cheguei à área de encontro, vi que a corrida tinha sido tanto para pegar um lugar à sombra quanto um lugar na frente. Eu estava satisfeita com um lugar ao sol.

Ellie era mais jovem do que eu esperava, provavelmente em seus trinta e tantos anos, com longos cabelos castanhos e uma atitude feliz, sorridente. Estar cercada por todos esses animais também me deixaria feliz, mas enquanto ela nos dava as boas-vindas e contava a história da fundação do Gentle Barn, percebi que havia um lado de partir o coração em seu trabalho também. Imagino que para cada história de um animal que eles salvavam, havia inúmeras histórias de animais que não puderam salvar, aqueles que não conseguiram escapar vivos. E até mesmo os animais que ela tinha salvo, que estávamos vendo em seu estado de reabilitação, tiveram inícios cruéis. Ela sempre era tão feliz? Provavelmente não, mas o fato de que podia reunir forças dia após dia para se manter na luta por esses animais era impressionante. Eu certamente tinha algo a aprender aqui.

Ellie nos contou sua história – seu amor de sempre pelos animais, que ela não estava autorizada a expressar quando criança. Falou sobre respeito aos animais e incentivou todos nós a conhecê-los, a enxergar suas personalidades, suas emoções, e a forma como eles interagiam conosco e com os outros. E nos incentivou a sempre respeitar os animais. Aprendi que o Gentle Barn trabalha com crianças de outras cidades, jovens em risco, crianças de lares educativos e institutos de saúde mental, orfanatos e escolas, como disse Ellie, "para ensiná-los que, apesar de sermos todos diferentes por fora, por dentro somos iguais e merecemos os mesmos direitos, respeito e liberdade".

Os grupos dessas crianças eram trazidos para o Gentle Barn para interagir com os animais e aprender com eles. O sucesso dos programas – a reabilitação das crianças em conjunto com os animais – foi sem dúvida parte do que tinha chamado a atenção de Ellen DeGeneres, resultando no quadro "Ellie e o Gentle Barn" no *Ellen Show*, em um episódio que aparentemente todos tinham assistido menos eu. Ellie terminou sua palestra com um sutil, mas entusiasmado e persuasivo pedido para que todos considerassem uma dieta à base de plantas para sua saúde e para o bem dos animais e do meio ambiente.

Nosso grupo estava então livre para andar pelo curral superior para visitar ovelhas, cabras, porcos, galinhas, perus e até lhamas. Eu queria fazer isso, mas também queria falar com Ellie. Eu tinha tantas perguntas, e precipitadamente decidi que ela tinha as respostas – todas elas! Leela ficou para trás comigo. Coloquei uma doação na jarra para um jumentinho, Worthy, que passara por uma cirurgia para corrigir uma perna deformada, e assinei seu cartão de "Melhoras". Então, quando a multidão se dispersou, abordei Ellie, e de repente fiquei tímida, desajeitada e inarticulada. Eu estava fora da minha jurisdição. Ela era tão impressionante e mesmo assim tão humilde, tão... *real*.

– Oi. Hum, eu tenho algumas perguntas – murmurei, de forma supereloquente.

– Ótimo! Vamos conversar!

Pelo que ela sabia, eu podia ser uma maluca, ou uma fã perseguidora, ou estava prestes a tagarelar sobre como as pessoas precisam de proteína animal, como os animais são colocados na Terra para nos servir, como o bacon é *tããão* delicioso, ou qualquer um dos comentários ridículos, insultuosos e sutilmente ameaçadores que eu mesma vinha ouvindo ultimamente. Mas ainda assim ela estava completamente aberta para uma conversa.

– Eu sou uma sobrevivente de câncer de mama e mudei para uma dieta à base de plantas há pouco mais de um ano...

– Muito bem!

– Obrigada. Comecei a ler muito sobre isso, e fiquei chocada com o que temos feito com os animais, pela forma como nossos alimentos são produzidos.

Ela ainda estava sorrindo.

– Eu sei.

Bom, sim, é claro que ela sabia. Estivera resgatando as vítimas de nossa máquina de produção de alimentos por uma década. Então, onde eu estava querendo chegar com isso? Eu queria dizer: "Como você lida com tudo isso? Você não está tendo pesadelos? Seu cérebro tem espasmos também?", mas meu cérebro funcionava bem o suficiente para que eu decidisse não soar *imediatamente* louca.

– Eu ainda estou aprendendo muito. É por isso que vim aqui. Além de visitar os animais. Para falar com você.

Ela apontou para uma mesa de piquenique.

– Vamos conversar. Sente-se.

Ela se sentou em um lado e Leela e eu no outro. Agora era a minha chance – cara a cara com a líder de uma tribo da qual eu pensava que poderia querer fazer parte. Se ao menos eu pudesse ser mais articulada do que:

– Então, qual é a resposta? O que seria das vacas e porcos e galinhas, todos eles, se nós simplesmente parássemos de comê-los? Ou usá-los? Não me entenda mal, eu acho que devemos parar tudo. Absolutamente. Odeio o que descobri que nós estamos fazendo com os animais. Mas então eu fico presa. Paramos de comê-los, subjugá-los, prendê-los... e depois? As vacas e os porcos apenas circularão livremente? E as galinhas? Caramba! Elas parecem tão indefesas, tão... inferiores na cadeia alimentar.

Justiça seja feita, ela permaneceu sorridente e aberta. Tenho certeza de que toda a sua experiência com alunos fazendo perguntas (de forma muito mais inteligente e articulada) veio a calhar.

– Bem, em primeiro lugar, não teríamos tantas vacas, porcos e galinhas. Só existem milhões e bilhões deles porque há uma superprodução para abate. Por isso, se parássemos de comê-los, a indústria iria parar de forçar sua reprodução.

– E então, ela só ocorreria de forma natural. Mas ainda assim teríamos vacas e porcos e galinhas.

– Isso não seria lindo? Eles poderiam viver assim – ela moveu o braço para abranger o curral superior, a vista para a montanha, o Éden que tinha criado.

– Como animais de estimação? – Na verdade, gostei da ideia, e esperava que tivesse soado assim, mas era difícil de visualizar.

– Provavelmente não como cães em nossas casas – ela riu.

– Não, provavelmente não desse jeito – eu disse, embora pudesse recordar de uma visita a um centro de resgate de cães que tinha se especializado em raças gigantes. Os fundadores recebiam os cães na sua própria fazenda em uma casa de hóspedes – uma casa humana de verdade – que funcionava como "casinha de cachorro" para cerca de quinze dogues alemães. Eles iam e vinham, descansavam nos sofás, comiam na sala de jantar e cozinha, e tomavam sol no pátio. (Eles não utilizavam os banheiros humanos; sei que você estava se perguntando isso.) Se os dogues alemães podiam viver em uma casa como essa, eu tinha certeza de que as galinhas e os porcos também poderiam, e talvez até as vacas.

– Haveria santuários e pessoas interessadas suficientes para lidar com os animais. E quem disse que eles não podem viver na natureza? Eles comem grama.

– Ah. É uma visão bonita.

– Sim.

Fiquei quieta, tentando me lembrar de algumas das aparentemente milhões de perguntas que eu pensei que tinha, mas a verdade é que gostava de aproveitar sua visão, pensando em um mundo que funcionava assim – que é o que ela tinha criado naqueles três hectares.

– E os ovos?

– Ovos?

– Sim. Galinhas põem ovos, independentemente do envolvimento humano. – De repente, eu não tinha tanta certeza nem mesmo sobre esse fato básico. – Certo?

Sua tolerância ligeiramente divertida e a disposição para responder abertamente a tudo o que saía da minha boca continuaram.

– Sim. Elas põem.

– Então, se as galinhas forem livres... se não forem submetidas a qualquer crueldade ou manipuladas de alguma forma... não sofrerem... o que há de errado em comer ovos? Você tem galinhas aqui. O que acontece com os ovos?

– Oh, eu dou para os cães comerem.

Ah! Seus cães não são veganos! *Sim! Onde estava a folha de inscrição para essa tribo? Existe um aperto de mão secreto? Como faço para participar?*

– Mas você não os come? Apenas por princípio?

– Eu não os como porque eu vi muitos sendo postos e eles me enojam! – ela estava rindo agora.

Oh, adoro como essa mulher é lógica e realista! E me senti livre – livre para comer os ovos postos por galinhas da minha mãe! Minha mãe e seus pintinhos estão no Missouri, e eu estou na Califórnia, mas não importa – a possibilidade existia! Sem culpa! Eu pressionei um pouco mais.

– E o leite? Alguns dizem que uma vaca dá muito leite, e pode alimentar seu bebê e dar-nos muito leite "em excesso" para queijos e laticínios.

Ok, eu ainda sentia um pouco de falta de queijo... então tinha esperança, contra tudo o que eu sabia. E que Ellie sabia também.

– Bem, em primeiro lugar, eles não fazem desse jeito. As mamães vacas não são autorizadas a dar seu leite para os bebês, de modo que isso deve querer dizer algo. Se há leite suficiente para todos, porque tirar o bebê de sua mãe? E, em segundo lugar, a vaca está produzindo quantidades extremas de leite porque foi injetada com hormônios, substâncias químicas e coisas que não são de forma alguma naturais. E por falar em não natural...

Discutimos como as vacas são fertilizadas, e agora seria a vez de Leela ter pesadelos sobre a bestialidade e o "rack de estupro".

– Horrível! – exclamou Leela.

– Não é? – disse Ellie.

– De tudo que eu li, e tive pesadelos sobre isso, a indústria de laticínios está entre as coisas mais horríveis. – Eu, como muitos veganos que conheço, esperava que isso não fosse verdade, que ela tivesse algo melhor a contar.

– Com certeza – disse Ellie. E então ela perdeu o sorriso. – Se alguém apontasse uma arma para minha cabeça e dissesse que eu tinha que escolher entre comer carne ou produtos lácteos, eu escolheria a carne. Estaríamos muito mais próximos de ser uma sociedade compassiva se todos nós desistíssemos dos laticínios. As vacas leiteiras sofrem muito, muito mais do que o gado de carne.

Ellie foi com Leela e eu até o portão do curral superior. A maioria do nosso grupo, incluindo meus outros amigos, passara a última meia hora afagando e visitando animais, e outro grupo em breve estaria chegando. Ela disse ao voluntário para nos deixar entrar e permitir que ficássemos o tempo que fosse necessário.

– Muito obrigada – eu disse. E abracei-a. Voluntariamente. Eu não sou chegada a abraços normalmente – nem um pouco. Mas essa mulher merecia abraços. Essa mulher irradiava carinho espontâneo. Essa mulher podia ser a líder da minha nova tribo!

Eu afaguei um porco. E depois outro. E outro. E um porco preto e branco muito, muito grande. Descansei minha cabeça em um porco dormindo, e Leela tirou minha foto. Eu a enquadraria e colocaria na minha mesa de trabalho, se pensasse que isso seria remotamente aceitável (e eu bem que poderia, por que não?). As cabras e as ovelhas eram amigáveis, movendo o rosto em nossa direção por um afago ou um petisco, e os voluntários nos ensinaram como afagar um peru (coçar debaixo das suas asas). As lhamas eram bonitas, mas distantes. Meu pai teve um lhama uma vez, muitos anos atrás, quando ele cultivava uma área nas montanhas, e eu me lembro que a lhama, como essas agora, era bonita e altiva... até que cuspia. Então, mantive distância. Um curral menor estava cheio de feno e pequenas "casas de cachorro", com porcos menores dormindo nelas. Esses porcos haviam sido resgatados de zoológicos de pequenos animais, criadores, e, em um caso, uma bem--intencionada, mas ignorante mulher que tinha criado um leitão com uma dieta tão deficiente em ferro que o pobre porquinho ficou cego. Sidney estava agora saudável e feliz, e, embora ainda cego, ele conseguia andar por ali bem o suficiente para obter sua cota de afagos e coçadas antes de voltar para sua casa-abrigo, quando ficava cansado ou precisava de seu sono de beleza.

Se não tivéssemos feito planos para visitar a Fazenda Santuário seguindo pela estrada, e se Michelle, sua irmã e os filhos de sua irmã não estivessem esperando por nós no curral inferior e área para piquenique para almoçar, eu provavelmente ainda estaria lá afagando porcos e aspirando a serenidade. *Isso* era paz de espírito.

Nós voltamos pela colina para desfrutar de nossas pizzas veganas em meio aos pavões e árvores de sombra antes de ir para a Fazenda Santuário.

Animal Acres é o nome da Fazenda Santuário nos arredores de Los Angeles. A Fazenda Santuário original está em Watkins Glen, Nova York, e há outra no norte da Califórnia, então suponho que, para distingui-las, essa tinha sido chamada de "Animal Acres". E isso combinava, porque ali havia, como seria de se esperar, acres de animais. As instalações pareciam mais bem cuidadas e organizadas do que o Gentle Barn. Parecia mais um "rancho" em vez de "fazenda"... mas talvez porque houvesse construções que pareciam casas... casas do caseiro ou algo do tipo. E havia um extenso edifício de um andar com uma passagem aberta ao longo da fachada que se parecia muito com as casas de estilo rural que eu tanto tinha visto em Sylmar.

O sistema para visitar os animais era um pouco diferente aqui do que no Gentle Barn. No Animal Acres, os visitantes podiam vagar por conta própria ou fazer uma visita guiada. Eu tinha visto no site que, enquanto pessoas de todas as idades eram bem-vindas, as visitas guiadas eram limitadas a pessoas com mais de doze anos de idade, o que achei interessante e ao mesmo tempo motivo de alguma preocupação, porque a sobrinha e o sobrinho de Michelle eram extremamente inteligentes e bem-comportados, mas ainda não tinham doze.

Chegamos quinze minutos antes da próxima visita guiada começar, por isso andamos por ali, afagando as galinhas, patos e perus que nos recebiam no gramado da frente. As aves tinham pequenas piscinas infantis, fontes e muito espaço. Não pareciam nem um pouco perturbadas com os seres humanos perambulando, e muitas delas vieram até nós. Uma vez que já tínhamos sido instruídos sobre como afagar um peru e uma galinha, atendemos a seus pedidos. Um peru, Minerva, era particularmente amigável e começou a seguir Michelle. E, caso você esteja se perguntando, um peru caminhando atrás de um ser humano subitamente amado é infinitamente divertido.

Quando a visita guiada começou, tornou-se óbvio por que crianças pequenas não eram permitidas. Os voluntários da Fazenda Santuário eram mais explícitos em suas descrições sobre o que havia acontecido com esses animais, ou animais como eles, e mais diretos em sua defesa de um estilo de vida vegano. Não era inapropriado – nem de leve. Era a realidade. Mas também não era recomendado para menores de 13 anos que não estivessem acompanhados de seus pais. Caramba, eu tinha pesadelos sobre aquelas coisas. Como uma criança iria lidar com a informação de que as ovelhas que produzem lã de Merino foram criadas para ter a pele enrugada e, por isso, eram vulneráveis a infestações por larvas de moscas? E que (atenção: explícito!), para evitar isso, os agricultores usam uma técnica chamada "mulesing", em que amostras de pele são cortadas das costas das ovelhas, sem anestesia ou analgésicos? (Sim, eu já tinha parado de comprar lã a essa altura.)

Se a guia não comentasse, você poderia não perceber que muitos dos perus e galinhas tinham pés deformados das condições de vida a que tinham sido submetidos, ou que antes do resgate seus bicos tinham sido cortados para que, em apinhadas e estressantes gaiolas, eles não bicassem uns aos outros. E você talvez não percebesse que os porcos no curral sobre um monte de palha, empurrando bolas de praia e tomando sol, embora felizes e seguros agora, ainda lutavam contra as deformidades e problemas de saúde de suas vidas anteriores. Os voluntários compartilhavam a informação que também era fornecida no site. Mas, como antes eu comecei a me poupar dos detalhes macabros, vou poupá-lo também, leitor. Mas vamos fazer um trato – se você alguma vez disser para mim, ou a um outro vegano, como o bacon é maravilhoso, me reservo o direito de descrever em detalhes muito explícitos a vida nas fazendas de produção em massa das porcas reprodutoras e dos leitões que se transformaram nesse bacon. Porque é muito mais abominável do que o bacon é gostoso. Certo?

Mas assistir a esses porcos resgatados era uma alegria. Se havia alguma dúvida de que os porcos têm personalidades, observá-los no Animal Acres deixava isso muito claro. Um porco de trezentos quilos brincando com uma bola de praia é um espetáculo a ser contemplado. "Meninas" desse tamanho trocando largos carinhos entre si no feno, seguras em seus celeiros, era igualmente emocionante.

Vacas mais altas que eu – bem mais altas – definitivamente não era algo que eu tivesse visto antes. No entanto, elas eram amigáveis e tranquilas, permitindo-nos afagá-las e fotografá-las. E o fato de que a Fazenda Santuário resgatou vacas que tinham chamado de William e Harry[18] já era divertido por si só. Cabras vagueando pelas colinas pareciam um pouco desconfiadas dos humanos, mas quem poderia culpá-las? Eu mesma já estava bastante desconfiada da raça humana.

No final do passeio escolhemos vaguear um pouco mais (inspirados nas cabras, talvez?). Michelle afagou Minerva um pouco, e Minerva continuou a segui-la, pedindo ainda mais. (Minerva deu o seu recado; Michelle disse que nunca poderia comer peru novamente.) Finalmente, caminhamos até a loja de presentes. Eu folheei os livros, é claro, e comprei alguns, juntamente com uma camiseta e uma taça de vinho com o logotipo da Fazenda Santuário (se havia uma lembrança "obrigatória" do meu dia, era essa). Então, olhei os materiais educativos grátis que eles tinham disponíveis – brochuras, folhetos e fichas de informação. Dei uma olhada em tudo, como tinha feito no Gentle Barn (onde eu também comprei uma camiseta, um livro e... ah, deixa pra lá, Chris pode estar lendo isto). Considerei o que pegar:

Sanctuary, revista trimestral e compassiva da Fazenda Santuário? Sim, por favor.

Algo melhor: por que milhões de pessoas estão mudando o que comem? Absolutamente, preciso saber por quê!

---

18 Referência aos príncipes da família real britânica, filhos de Charles, Príncipe de Gales, e de sua primeira esposa, Diana Spencer.

A verdade por trás da carne, leite e ovos "humanizados"? Posso pegar mil desses para entregar a todos que me dizem comer dessa maneira? Seria muito mais fácil do que explicar que esse é um rótulo sem sentido e os produtos que ele nomeia não são nem um pouco o que qualquer pessoa decente consideraria como "compassivo" ou "humano".

E aquela brochura adorável *Receitas para a vida: simples delícias para o aspirante a vegano*? É. Isso poderia ser útil.

Aah, e a brochura mostrando uma gorda e feliz mamãe galinha e seus pintinhos bicando a grama sob um céu azul brilhante, com o título em letras amarelas orgulhosamente declarando: *Escolhas compassivas – fazendo a diferença para os animais*? Sim! Sim! E sim! Eu estava interessada em tudo isso. Eu queria fazer tudo isso – ser melhor, ser mais útil, ser mais *compassiva...! Onde estava a ficha de inscrição da tribo!?*

Tenho certeza que eu parecia uma colecionadora – não de animais, mas de informação. Quando vi o flyer com as cores do arco-íris "Livre para Todos" que dizia simplesmente: "Vire vegano e poupe 100 animais", fiz uma pausa. Uma *centena* de animais? Virei o flyer e li.

"Virar vegano" ajudava o meio ambiente: "Você pode economizar mais água *deixando* de comer meio quilo de carne do que *deixando* de tomar banho por *seis meses*!" Considerando os comentários que tinha recebido desde que me tornara vegana, eu me perguntava qual das duas ações seria mais desagradável para o mundo em geral, mas eu não estava interessada em descobrir.

Veganos tinham também, de acordo com o meu novo flyer favorito, "menos probabilidade de serem gordos" do que as pessoas que comiam carne. Esse vinha com uma ilustração completamente desnecessária de duas silhuetas roxas, o vegano de peso normal e o comedor de carne, bem, de proporções do Homer Simpson.

O folheto tinha apenas quinze por vinte centímetros, mas ainda conseguia mencionar os detalhes sórdidos de como os animais eram abatidos. Alguns detalhes particularmente horríveis estavam destacados com uma fonte turquesa viva.

Mas o ponto – o meu ponto –, no qual eu subitamente me interessei, *não* foi a realidade terrível da tortura, ou da morte, mas este fato: eu tinha salvado uma centena de animais por estar em uma dieta à base de vegetais por um ano. *Cem animais! Eu! Fantástico!* Claro, uma gota no oceano, considerando os bilhões assassinados anualmente, mas mesmo assim... uma centena de animais salvos! Espere... Eu certamente tinha feito Chris comer menos animais. Ele tomava regularmente um café da manhã vegano agora, então digamos que são mais vinte animais salvos durante o ano. E tínhamos salvo Daphne e Percival! Assim, cento e vinte e dois animais salvos. Não era pouca coisa. Eu amava os animais, e minhas ações agora demonstravam isso.

Talvez meu ano não tivesse sido tão ruim, afinal.

Capítulo 26

Tambores tribais

Percival viu Chris chegando com a coleira e correu para a "zona de segurança" da sala de jantar. Muitos de seus brinquedos, ou, mais precisamente, fragmentos e restos de seus brinquedos, estavam espalhados debaixo da mesa num retrato vivo de uma terrível carnificina de algodão e plástico, e ele estava no meio da bagunça olhando para nós, enquanto claramente esperava que de alguma forma não pudéssemos vê-lo. Ele amava caminhadas, mas ainda odiava passeios de carro, e, portanto, a coleira era algo a encarar com cautela. Até que caminhássemos até a porta que dava para a garagem e saíssemos pelo portão em segurança, Percival não relaxou e apreciou a ideia de uma caminhada. Daphne, na outra coleira, começou a saltar para cima e para baixo e foi para a porta da frente no momento em que sentiu que estávamos pensando em uma saída de qualquer tipo. Seja a pé ou de carro, Daphne estava a fim, como sempre.

– Desculpe, amigo – disse Chris. Ele manuseou o cinto sobre o não cooperativo cão. – Vai ser divertido, eu prometo.

O rosto de Percival registrava tanto dúvida quanto traição enquanto olhava para Chris. Sem se abalar, ele o levantou.

Daphne saiu dançando para o quintal e correu até a porta da garagem. Abri a porta do carro e deixei-a entrar. Ela pulou imediatamente e se virou para a frente, esperando enquanto eu colocava seu cinto de segurança. Chris colocou um rígido e infeliz Percival sobre o cobertor no banco de trás e o prendeu também. Entreguei petiscos para ambos, e, mesmo com Percival aceitando, seu humor não se alterou. Todo o seu semblante gritava: *Não estou satisfeito!*

Estávamos indo para uma festa de aniversário canina. Infelizmente para Percival, isso significava uma hora de carro até Los Angeles. Como eu mesma não entendia completamente o que era o Zoom Room[19], não poderia explicar adequadamente aos beagles (e sim, reconheço a inutilidade de explicar as coisas para os cães de qualquer

19 Espécie de sala de treinamento para cães nos EUA (N.T.).

forma). Daphne estava disposta a confiar que onde quer que fôssemos seria divertido. Mas Percival... bem, compreensivelmente, Percival tinha alguns problemas de confiança. E de enjoo no carro. Principalmente o segundo.

Dirigir para Los Angeles é sempre uma aventura, e essa é a descrição mais positiva que eu posso dar. Leva de uma hora a três dias, dependendo do – todos juntos agora – TRÂNSITO. É difícil de prever, mesmo em um domingo. Assim, é difícil decidir quando se arriscar parando e deixando os cachorros tomarem ar fresco, ou quando isso nos fará perder aquele pequeno espaço de tempo em que o tráfego era tolerável. Além disso, há aquela coisa toda de arriscar a vida ao sair do carro em East Los Angeles, o que por acaso estava entre nós e West Los Angeles. Assim, decidimos aproveitar a estrada livre e continuar dirigindo. Percival recompensou nossa decisão vomitando o café da manhã no banco de trás. Daphne se afastou e encostou na porta do carro, era evidente seu desgosto e vergonha em relação ao irmãozinho.

Seguimos firme até chegarmos. Então, Chris e eu saltamos rápido do carro.

– Você dá uma volta com eles pelo estacionamento. Vou entrar e conseguir toalhas de papel – eu disse.

– E você achava que já poderíamos viajar com eles. Anotar isso.

Eu levantei o verde e duro Percival do banco de trás e o coloquei no chão. Ele permaneceu perfeitamente imóvel. Estendi a mão sobre ele para colocar a coleira na vibrante e barulhenta Daphne Doodlebutt, que estava apressada para não perder absolutamente nenhum momento da animação, mesmo que tivesse que caminhar sobre vômito para chegar lá. Aquela podia ser a nossa primeira e última festa de aniversário canina em Los Angeles. Seríamos a família que chegava enjoada, fedida e irritadiça. Que divertido! Pelo menos tínhamos lembrado dos presentes – brinquedos para a menina aniversariante e vinho para seus pais.

A beagle aniversariante era Indie, que havia sido resgatada com quatro semanas de idade pelo Projeto Liberdade para os Beagles, junto com seus irmãos e sua mãe, Grace. Mãe e filhotes foram submetidos a testes de toxicidade por um laboratório que pelo menos entregou os animais ao PLB quando os testes acabaram. Os pais de Indie, Roy e Laurie, tinham ido ao nosso evento Palavras, Vinho e Sacudidas para arrecadação de fundos para o Projeto Liberdade para os Beagles, e nós nos demos bem logo de cara. Qualquer um que ame beagles e vinho já ganha de saída muitos pontos no meu livro (humm... literalmente *no meu livro*!).

Laurie tinha estado presente em vários dos resgates do PLB, e ela e Roy tinham cinco, seis, sete cães... dependendo do dia, uma vez que também abrigavam temporariamente cães carentes.

Deixei Daphne e Percival farejarem, mas para um beagle não há muito com que se animar em um estacionamento de asfalto em Los Angeles – não quando o aroma do Pink's Taco Stand vinha do outro lado da rua, e havia uma infinidade de cheiros de cachorros partindo do interior do Zoom Room para inundar suas narinas. Daphne puxava para entrar no Zoom Room e se juntar à festa, e logo Percival saiu de seu transe de transporte e fez o mesmo. Topei com Chris a caminho para o prédio, enquanto ele saía com toalhas de papel e um frasco de spray.

– O melhor namorado do mundo! – exclamei.

Ele balançou a mão cheia de toalhas de papel para mim, com raiva simulada.

Nós atravessamos a área de recepção e a pequena loja de presentes, onde Percival e Daphne demonstraram indisciplina ao parar para cheirar e esticar a cabeça na direção de cada biscoito, palito canino ou outro petisco intricadamente decorado no local. Finalmente consegui levá-los até a entrada para o Zoom Room. E sim, parecia mesmo um centro de treinamento.

Daphne atravessou o portão, anunciando sua chegada com uma série de uivos, latidos e saltos. Percival se segurou um pouco, sobrecarregado pelo número de cães que se lançaram sobre ele, cheirando e abanando o rabo. Percival correu, os cães o perseguiram alegremente, e Daphne perseguiu todos eles, latindo e exigindo... bem, não sabíamos o quê. Mas ela parecia estar exigindo algo. E ela era o único cachorro latindo. Percival e sua gangue de arruaceiros peludos saíam rasgando, correndo a toda velocidade e então fazendo curvas fechadas na direção oposta. A sala estava coberta por esses tapetes de borracha pretos geralmente encontrados em academias fedorentas frequentadas por homens musculosos em tops erguendo pesos para lá e para cá. Em vez de pesos, esta sala tinha brinquedos de treinamento: túneis de lona para atravessar; bastões dobráveis para se desviar, um atrás do outro; rampas para correr para cima, sobre elas e para baixo; e aros para saltar no meio. Nenhum desses cães estava fazendo nada disso, é claro. Como as crianças que brincam com as caixas de seus brinquedos em vez dos próprios brinquedos, esses cães – a maioria beagles, principalmente do Projeto Liberdade para os Beagles – estavam criando suas próprias brincadeiras e correndo ao redor dos equipamentos.

Percival olhou maravilhado e rapidamente fez amizade com a aniversariante, que, era difícil não notar, era enervantemente parecida com ele. Tinham quase exatamente um ano de idade de diferença – Indie estava fazendo um ano naquele dia e Percival faria dois anos dali a dois dias. Ambos tinham sido resgatados de laboratórios do norte da Califórnia. Eles facilmente poderiam ter vindo do mesmo "criador" e ter um pai em comum. Nós nunca saberíamos. E isso não tinha importância, não mais do que importava se Indie e seus irmãos podiam reconhecer Grace, sua mãe, quando ela chegou e se juntou à brincadeira.

Os funcionários do Zoom Room juntaram os cães e os estimularam a experimentar o circuito de agilidade com obstáculos. Sabiamente, lideraram o grupo de beagles por cima da rampa, para o outro lado da ponte e através dos aros, mostrando-lhes um petisco e movendo-os na direção que eles queriam que os cães se movessem. Num piscar de olhos, nossos beagles pareciam campeões de agilidade. Até que lhe deram os petiscos e a histeria de beagle e o TDAH canino eclodiram novamente.

Todos nós, humanos, ficamos do lado assistindo, checando nossos próprios cães de vez em quando e fotografando-os como se fôssemos pais na primeira visita dos filhos à Disneylândia. Daphne ainda estava fazendo sua pose mandona com latidos, então tentamos acalmá-la. O funcionário do Zoom Room riu.

– Está tudo bem. Somos um playground canino. Podemos lidar com latidos. Ela não está ameaçando; é apenas o árbitro. Ela quer que todos se comportem.

– É isso que ela está fazendo? Apenas tentando mandar em todos em volta dela?

– Não é tão mandona assim. Ela só está mantendo todos na linha.

Mais tarde, achei Chris na mesa de aperitivos com uma taça de vinho na mão (que tipo de festa de aniversário de um ano de idade não teria vinho?). Contei a ele o diagnóstico do comportamento de Daphne.

– Bem, naquela coleira, ela se parece com um árbitro – disse ele. Daphne e Percival usavam coleiras acolchoadas no peito e na barriga, com travas que podiam ser ligadas a cintos de segurança humanos quando viajavam no carro conosco. Daphne se parecia com um árbitro de beisebol, enquanto Percival geralmente parecia mais um fugitivo do manicômio – apesar de que isso tinha mais a ver com a maneira como ele se sentia sobre passeios de carro e menos com o arnês volumoso no seu pequeno corpo.

– Rá. Parece mesmo. Prefiro pensar nela como o árbitro, em vez de como a antissocial.

– Claro que sim. Porque ela é como você. Contra a diversão.

– Não contra a diversão. Só queremos bom comportamento. Somos contra comportamento fora de controle.

– Exatamente. Diversão.

Ele me entregou a taça de vinho. Talvez para evitar que eu batesse nele, mas prefiro pensar que só queria que eu degustasse o vinho.

A maior parte dos convidados eram companheiros adotantes e apoiadores do Projeto Liberdade para os Beagles. Vanessa chegou à festa também, e Percival ganhou todo tipo de amor extra de sua ex-mãe adotiva. Ela ficou emocionada ao vê-lo, e esperei que ela notasse que ele estava feliz e crescendo. Shannon também estava lá – a fada madrinha, tia dedicada, salvadora de todos esses beagles. Seu trabalho diário devia ser cansativo e desanimador com a mesma frequência – ou talvez com mais frequência – do que era alegre e gratificante. Então, um dia como este tinha que ser reconfortante para ela, a confirmação de que seu trabalho – sua missão – era sólido e muito necessário. Esta festa de aniversário não teria sido possível sem seus esforços incansáveis.

Quanto a mim, estava feliz por poder passar mais tempo com outras pessoas do PLB e aprender com elas. Adotar um desses cães é uma alegria, mas não é como adotar de um abrigo ou de uma ninhada de cachorros, quando alguns dados prévios são conhecidos, ou pelo menos podem ser determinados pelo comportamento. Esses cães tinham passado por traumas desconhecidos, e, portanto, precisavam de muita paciência e compreensão. O que funciona com um monte de cachorros – treinamento para caixas, por exemplo – não vai funcionar para um cão mantido em uma gaiola durante toda a sua vida e solto somente quando necessário para experimentos dolorosos. Um cão adulto que nunca tinha sido treinado sobre onde fazer suas necessidades, porque nunca tinha estado dentro de uma casa, vinha com seus próprios problemas. Portanto, reúna a paciência, as toalhas de papel e as almofadas de xixi que serão necessárias. Podíamos compartilhar problemas como o medo de Percival de qualquer coisa sobre rodas (latas de lixo, malas), e discutir isso com pessoas que entendiam não só que isso acontece, mas o porquê: nos laboratórios, os carrinhos que carregam os equipamentos para os experimentos têm rodas. E, tão importante quanto, podíamos aproveitar a companhia de pessoas que estavam fazendo algo – fazendo tudo o que podiam – para *ajudar*.

O menu era todo vegano e a energia era de altruísmo. Ouvi os tambores tribais rufando.

Capítulo 27

Eu, negativa

Fazia semanas desde a minha ressonância magnética do cérebro, e ainda mais tempo desde que eu tivera um episódio de cérebro inquieto... er, hum, dissonância cognitiva. Eu estava tão convencida de que a ressonância não iria mostrar nada, e, francamente, tão envergonhada de sequer ter me preocupado em fazer o exame quando era agora óbvio que eu tinha permitido que meu estresse se manifestasse fisicamente (estava tudo na minha mente, *tudo*!), que eu quase me esqueci de apanhar os resultados. Eu teria esquecido se meus amigos e família (e aqueles maravilhosos seguidores no Facebook) tivessem esquecido. Mas *nããããão*, parece que quando se faz uma ressonância magnética, é preciso saber logo os resultados. Chris também parecia pensar que isso era importante. E, já que estávamos brincando com a ideia de uma "viagem em família" para Paso Robles, desta vez alugando uma casa adequada para cães e levando ambos os beagles, ele sugeriu que eu descobrisse que estava tudo bem antes de avançarmos demais com nossos planos. Era um argumento válido. Seria típico de mim planejar uma maravilhosa semana de Álcool, Chris, Cães e Livros só para descobrir que eu iria precisar fazer uma cirurgia no cérebro em vez disso. Só que não era Natal – por isso eu devia ficar totalmente bem.

Liguei para o consultório médico. Eles passaram a ligação para a assistente do médico, que imediatamente disse as palavras mágicas que todo adulto inteligente quer ouvir:

– O exame do seu cérebro deu negativo.

Eu ri. Certamente tinha feito exames e procedimentos médicos suficientes para compreender que no mundo da medicina "negativo" é positivo. É o único jeito que eu provavelmente poderia ter sido médica. Por mais que eu tente, sou geralmente muito mais "negativa" que "positiva".

– Então estou totalmente bem. Sem problemas?

– Totalmente bem. Nos vemos em seu próximo check-up.

Relatei os resultados para Chris, meu pai, minha mãe e o Facebook, nessa ordem (como sempre). Chris e eu, naturalmente, comemoramos com uma taça de vinho na hidromassagem.

– Eu sabia que ia ficar tudo bem – eu disse. – Vou admitir... eu estava me estressando demais.

– Estava. Mas você vai precisar continuar vigiando isso. Você não pode se deixar abalar a ponto de ficar esgotada por causa de todo esse negócio de direitos dos animais.

– Acho que eu tenho uma abordagem muito melhor agora. Estava lendo o livro *Por que amamos cachorros, comemos porcos e vestimos vacas* e...

– Espere, não foi esse que você disse que lhe causou os piores pesadelos?

Tomei um gole de vinho e baixei minha taça.

– Talvez. Eles todos causaram. Mas me lembrei que a autora falou sobre a minha agora teoria favorita – dissonância cognitiva. Então, eu peguei para ler de novo quando cheguei em casa. Ela dá alguns conselhos realmente bons para lidar com todo o trauma.

– Como, por exemplo, não ler o livro dela?

– Nenhum autor dá esse conselho.

– Verdade. Ok, então, beber muito vinho?

– Ah, a maioria dos autores dá esse conselho sim. Mas, não. Seu conselho é cuidar de você mesmo também. Ter compaixão por si mesmo. Eu não acho que estava fazendo isso. Estava ocupada demais me repreendendo por tudo o que eu não sabia... tudo o que não fiz.

– E eu aqui pensando que você estava ocupada demais jogando fora todos os nossos produtos de limpeza e substituindo-os por produtos não testados em beagles.

– Percival me agradece por isso.

– Tenho certeza que sim.

– Além disso, os novos produtos são atóxicos, em embalagens biodegradáveis, e não vão causar câncer em nós ou nos beagles.

– São ótimos produtos! Vão curar *todos* os problemas do mundo!

Já mencionei que amo o sarcasmo de Chris?

– Bem, eles são um avanço. E Percival não está mais mastigando as patas.

Eu tinha substituído nossos produtos de limpeza, mas esqueci de levar em consideração que nossa empregada trazia seus próprios produtos com ela. Só depois de duas faxinas que deixaram Percival mastigando sua pata traseira até sangrar e encontrar o barato spray de limpeza genérico deixado para trás no meu balcão da cozinha percebi meu erro. Coloquei todos os nossos produtos livres de crueldade atóxicos e seguros em uma caixa e pedi que ela usasse apenas esses em nossa casa. Eu agora tinha uma caixa "mágica" cheia de produtos com nomes como Ecover, Evolve, Seventh Generation, Earth Friendly e Sun & Earth (eles até soam melhor, não?). Percival nunca mais mastigou a pata novamente, e nossa empregada comentou como esses produtos eram melhores. Ela mesma estava respirando melhor.

Chris tomou um gole da sua taça de vinho e então empurrou a taça em minha direção.

– Eu acho que você pode ter se desviado da sua questão.

– Certo. Minha questão. Vê como eu estou relaxada quanto a tudo isso? Posso até divagar, escapando por belas e pequenas tangentes.

– Toxinas! É tão meigo – ele torceu o nariz de brincadeira.

– Minha questão era que eu tenho que lembrar de ter um pouco de perspectiva. Não posso me concentrar em todo o horror ou não serei boa para nada nem para ninguém. E você vai rir, mas estou me lembrando de uma citação de Madre Teresa que li na Índia.

– Hum, você está prestes a citar a Madre Teresa para mim? Vou precisar de mais vinho.

– Estou. Você está pronto?

Ele fingiu dar um gole até o fim de sua taça de vinho já vazia.

– Claro. Manda bala.

– Era uma citação relacionada a proporção e indiferença – como ficamos indiferentes à violência e à tragédia quando elas acontecem em grandes proporções. Pobreza, guerra, desastres naturais... mas quando isso envolve uma ou duas pessoas – uma criança morrendo de fome, um veterano ferido, uma vítima soterrada por um terremoto, sentimos mais. Temos empatia. Queremos ajudar e muitas vezes ajudamos.

– Isso é uma citação?

– Não, isso é uma conversa. A citação era "Se eu olhar para a massa, eu nunca vou agir. Se eu olhar para um, eu vou". E essa citação aparece no *Por que vestimos vacas* também. A "massa", nesse caso, sendo os bilhões de animais abatidos para consumo a cada ano.

– E a questão é?

– Bem, mais ou menos como quando eu fui para a Índia. Eu não estava pensando em ajudar a todos. Ou salvar todos os animais. E Buda bem sabe como eu era péssima no quesito grupo. Mas eu estava fazendo o que eu *podia* fazer. É provavelmente por isso que eu gostei tanto do Lar Madre Teresa. Era uma pessoa e um caso de cada vez, fazendo o que eu podia fazer sem qualquer expectativa de que eu fosse acabar com a doença ou sofrimento. Adorava que *todas* – cada uma das mulheres ali – faziam tudo o que eram capazes. Seja lá o que fosse. – Foi a minha vez de sorver um gole do meu vinho. – Realmente incorporei essa ideia de fazer o melhor dentro das próprias habilidades. Eu não posso salvar o mundo, mas posso trazer um pouco de alegria para uma mulher com deficiência em uma casa para indigentes e moribundas pintando de vermelho suas unhas dos pés, ou lendo para ela, ou jogando bola. E eu não posso salvar todos os animais nas fazendas industriais, mas posso salvar uma centena deles todo ano me mantendo vegana. E eu posso resgatar beagles.

– Isso parece muito lógico. Finalmente. Bem, exceto a parte dos beagles.

– Isso é lógico. Mas não quer dizer que eu não vou continuar a tentar fazer mais.

– Ah, estou bem ciente disso.

– Preciso ajudar no que puder. E encontrar mais maneiras de ajudar. Eu adorei ir ao Gentle Barn. Amei o que a Fazenda Santuário está fazendo. Amo saber que aquelas pessoas existem... e é melhor para mim eu me focar nisso.

– *Foque-se no biscoito.*

Nós dois rimos. Era a nossa lição favorita de Seamus. Foque-se no biscoito no final do procedimento médico – não na quimioterapia, não no câncer, *no biscoito*. Eu sorri.

– Obviamente, Madre Teresa e Seamus compartilhavam uma filosofia. Então, o Gentle Barn, a Fazenda Santuário, o Projeto Liberdade para os Beagles, os mais de cem animais que salvei todos os anos – esses são os biscoitos em que eu posso focar. A tortura e o assassinato dos animais – isso é o câncer.

– Ainda bem que esse não é o biscoito. Seria um biscoito terrível.

Ao ouvir a palavra *biscoito*, Daphne veio correndo e subiu os degraus da hidromassagem. Bateu sua cauda contra a borda e olhou para nós. Percival a seguiu e levantou suas patas para a borda da banheira. Do lado de Chris, é claro.

Capítulo 28

Grande amor

Já estávamos com Percival por três meses e com Daphne por quatro quando os colocamos em nossa Ford Explorer alugada e nos dirigimos para a nossa semana em Paso Robles. Esta seria a segunda viagem de Daphne à terra do vinho, o que, eu estava bem certa, fazia dela um "cão de vinho" certificado, especialmente considerando que ela também passava muitos dias na loja de vinhos de Chris como recepcionista não oficial.

Com meia hora de viagem, olhei para o banco de trás e vi que, mesmo presos nos cintos de segurança, os dois cães tinham ido para o centro do banco traseiro e dormiam profundamente, apertados um contra o outro.

– Ohh, veja. Eles estão praticamente se abraçando – eu disse.

– Ohh, veja. Estou dirigindo – disse Chris, apontando para a estrada à sua frente.

Virei de novo para os cães e tirei uma foto com meu celular. Todos no Facebook iriam vê-la antes de Chris, mas uma hora ele veria.

Nós tínhamos superado o momento de guerra entre os cães. Tínhamos encontrado a paz. E talvez eu estivesse enxergando demais, mas acho que Percival se sentia melhor no carro com Daphne ao seu lado. Daphne era tão destemida com carros, e tantas outras coisas, que devia ser contagioso. Muito pouco tempo depois, descobriríamos outro comportamento que Percival estava aprendendo com Daphne.

Com uma hora e meia de viagem, Chris saiu da rodovia.

– Parque canino número um! – ele disse, enquanto tirava Percival do carro.

Preocupado com o conforto de Percival em uma viagem de cinco horas, Chris tinha cuidadosamente mapeado parques caninos e restaurantes que permitiam cães onde poderíamos parar ao longo do caminho. Era uma coisa muito compassiva e inteligente a fazer, e se Percival já não estivesse tão louco e obsessivamente apaixonado por Chris, isso serviria para liquidar o assunto. Daphne pulou e correu pela trilha até o parque, que estava surpreendentemente vazio para uma tarde de domingo. Ela passou pelo portão e eu tirei sua coleira, enquanto Chris falava com Percival e persuadia-o a entrar.

Daphne corria pelo perímetro do parque, nariz no chão, cauda erguida e sinalizando aos caçadores (não nós, mas, em algum lugar em seu sangue, não havia como negar que esse cão havia sido criado para caçar). Ela captara o cheiro de alguma coisa – Coelho? Esquilo? Outro cão que há muito tinha ido embora? – e levantou a cabeça, deixando escapar um saudável *BAAAAARRRRRRRRRRROOOOOOOOOOOO*. E então de novo e de novo.

Eu olhei para Chris e ri.

– Eu nunca vou me cansar desse som.

– Eu sei. Felizmente ninguém mais está aqui para ouvi-lo.

BAAARROOOOO!!! BAAARRRROOOO!! Daphne continuou a uivar e eu continuei a rir, mas então...

Roo... roo... rooo... aaarroooo! Percival corria atrás de Daphne, sua boca no modo de uivo de beagle completo, mas o resultado com cerca de um terço do volume. Rouco, abafado, mas definitivamente um uivo de beagle.

Olhei para Chris.

– Ele está uivando!

– Eu ouvi.

Chris estava bancando o indiferente, mas aquela era uma coisa e tanto. Percival tinha sido emudecido pelo criador que vendia beagles para os laboratórios. Ele não tinha uivado na primeira parte de sua vida e nunca tinha estado entre outros beagles que podiam uivar. Ele não deveria ser *capaz* de uivar. Nós tínhamos ficado tão acostumados, primeiro com Seamus e seu constante, exigente e hilariante uivo de uísque, e depois Daphne e seu grito de árbitro, que o silêncio de Percival era surpreendente. Nós o chamávamos de Beagle Ninja, porque ele fazia muito pouco ruído. Ele era pequeno, por isso seu andar não fazia muito barulho, ele não roncava (Daphne fazia o suficiente disso para ambos) e não rosnava, latia ou uivava. O único barulho que já tínhamos ouvido dele eram os gemidos e grunhidos de seus terrores noturnos (que rapidamente estavam se tornando coisa do passado) ou das brigas com Daphne, e nesse caso era difícil dizer qual cão estava fazendo qual ruído. Agora, no entanto, era claro qual uivo era de Daphne (*BAAARRROOOOOOOOOOOOO!*) e qual era de Percival (um discreto e rouco *Roo? Roo? Aaarroooo!!*)

– Bom menino, Percival! Bom menino! – gritei.

– Ah, ótimo. Recompense o cão por latir! Isso vai ser maravilhoso quando voltarmos para casa.

– Verdade. Mas estou tão animada por ouvi-lo uivar! Veja como ele está orgulhoso de si mesmo!

Percival seguia Daphne pelo parque canino, farejando onde ela farejava, uivando de vez em quando, e periodicamente atiçando uma brincadeira, em um esforço fútil de envolver a "delegada" em um pouco de diversão. Era mesmo um palhacinho feliz.

Chris e eu nos sentamos em um banco do parque e olhamos os dois correrem um pouco, mas muito rapidamente Percival notou o colo disponível de Chris e rasgou pelo terreno para lançar-se em cima dele. Chris o levantou, virou-o de costas e segurou-o no colo, esfregando sua barriga. Parques caninos eram divertidos, mas não tanto quanto o trepa-trepa que era Chris, na visão de Percival.

Quando Percival golpeou o rosto de Chris com sua patinha (provavelmente porque estivéramos no carro com o rádio ligado por bastante tempo), ganhou mais uma música-tema. Essa era cortesia de "Applause", de Lady Gaga:

My paws, my paws
I beat you with my paws, paws,
Beat you with my paws, paws
Live for the way that you cheer and scream for me
The paws, the paws, the paws.[20]

Passamos cinco dias muito felizes em Paso Robles, facilmente agora um dos nossos lugares favoritos no mundo. Daphne e Percival se acostumaram a ir a salas de degustação de vinho conosco, e rapidamente aprenderam a sentar ou deitar nos pontos de sol em qualquer uma das salas, pacientemente esperando ou por um petisco ou que terminássemos e os levássemos para fora para percorrer as vinhas, os jardins e as

20 Minhas patas, minhas patas / Eu te bato com minhas patas, patas / Te bato com minhas patas, patas / Vivo para a maneira como você torce e grita por mim / As patas, as patas, as patas.

áreas gramadas, Daphne uivando para coelhos, trabalhadores da vinha, ou, Deus me livre, outros cães, e Percival puxando para ganhar alguma vantagem que o ajudasse a ir a qualquer direção aleatória que sentisse a necessidade de ir.

À noite eles dormiam juntos no sofá, não exatamente abraçados e às vezes nem mesmo se tocando, mas parecendo gostar de estarem juntos. Quando Chris e eu íamos para a cama, Daphne geralmente nos seguia, mas Percival ficava no sofá. Respeitando nossa filosofia de deixá-los ser quem eram, nós o mantínhamos lá. No período da manhã, ele geralmente ia até o quarto para um momento de abraços em família. Então eu rapidamente levava ambos para fora – a casa não tinha uma porta de cachorro.

Jantar fora com um onívoro, uma vegana e dois beagles não era difícil em Paso. Havia várias opções de restaurantes, um mercado de produtores locais, e, claro, mercearias bem abastecidas. Podíamos até mesmo levar os cães para almoçar em um clube que tinha um pátio e dispunha de um menu canino.

Mais para o fim da semana, decidimos não sair e cozinhar o jantar em casa. Compramos "Smart Dogs" (cachorros-quentes veganos) e batatas fritas (são veganas, ora! Mas sim, alguns hábitos nunca mudam). Então percebemos que tínhamos esquecido da mostarda. E o que é um cachorro-quente sem mostarda? Na última vinícola que visitamos naquele dia, peguei um frasco de mostarda com cebola caramelizada na loja. Perfeito.

Eu estava na metade do meu cachorro-quente, lambuzado com mostarda, quando Chris devaneou:

– Fico pensando com o que eles misturam a mostarda?

– Uma batedeira?

– Quero dizer que ingrediente.

Ele foi para a cozinha pegar o frasco.

– Tem que ser com outro ingrediente? Eles não podem apenas bater a mostarda e torná-la cremosa? Mais cremosa?

Ele leu o verso do frasco:

– Semente de mostarda, vinagre de vinho branco, cebola e... olha aí. Cream cheese.

– Cream cheese? Na mostarda?

Sempre leia a lista de ingredientes!! Culpa do vinho...

– Sim. Isso é o que eles misturam para dar essa textura. E o sabor cremoso.

– Ótimo – baixei meu cachorro-quente. – Então vou comer batatas fritas no jantar. É como nos velhos tempos.

– Desculpe, querida.

Bem, não é como se eu fosse queimar no inferno, ou me cobrir de erupções cutâneas, ou ter algum tipo de reação alérgica. (Tive uma bela dor de estômago por toda a noite, no entanto.) Veganismo é uma escolha. Não uma religião ou uma condição médica. Ou um culto. Uma tribo, claro, mas não um culto.

O "incidente do queijo", de qualquer forma, estimulou Chris. Durante todo o verão eu vinha fazendo "queijo" de castanha de caju de um dos livros de culinária veganos que comprara no ano passado, e ele era muito bom – Chris gostava muito –, mas ambos queríamos encontrar uma receita de gorgonzola vegano. Ele estava convencido de que essa receita existia, e, surpreendentemente, convencido de que o resultado seria delicioso. Falamos do assunto novamente depois que ele comeu um hambúrguer com gorgonzola no almoço dias antes. Enquanto eu ia para a cozinha pegar mais fritas, Chris pesquisou on-line por uma receita de gorgonzola vegano.

– Encontrei uma. Não entendo alguns dos ingredientes, mas achei – ele disse, enquanto me juntava a ele no sofá e olhava para a tela de seu computador.

– Ok, eu entendo chucrute. E castanhas de caju, claro. E sim, suco de limão. Até tahine eu entendo. Mas, hum, cultura de algas azuis-verdes? E *acidophilus*? Vamos fazer queijo ou realizar um experimento científico?

Lembrei-me de um colega de quarto muito tempo atrás que costumava limpar minha geladeira de tempos em tempos, chamando isso de "projeto científico de limpeza".

– Eu não sei o que *acidophilus* é ou onde comprar. Vai ser o problema dessa receita. Mas é para isso que serve o Google!

– Você procura. Eu pego o vinho.

Andei até a cozinha, e, enquanto tirava a rolha do vinho, ouvi Chris começar a rir.

– Isto é ou incrível ou horrível – disse ele.

– Não deveria ser uma distinção difícil.

– Vou lhe dar a definição da Mayo Clinic de *acidophilus*... – ele leu com voz grave de locutor: – *Lactobacillus acidophilus* pertence a um grupo de bactérias que vivem normalmente no intestino delgado e vagina humanos.

– *O quê?*

– Sim, você me ouviu direito.

– E nós devemos fazer *queijo* com isso?

Chris começou a rir de novo.

– De repente, tudo faz sentido.

– O que faz sentido?

– Lembra da exposição de arte que você foi? A pintura da Vagina Azul? Era uma ode ao queijo vegano! Salve as vacas, coma queijo de vagina azul!

Ele se convulsionava em gargalhadas.

– Talvez por isso que as pessoas pensam que veganos são esquisitos.

Ele parou para tomar ar.

– *Talvez*?

Passamos as últimas duas noites de nossas férias em família mais ao sul, nas montanhas de Santa Rita, com Roy, Laurie e seus seis cães, em seu rancho dos beagles. O rancho tinha um nome de verdade, mas será para sempre "Rancho dos Beagles" para nós e "Paraíso" para Daphne e Percival. Roy e Laurie nos convidaram para se juntar a eles e trazer os cães. Poderíamos deixar os cães no rancho e ir com eles para a região de Santa Rita apelidada de "gueto do vinho" por um dia, e essa era uma oportunidade boa demais para deixar passar. A região era chamada de gueto do vinho por conter várias salas de degustação de vinícolas pequenas e artesanais, em vez de grandes vinícolas lindas situadas entre vinhedos. Seu foco eram os vinhos, não as vistas.

Indie e Percival correram pela a área cercada da fazenda – hectares dentro de um pedaço de terra maior – como irmãos há muito separados. Nos borrões que eles se transformavam enquanto estavam correndo e se perseguindo, era difícil dizer quem era quem. E eles se apaixonaram um pelo outro. Eram os mais jovens dos oito cães, e era como se cada um estivesse esperando por alguém com uma energia comparável à sua.

Agora que haviam encontrado um ao outro, eles corriam sem parar, lado a lado ou se revezando sobre quem perseguia quem.

Daphne encontrou seu gêmeo de personalidade também. O beagle Homer era mais velho, maior e muito mais sério sobre patrulhar o terreno e livrar a propriedade de todos os intrusos que roíam ou pulavam. Ele e Daphne foram para as colinas e árvores e arbustos, uivando suas demandas.

Não consigo pensar em uma maneira melhor de passar um fim de tarde do que bebendo vinho em uma varanda ao pôr do sol, observando oito cães resgatados de idades entre um e dezessete anos brincando e correndo selvagens e livres em um rancho. Houve algumas brigas (Daphne naturalmente precisou desafiar a fêmea alfa do rancho dos beagles) e alguns sustos (*onde está Percival??*), mas não o suficiente para tornar o fim da tarde nada menos do que absolutamente agradável. Que ficou melhor apenas pelo fato de Roy e Laurie também serem veganos e chefs talentosos. Notei que a maioria das pessoas ligadas ao Projeto Liberdade para os Beagles eram veganas. Quando você vê os efeitos da exploração de animais de perto como todos nós tínhamos visto, sua tolerância é reduzida. Fica muito mais difícil racionalizar certos comportamentos.

Todos estavam contentes em nossa viagem de volta para casa, e os beagles dormiam profundamente encostados um ao outro no banco de trás. Eles provavelmente dormiriam por dias após o seu período no rancho. Esperava que eles não ficassem muito desapontados por retornar à sua vida no subúrbio.

– Você parece feliz – disse Chris.

– Estou. Foram ótimas férias.

– Você descansou. E precisava disso. Você não parece mais estressada.

– Isso mesmo. Eu me sinto muito feliz – fiz uma pausa por um momento e respirei fundo. – Descobri algo mais que posso fazer. E estou me sentindo bem com isso.

– Vá em frente. Só estou com um pouco de medo.

– É compreensível. Mas acho que dessa vez é algo bom. Você vai ficar bem. – Olhei para os beagles e depois para Chris. – Acho que posso ajudar contando minha história. Contando a história deles – apontei para nossos beagles dormindo.

– O livro que você está trabalhando agora?

– Esse.

– Gosto disso.

– Eu também. E tenho outra citação de Madre Teresa para agradecer.

Chris riu.

– Estranho, mas tudo bem. Vá em frente.

– Ela diz: "Não podemos fazer grandes coisas – apenas pequenas coisas, com grande amor".

– Ohhh.

– Eu sei. Mas ajuda pensar assim.

– Veja, tudo deu certo. Os cães estão bem. Você está bem. Vai salvar o mundo uma página de cada vez. Você não tinha nada com o que se preocupar.

– Tenho bastante certeza que foi você quem pensou que não ia dar tudo certo com os cães. Eu só estava chateada de as coisas não estarem indo de acordo com o *meu* plano.

– Mmm.

– Certo, eu sei. Meu plano. Eu não devo me preocupar com planejamentos. Meus planos nunca funcionam muito bem.

– Não, eu gosto dos seus planos. Você apenas tem que ser um pouco mais flexível. – Ele apertou minha coxa. Mas sabia que ele não estava se referindo ao meu descuido em relação à prática de ioga.

– Tenho que estar mais "no momento". Mais como o cachorro dourado no Taj. Eu estou melhorando em apenas deixar as coisas acontecerem.

– Às vezes.

– Bem, nem tudo deve ser deixado sem controle.

– E é aí que reside o grande dilema da vida.

Ficamos em silêncio por alguns quilômetros.

– Então, falando de planos... – eu disse.

– Estávamos falando?

– Estávamos.

– E você tem outro?

Agora ele colocou a mão no meu joelho.

– Tenho.

Virei para ele e encarei seu perfil enquanto dirigia. Ele me olhou por alguns instantes.

– Vamos ouvir.

– Sabe nosso plano de em cinco anos mudar para Paso, que na verdade tem sido apenas um sonho futuro de cinco anos?

– E os cinco anos continuaram cinco anos, mesmo que nós já estejamos conversando sobre isso há dois anos?

– Esse plano.

– Ok. Eu amo esse plano.

– Eu também. Então, o prazo deveria começar a valer de verdade. E não precisam ser cinco anos. Podemos conseguir fazer isso mais cedo.

– Engraçado você mencionar isso...

Durante a viagem ele tinha falado com proprietários de adegas sobre seus planos de se especializar em vinhos de Paso Robles. E comprara o domínio PasosBestWines.com.

– Ouvi dizer que há vinho em Paso Robles – eu disse.

– Vinho? Tipo para alguém com um negócio de vinhos on-line?

– *Exatamente* assim.

Ele estava sorrindo e rindo comigo.

– E quanto a uma escritora? Poderia uma escritora escrever em Paso?

– Hum. Essa é uma boa pergunta. Vamos ver, há ar. E água. E vinho. Então vou dizer que sim. Uma escritora pode escrever em Paso. E tenho um palpite de que, pela forma como estou fazendo as coisas on-line atualmente, uma advogada poderia advogar em Paso também.

– Se fosse devagar com o vinho.

– Isso.

Droga!

– Precisaríamos de espaço.

– Definitivamente.

Agora que tínhamos mostrado aos beagles a vida no campo, eu tinha bastante certeza de que eles queriam mais.

– Para algumas vinhas.

Vinhas?

– Ah, certo. Vinhas. E alguns hectares para os beagles.

– De quantos estamos falando?

Olhei para os dois na parte de trás, tão felizes, saudáveis e bem adaptados agora – meio como eu estava, gostava de pensar.

– Veremos sobre isso. Veremos.

Eu faria o que pudesse.

E então tentaria fazer um pouco mais... com grande amor.

Fontes

"Nunca devemos permitir que a voz de humanidade dentro de nós seja silenciada. É a solidariedade do homem por todas as criaturas o que primeiro faz dele realmente um homem."
Albert Schweitzer

Então você quer saber o que guardo nos meus armários? Aqui estão algumas das minhas marcas e fontes veganas livres de crueldade favoritas. Espero que você dê uma olhada... pelos animais. Mas primeiro, compre o aplicativo de smartphone Cruelty Cutter, desenvolvido pelo Projeto Liberdade para os Beagles. Assim você pode escanear o código de barras de qualquer produto e instantaneamente descobrir se ele foi testado em animais.[21]

A lista de marcas e produtos nas páginas a seguir é predominantemente de produtores norte-americanos. No Brasil, uma busca virtual levará facilmente a marcas e produtos veganos e/ou livres de crueldade. Alguns pontos de partida possíveis são os sites abaixo:

http://pt-br.facebook.com/SemCrueldadeCrueltyFree
http://www.pea.org.br/crueldade/testes/naotestam.htm
http://liberdaderoubada.com/
http://www.perfumebighouse.com/2013/10/cruelty-free-livre-de-crueldade-com.html
http://www.maquiandosemcrueldade.com/
http://www.veganismo.org.br/p/produtos-veganos.html
http://www.tudoparavegetarianos.com.br/
http://www.vista-se.com.br/

21 Válido somente nos EUA. Ainda não há notícia de um aplicativo correspondente no Brasil. (N.T.)

Cosméticos/Cuidados pessoais

Alba Burt's Bees

E.L.F. (Eyes, Lips, Face) [Cosméticos baratos e livres de crueldade, lindos e de ótima qualidade. Não dá pra superar isso!]

Gud

Kiss My Face

LUSH cosmetics – Apoia o Projeto Liberdade para os Beagles! E os produtos são realmente exuberantes.

NYR Organics

Pacifica (PacificaPerfume.com) [Amo seus produtos, e não sei como vivi tanto tempo sem seu hidratante labial Coconut Pearls]

Tarte [Adoro seu condicionador de cílios e seu rímel]

Urban Decay

Produtos de limpeza (nacionais)

Atol

Milão

Amazon

Sabão Mauá

Ecoway

Comida

ChooseVeg.com

CompassionateCook.com

NativeFoods.com

ShopHumanitaire.com

Sprouts

Trader Joe's

TreelineCheese.com [Sim, queijo! Queijos de castanhas veganos que fazem a vida valer a pena!]

VeganEssentials.com

Viva La Vegan Grocery

Whole Foods

Roupas/Sapatos

AlternativeOutfitters.com [Meu vício por sapatos não precisa diminuir em nada]

HerbivoreClothing.com [Também tem ótimos livros e divertidas joias]

Lulus.com [Procure a seção vegana]

Stella McCartney [Um dia, quando eu puder comprar]

E também as lojas em que você normalmente compra (só evite couro, lã de Merino e seda).

Livros[22]

Coma com consciência: uma análise sobre a moralidade do consumo de animais, de Gary L. Francione e Anna Charlton (Exempla Press, ebook Kindle)

Por que amamos cachorros, comemos porcos e vestimos vacas – uma introdução ao carnismo, de Melanie Joy PhD e John Robbins (Cultrix)

Beg – A Radical New Way of Regarding Animals, de Rory Freedman

The Complete Idiot's Guide to Plant-Based Nutrition, de Julieanna Hever

The Dog Cancer Survival Guide, de Dr. Demian Dressler e Dra. Susan Ettinger

Farm Sanctuary: Changing Hearts and Minds about Animals and Food, de Gene Baur

The Imperfect Environmentalist: A Practical Guide to Clearing Your Body, Detoxing Your Home, and Saving the Earth (Without Losing Your Mind), de Sara Gilbert

Living Cruelty Free, de Jennifer Thomson

Main Street Vegan: Everything You Need to Know to Eat Healthfully and Live Compassionately in the Real World, de Victoria Moran (com Adair Moran)

My Gentle Barn: Creating a Sanctuary Where Animals Heal and Children Learn to Hope, de Ellie Laks

---

22 Estão listadas as edições disponíveis em português, assim como os nomes de filmes que têm tradução brasileira. (N.T.)

The Plant-Powered Diet: The Lifelong Eating Plan for Achieving Optimal Health, Beginning Today, de Sharon Palmer e David L. Katz

Vegan for Life: Everything You Need to Know to Be Healthy and Fit on a Plant-Based Diet, de Jack Norris e Virginia Messina

We Animals, de Jo-Anne McArthur

Revistas

Animal Wellness

Dogs Naturally

LAIKA

VegNews

Documentários/Filmes

A carne é fraca

Por trás da máscara [Behind the Mask] – Produzido por Shannon Keith

Blackfish: fúria animal

A enseada [The Cove] – Forte.

Terráqueos [Earthlings] – Este também é muito forte; não consegui assistir inteiro.

Comida S/A [Food, Inc.]

Troque a faca pelo garfo [Forks Over Knives]

Cowspiracy

Fat, Sick, and Nearly Dead – este fez Chris se juntar a mim em um jejum com suco de doze dias; parece tocar a homens em particular.

The Ghosts in Our Machine

Maximum Tolerated Dose

Speciesism

Vegucated

Santuários de animais

Locais que abrigam e cuidam de animais resgatados estão brotando em toda parte. Encontre um perto de você (Veggietal.com.br/santuario-animais-brasil ou Sanctuaries.org) e visite. Vai transformar sua vida.

Best Friends Animal Sanctuary – Kanab, Utah
Farm Sanctuary – Orlando, Califórnia; Watkins Glen, Nova York; Los Angeles, Califórnia
The Gentle Barn – Santa Clarita, Califórnia
Kindness Ranch – Hartville, Wyoming (um santuário para animais de laboratório)
Woodstock Farm Animal Sanctuary – Woodstock, Nova York
Santuário das Fadas – Rio de Janeiro
Rancho dos Gnomos – São Paulo

Sites para mais informações
BeagleFreedomProject.org
HappyCow.net (para encontrar restaurantes veganos nos EUA)
JLGoesVegan.com (também um maravilhoso guia para o estilo de vida vegano)
LeapingBunny.org
OneGreenPlanet.org
PlantBasedDietitian.com
ShopHumanitaire.com
TheVeganWoman.com
Vegan.org
VegGuide.org
VegNews.com
Sejavegano.com.br
Veganismo.org.br

O Beagle Freedom Project (Projeto Liberdade para os Beagles), é claro, tem um lugar especial no meu coração. Eles recentemente lançaram uma campanha para construir um Centro de Resgate e Solidariedade (Rescue & Outreach Center, ou ROC). O ROC irá prestar cuidados temporários para cães e animais de laboratório enquanto eles obtêm a assistência veterinária, amor e apoio psicológico de que precisam para começar sua nova vida. Para muitos desses animais, assim como para Percival, esse admirável mundo novo em que eles vão entrar pode ser estressante e assustador – até que eles percebam que estão seguros. O ROC vai fornecer esse cuidado inicial até que os animais sejam enviados a casas de famílias amorosas. Se a história de Percival o inspirou a querer ajudar, pedimos que se junte a nós com uma contribuição para o "Percival Place" [Cantinho do Percival] no ROC – estamos tentando arrecadar dez mil dólares para nomear uma parte do centro em homenagem a Percival. Saiba mais em <http://www.beaglefreedom.org/teresarhyne>. Nós agradecemos (e Percival diz *Roooo rooooo*).

Agradecimentos

Quando meu primeiro livro foi publicado, agradeci basicamente a todos que eu já conheci, no caso de eu nunca ter a chance de publicar um segundo livro.Vou tentar ser um pouco mais sucinta desta vez (mas realmente, *obrigada a todos!*).

De muitas formas, e sem o conhecimento dela, Julieanna Hever e seu brilho me lançaram nesta jornada a um estilo de vida compassivo, e por isso eu sou eternamente grata.

Meus sinceros agradecimentos às pessoas que me inspiram todos os dias com o seu trabalho em prol dos animais – Shannon Keith e todos os envolvidos no Projeto Liberdade para os Beagles; Ellie Laks e sua equipe no Gentle Barn; o pessoal da Fazenda Santuário; e os funcionários e conselho de administração do Mary S. Roberts Pet Adoption Center, onde o meu trabalho em prol dos animais começou e, espero, sempre continuará.

Meus amigos amantes dos beagles, salvadores de beagles, enlouquecidos por beagles, que me inspiram e me impedem de sentir que posso ser obcecada demais por meus cachorros (é normal se todos nós fazemos isso, certo?) – agradecimentos especiais a Kelle e Manos Phoundoulakis, Leela Ruiz, Roy e Laurie Gentry, Juliana e Seamus Dever, Beverly Thomas, Christine Haro, Mari-Louise Guernsey, Tiffany e Todd Leaverton, Lisa Drew, Karal Gregory e Matt Friedlander.

Para os Delhi Dozen 2013 e Terri Wingham, de A Fresh Chapter, todos vocês me inspiraram mais do que jamais saberão, e, hum, sinto muito pela primeira semana. Espero que isso aqui tenha explicado meu comportamento um pouco. E em memória de Melissa Carroll, com quem fomos todos tão privilegiados em viajar. Ela se foi muito cedo, mas nunca será esquecida.

Minha família inicialmente observou em silêncio atordoada quando me tornei vegana, depois com piadas e risos (mas respeito... tenho certeza) quando segui firme. Sua vontade de ainda jantar comigo e até mesmo tentar alguns pratos veganos fez a jornada valer muito mais a pena. Então, obrigado novamente, mamãe e Ted, papai e Nancy, Jay, e Shawna e Eli.

Devo agradecer novamente a Norm Martin e Susan Medel, por emprestar sua casa de praia da sorte em La Jolla, onde eu terminei *Os cães nunca deixam de amar* e onde comecei este livro. Vai saber se eu poderia escrever sem a inspiração da Windansea Beach, mas espero que nunca precise descobrir. E, já que estamos falando disso, como sempre obrigada a Jane Gideon e Lori Lacefield por sua inspiração, suas seleções de bebidas, e todas as risadas. Maui nos aguarda.

Escrever é um trabalho solitário, o que torna os grupos de escritores necessários à própria sanidade. Eu tenho a sorte de ter um grupo de escritores com o qual me reunir, com um bom vinho e comidas veganas, e discutir o nosso trabalho. Este livro ficou muito melhor graças às opiniões de Michelle Ouellette, Barbara Shackelton, Dulce Pena, Kristin Tillquist, Patti Cotton McNeily, Susan Knock, e, ainda comigo de meus dias com um grupo de escritores de Los Angeles, Eileen Austen. E à minha "diga a verdade, me mostre todos os problemas" leitora beta de luxo, Sara J. Henry – obrigada de coração mais uma vez. E, claro, tenho que agradecer ao meu otimista e sempre positivo amigo e colega autor (e às vezes perseguidor) Dodinsky.

Tal como no primeiro livro, minha incansavelmente apoiadora agente, Sarah Jane Freymann, me ajudou a encontrar meu caminho com esta história e novamente me sentir em casa com os amantes de livros e cães da Sourcebooks. Ela tem a minha gratidão sempre. Minha editora, Shana Drehs, mais uma vez tornou o processo de edição agradável (e até tomou um smoothie de couve ou três durante o processo), e estou muito feliz com a oportunidade de trabalhar com ela novamente, assim como com toda a equipe da Sourcebooks. Obrigada a todos.

Agradeço também às pessoas criativas que fotografaram meus cães adoráveis (não é tarefa fácil fazer beagles ficarem parados!) – David e Sylvaine, do Dogma Pet Portraits, e Kimberly Saxelby, do True Emotions; e a Jason "Stub" Stubblefield, que produziu um trailer muito sentimental para este livro. E, por falar em energia e criatividade, obrigada, Dawn LoCascio, por todo o seu apoio!

Naturalmente, a saúde e os cuidados com meus beagles são de suma importância para mim, então devo agradecer a meu veterinário de longa data, doutor Wayne Davis, e às boas pessoas do Veterinary Cancer

Group e Eye Care for Animals em Upland, cujo amor e apoio a Seamus nunca será esquecido.

Tá, isso não foi tão curto. Mas, finalmente, o meu amor e reconhecimento a todos os beagles que conheço, e a Chris, o verdadeiro homem dos beagles e a melhor parte da minha vida. Aqui estou, Chris, para mais aventuras, planejadas ou não.

Este livro foi composto nas fontes BentonSansCond, Bembo
e impresso em papel *Norbrite* 66,6 g/m² na Assahi.